KLAUS GAMBER

SACRAMENTORUM

Weitere Studien zur Geschichte des Meßbuches und
der frühen Liturgie

KOMMISSIONSVERLAG FRIEDRICH PUSTET
REGENSBURG

Gedruckt mit Unterstützung des Bischöflichen Stuhles von Regensburg
© 1984 by Friedrich Pustet Regensburg
Gesamtherstellung Friedrich Pustet
Printed in Germany
ISBN 3-7917-0911-9

SACRAMENTORUM

STUDIA PATRISTICA ET LITURGICA
quae edidit Institutum Liturgicum Ratisbonense
Fasc. 13

Inhalt

Vorwort 9
Ansprache von Bischof Dr. Rudolf Graber
bei der Festakademie 1977 13

Älteste lateinische Eucharistiegebete 18
1. Ein Eucharistiegebet aus der Frühkirche
für das Fest der Geburt des Herrn 20
2. Älteste Eucharistiegebete aus der gallikanischen Osterliturgie 32
   Exkurs: Das Eucharistiegebet im Papyrus von Der Balaisa . 42
3. Ein römisches Eucharistiegebet aus dem 4. Jh. 45
4. Eine frühchristliche Totenmesse aus Aquileja 54

Sakramentarstudien 61
1. Die Orationen des Rotulus von Ravenna 62
2. Die ältesten Meßformulare für Mariä Verkündigung.
   Ein kleines Kapitel frühmittelalterlicher Sakramentargeschichte 68
   Exkurs: Das »Missale Gallicanum Vetus« 92
3. Irische Liturgiebücher
   und ihre Verbreitung auf dem Kontinent 95
4. Die Plenarmissalien des römischen Ritus bis zur Jahrtausendwende 107
5. Frühe Salzburger Meßbücher 116

Aus der Frühkirche 120
1. Niceta von Remesiana als Katechet und Hymnendichter.
   Ein Rechenschafts- und Forschungsbericht 121
2. Der heilige Severin –
   Mönch und Helfer in der Not der Völkerwanderung 137
3. Bischöfe in Regensburg schon zur Römerzeit? 142
4. Gab es je eine Zelebration »versus populum«? 147
5. Das heilige Sindon von Konstantinopel 152

Anmerkungen 157

Klaus Gamber: Bibliographia selecta von 1979–1983 194

Die vom Institutum Liturgicum Ratisbonense herausgegebenen wissenschaftlichen Reihen 199

Vorwort

Für einen Wissenschaftler, der das 65. Lebensjahr vollendet, wird meist, wenn er eine Professur innehat, von seinen Schülern und Freunden eine Festschrift vorbereitet. Ich habe leider keine Schüler, da ich nie Dozent war. Doch gab mir dies wiederum Gelegenheit, weit mehr zu publizieren, als ein akademischer Lehrer in der Regel vermag.

In der vorliegenden Schrift soll die Bilanz meiner wissenschaftlichen Arbeiten gezogen werden. Sie trägt den Titel »Sacramentorum«, was eine im frühen Mittelalter verwendete Kurzform für »Liber sacramentorum« (Meßbuch) darstellt. Ich habe den Titel deshalb gewählt, weil ich mich viele Jahre intensiv um die Erfassung und Edition der einzelnen Sakramentar-Handschriften bemüht habe. Die wichtigste Frucht dieser Studien bildet, neben dem Buch »Sakramentartypen« (1958), das 1963 in 1. und 1968 in 2. Auflage erschienene Werk »Codices liturgici latini antiquiores«, das einen eingehenden Katalog sämtlicher liturgischer Handschriften des Abendlandes bis zur Jahrtausendwende darstellt.

Von den im folgenden in Fortsetzung meiner »Sakramentarstudien« (1978) vorgelegten größeren und kleineren Arbeiten sind einige eigens für den Zweck einer kritischen Rückschau geschrieben, so eine sakramentargeschichtliche Studie über die ältesten Formulare für das Fest Mariä Verkündigung und eine patristische über Niceta von Remesiana und sein Werk – neben der Sakramentarforschung einer der Schwerpunkte meiner wissenschaftlichen Arbeit. Andere Beiträge dieses Buches, die mein Forschungsgebiet weiter umreißen sollen, sind schon früher in verschiedenen Zeitschriften erschienen. Fast alle wurden nochmals überarbeitet, vor allem die über älteste lateinische Eucharistiegebete.

Auf all meine zahlreichen Thesen und Hypothesen hier einzugehen, besonders wenn diese nicht angefochten wurden und ich auch heute noch zu ihnen stehe, dürfte nicht notwendig sein, obwohl ich dies zuerst vorhatte. Es sei auf die einzelnen Titel in meiner Bibliographia selecta am Schluß dieses Buches verwiesen. In Rev. bénéd. 89 (1979) 207 schreibt ein Rezensent: »La lecture de ses nombreux écrits est toujours stimulante par le contact direct qu'elle

9

permet avec les documents anciens. Ses travaux sont tous exposés avec clarté, et leur présentation est un charme pour les yeux«.

Zu einem Rückblick auf die wissenschaftliche Arbeit gehört auch eine kurze Rückschau auf das abgelaufene Leben. Dieses hat für mich am 23. April 1919, also in der Notzeit nach dem 1. Weltkrieg, in Ludwigshafen am Rhein begonnen. Meine Eltern haben mich streng aber auch in der Liebe zu Gott und in der Freude am Gottesdienst erzogen. Nach dem Abitur (1937) und der Ableistung von 7 Monaten Pflicht-Arbeitsdienst begann ich mit dem Theologiestudium, doch mußte ich dieses zwei Jahre später bei Ausbruch des 2. Weltkriegs unterbrechen und 6 Jahre lang als Soldat Kriegsdienst leisten. Von besonderer Bedeutung war dabei für mich das Jahr 1943, als ich in Griechenland stationiert war, was mir Gelegenheit gab, Kontakte zur Orthodoxie zu knüpfen.

Nach glücklicher Heimkehr im September 1945 konnte ich das Theologiestudium wieder fortsetzen und wurde am 29. Juni 1948 im Dom zu Regensburg zum Priester geweiht. Anschließend war ich bis Mai 1957 in der Seelsorge tätig, zuletzt als Expositus in Wolfsegg, einer armen, kinderreichen Gemeinde. Sie hat mich bei meinem Weggang zum Ehrenbürger ernannt, weil ich mit wenig Geld, vor allem unter tätiger Mithilfe der Bevölkerung, einen Kindergarten und ein Jugendheim erbauen und eine Station der Armen Schulschwestern gründen konnte.

Diese zusätzliche Belastung hat meine durch den Kriegsdienst geschwächte Gesundheit stark beeinträchtigt, weshalb ich mich in das von P. Emmeram von Thurn & Taxis OSB geleitete Kloster Prüfening zurückzog, um mich von nun ganz liturgiegeschichtlichen Arbeiten zu widmen. Dabei standen mir die Sakramentarforscher P. Petrus Siffrin OSB, P. Leo Eizenhöfer OSB, vor allem aber P. Alban Dold OSB, mit dem ich schon seit 1955 intensiv zusammengearbeitet hatte, bis zu seinem Tod am 27. Sept. 1960 als Lehrer hilfreich zur Seite.

Mit P. Dold zusammen gründete ich 1957 im Kloster Prüfening das in erster Linie der liturgischen Quellenforschung dienende Liturgiewissenschaftliche Institut (Institutum Liturgicum Ratisbonense), das 1972 mit seiner reichen Spezialbibliothek in die neu errichtete Bischöfliche Zentralbibliothek Regensburg verlegt wurde. Durch die

Verbindung mit der hier aufbewahrten, berühmten Proske-Musikbibliothek und der alten Schottenbibliothek hat diese eine wesentliche Bereicherung erfahren. In Gemeinschaftsarbeit mit P. Dold erschienen mehrere Arbeiten, so die Edition der Sakramentare von Monza und Salzburg. Eine Reihe weiterer Sakramentar-Ausgaben gab ich allein oder zusammen mit meiner Assistentin Sieghild Rehle heraus; sie wurden zum größten Teil in der vom Institut publizierten Reihe »Textus patristici et liturgici« (bis jetzt 14 Faszikel) veröffentlicht, der später eine weitere Reihe »Studia patristica et liturgica« (bis jetzt 12 Faszikel) angefügt wurde.

Durch die Vermittlung von Prof. Polykarp Radó OSB von der Theologischen Fakultät Budapest († 1974), der mir nach dem Tode Dolds ein väterlicher Freund und Berater geworden war, konnte ich mit besonderer Erlaubnis der Päpstlichen Studienkongregation 1967 in Budapest das theologische Lizentiat und Doktorat machen, wobei ich als Dissertation eine Arbeit über die Autorschaft von »De sacramentis« vorlegte. Noch im gleichen Jahr wurde mir in München der philosophische Ehrendoktor verliehen. Schon 1958 hatte mich die Päpstliche Liturgische Akademie als Ehrenmitglied aufgenommen. Auf Vorschlag meines Diözesanbischofs Dr. Rudolf Graber, der meine Studien stets wohlwollend verfolgt und gefördert hat, war ich 1966 zum päpstlichen Geheimkämmerer mit dem Titel Monsignore ernannt worden.

In den letzten Jahren habe ich, unterstützt von meinem Bruder, Prälat DDr. Wolfram Gamber, P. Abraham Thiermeyer OSB und Christa Schaffer, in den Beiheften zu den »Studia patristica et liturgica« (bis jetzt 11 Hefte) auch zu modernen liturgischen und ökumenischen Fragen Stellung genommen und dabei auf die Bedeutung der Orthodoxie für das rechte Liturgieverständnis und die Überwindung der gegenwärtigen Glaubenskrise hingewiesen.

Eine Professur erhielt ich nie. Wegen meiner geschwächten Gesundheit habe ich eine solche auch nicht angestrebt. Ich wollte vor allem in der Forschung tätig sein und hoffe dies – so Gott will – noch einige Jahre tun zu können. Stoff dafür ist noch genügend vorhanden.

Fest der Epiphanie 1984   Klaus Gamber

Ansprache von Bischof Dr. Rudolf Graber
bei der Festakademie anläßlich des 20jährigen Bestehens
des Liturgiewissenschaftlichen Instituts
am 5. August 1977

Sie haben sich zum Ziel gesetzt, in die Vergangenheit zurückzugehen und damit haben Sie sich zu einer Sache bekannt, die heute bewußt oder unbewußt ausgeklammert wird: die Tradition. Ich weiß natürlich um die Ambivalenz dieses Begriffs, weiß aber auch um den lehramtlichen Satz:»Wer jede kirchliche Tradition sei es die schriftliche oder die nicht schriftliche zurückweist, der sei ausgeschlossen« (609). Es ist Ihr großes Verdienst, diese liturgische Tradition zum Gegenstand Ihrer Forschung gemacht zu haben und damit die Gegenwart zu einer Stellungnahme herausgefordert zu haben, wobei aufs Tiefste zu bedauern ist, daß das Wort Tradition heute fast zu einem negativen Begriff geworden ist.

An diesem Punkt muß ich eine Aussage einfügen, die an alle Liturgiker gerichtet ist. Abgesehen davon, daß die nachkonziliare Liturgiereform zu rasch erfolgt, daß sie Veränderungen mit sich brachte nahezu überall, wo man sich frägt nach dem »Warum«, wo es also wirklich nicht nötig war, möchte ich eines besonders bedauern. Man hat versäumt anzugeben, welchen alten Texten etwa die neuen Orationen und Präfationen entnommen sind. Wieviel Ärger in unserem treuen katholischen Volk hätte vermieden werden können, wenn man nachgewiesen hätte, daß dies und jenes alten Sakramentarien entnommen und nicht eine mehr oder weniger willkürliche Neuerung ist. Ich weiß nicht, ob dies noch nachgeholt werden kann.

Die liturgische Arbeit muß jedoch auch nach vorn in die Zukunft hinein gerichtet sein. Wir leben in einer typischen Übergangszeit, in der die Umrisse des Neuen schon sichtbar werden. Auf einen kurzen Nenner gebracht kann man sagen, die Zeit des abendländischen Intellektualismus mit seiner Zersetzung zum Rationalismus hin geht zu Ende.

In diese Zwiespältigkeit sah sich auch das Konzil versetzt. Es hat den sterbenden Rationalismus angedeutet, wenn es verlangte, »die Riten mögen den Glanz edler Einfachheit an sich tragen und knapp, durchschaubar (perspicui) und frei von Wiederholungen sein. Sie seien der Fassungskraft der Gläubigen angepaßt und sollen im allgemeinen nicht vieler Erklärungen bedürfen« (Liturgiekonstitution Nr. 34). Ähnliches wird in Nr. 39 ausgesagt: »Es ist darum sehr wichtig, daß die Gläubigen die sakramentalen Zeichen leicht verstehen.«

Wohl niemand unter den Konzilsvätern hat vermutet, daß in diesen unschuldigen Worten ein Prinzip von äußerster Brisanz enthalten ist, dessen Wirkung sich erst heute voll offenbart; denn damit war allen rationalistischen Bestrebungen im Leben der Kirche Tür und Tor geöffnet. Die Gefährlichkeit dieses Prinzips, alles durchschaubar und verständlich zu gestalten liegt eben gerade darin, daß es durchaus einleuchtend ist und daß dagegen kein vernünftiger Einwand erhoben werden kann. Warum soll man all den unverständlichen Ballast der Jahrhunderte mitschleppen, der in einer völlig anders gearteten geistigen Welt entstand und mit dem wir heute nichts mehr anfangen können. Es muß eine allseitige Entrümpelung einsetzen und alles, besonders in der Liturgie, muß dem modernen Menschen und seiner Fassungskraft angepaßt werden. Die Riten müssen für sich sprechen, und man kann vom heutigen Menschen nicht verlangen, daß er erst durch Studieren von Kommentaren sich den Zugang zu dieser Welt verschafft. Mit diesen und ähnlichen Gedanken wird die Vernünftigkeit zur Richtschnur des ganzen religiösen Lebens gemacht und die Religion eingeschränkt auf das Gebiet des intellektuell Erfaßbaren. Das Mysterium, mit dem jede Religion steht und fällt, ist ausgeklammert. Das geht soweit, daß man in der volkssprachlichen Übersetzung sogar »mysterium« mit »Mahl« wiedergibt. Alles, was die Religionsphilosophie und Psychologie vom tremendum und fascinosum festgestellt hatte, scheint nicht mehr zu existieren. Es gilt nur, was vor dem Verstand besteht, was einsichtsvoll, zweckhaft und organisierbar und deshalb machbar ist. Deshalb mußte zunächst einmal die Fremdsprache fallen, obwohl das Konzil den »Gebrauch der lateinischen Sprache in den lateinischen Riten erhalten« wissen wollte (Nr. 36). Aber schon in der Bemerkung des Konzils, daß »der Gebrauch der Muttersprache für das Volk sehr nützlich sein kann« (ebd.), kündigt sich eben jenes genannte »Zweckhafte«, Nützliche, deutlich an. Und so wird die kirchliche Einheitssprache just in dem Moment aufgegeben, wo die Welt auf eine Welteinheitssprache hinsteuert. Um der Verständlichkeit willen gewinnt jetzt der Wortgottesdienst schon ein zeitliches Übergewicht gegenüber der eigentlichen Eucharistiefeier, wobei man vergißt, daß im Grunde auch das biblische Wort schon ein Mysterium ist. Aus dem gleichen Grund schiebt sich der Mahlgedanke in den Vordergrund; denn das Mahl mit den Elementen von Brot und Wein ist erkennbar und faßbar, während das Opfer sich unseren Blicken und unserer Einsicht entzieht. Man sieht auch nicht ein, warum einem Laien versagt sein soll, das Wort in der Eucharistiefeier zu verkünden, besonders dann, wenn er in der Theologie bewandert ist und es rhetorisch besser macht als ein Priester, der mit der theologischen Entwicklung nicht Schritt halten konnte. Es ist auch nicht einzusehen, warum Mädchen nicht auch den Ministrantendienst verrichten und Frauen nicht auch die Eucharistie feiern können, zumal, wie wissenschaftlich festgestellt ist, ihr religiöses Einfühlungsvermögen das des Mannes weit übertrifft. Es ist klar, daß nun viele schmückende Zeremonien überflüssig sind, zumal man deren Wegfall als Rückkehr zur Einfachheit begrüßen kann. Man vergißt jedoch, daß das Konzil vom »Glanz edler Einfachheit« gesprochen hat, und nicht von puritanischer Nüchternheit. Noch ein Beispiel.

Schon vor Jahren stellte man mir an einem großen Wallfahrtsort die Frage: Wäre es nicht für den Beichtvater und die Poenitenten schon rein aus Zeitersparnis praktischer, statt zeitraubender Einzelbeichten eine Generalabsolution zu erteilen. Vom Gesichtspunkt des Praktikablen aus ist das sichtlich zu bejahen. Aber Religion ist etwas anderes als praktische Vernunft. Man ersieht aus diesen wenigen Beispielen schon, wie raffiniert es der Rationalismus versteht, alles mit durchaus logischen Gründen zu untermauern, so daß er jeden Zweifel sofort mit der Gegenfrage erledigen kann. Warum auch nicht? Es ist alles doch so klar und vernünftig und durchaus auf die Anliegen der Menschen eingestellt. Dieses Prinzip der Vernünftigkeit hat sich nicht nur der Liturgie bemächtigt, sondern des ganzen religiösen Bereichs.

Noch ein Wort zur Vereinfachung, das ebenfalls in das Gebiet des Rationellen hinein gehört: Kürzungen in der Liturgie, Streichung der Wiederholungen mit dem Wegfall der niederen Weihegrade samt dem Subdiakonat! Gewiß, all das ist nicht notwendig, aber wieviel geht verloren, wenn wir nur das unbedingt Notwendige zum Maßstab des Lebens machen. Johannes Pinsk hat einmal mit grimmiger

Ironie gesagt: »Es wäre genau das Gleiche, wie wenn jemand theoretisch errechnen würde, daß der Mensch so und soviele Kalorien zum Leben braucht. So richtig theoretisch das Resultat sein könnte; würde man einem konkreten Menschen diese Kalorien in konzentriertester Form, das unbedingt Notwendigste und vom Verstand errechnete zuführen, so würde der Mensch zugrunde gehen.« Die heutige Menschheit hat das alles zutiefst erfaßt und sie hat heute der Vorherrschaft des Verstandes den Abschied gegeben. Es ist doch hochbedeutsam, daß der Atomphysiker Bernhard Philbert bedauert, daß der Rationalismus – von der Physik bereits überwunden und vernichtend geschlagen – Auferstehung feiert und in der Theologie mit zähem Leben wuchert. Kommen wir vielleicht wieder einmal zu spät? – Warum hat man die Gedanken Guardinis »das Ende der Neuzeit« nicht aufgegriffen?

Ich glaube, der Hauptfehler liegt heute darin, daß man diese Auseinandersetzung rein theoretisch und im luftleeren Raum führt. Man vergißt auf die geschichtsphilosophische Komponente, d. h. ich muß alles in Relation sehen zum geistigen Raum bzw. zu dem, was sich geschichtlich anbahnt. Das bedeutet: Das, was hinter uns liegt, kann nicht sklavisch in gleicher Weise vollzogen werden, das was aber heute geschieht, ist erst recht Rückfall in eine Periode, die durch ihren Rationalismus überholt ist. Wir resignieren trotzdem nicht, weil wir mehr Vertrauen zum Herrn der Geschichte haben als zu liturgischen Instituten und selbst zur römischen Gottesdienstkongregation.

Genau dies schwebte indessen auch dem Konzil vor und es ist im höchsten Grad aufschlußreich, wie das Konzil bereits dem Neuen Rechnung trägt, vor allem dadurch, daß es so stark die Charismen betonte und die charismatische Ordnung in das kirchliche Leben einbaut. Das Konzil spricht vom Charisma der Wahrheit (Göttl. Offenbarung Nr. 8) und von Charismen, die auch den Laien zugänglich sind (Dienst und Leben der Priester Nr. 9). Das Konzil hat das Neue gespürt, das da im Kommen ist. Dazu gehört auch das Erwachen der Meditation und der Mystik, alles noch stark verzerrt und durchsetzt mit zweifelhaften östlichen Praktiken. Aber das alles zeigt, daß das rationalistische Zeitalter seinem Ende entgegengeht.

Der Liturgik erwächst hier eine ganz große Aufgabe für die Zukunft. Sie muß das Mysterium auch in seinen Ausdrucksformen wieder erwecken und sie muß vor allem viel stärker wie bisher die Formung der kommenden Priestergeneration vorbereiten. Jetzt schon ist es allen Einsichtigen klar, daß wir mit der einseitigen wissenschaftlichen Ausbildung nicht mehr weiterkommen. Selbstverständlich bleibt die theologische Ausbildung bestehen, aber neben sie treten – nicht als fromme Anhängsel wie bisher, die man anstandshalber über sich ergehen lassen mußte, Liturgik und Spiritualität. Damit ist die Richtung aufgezeigt, in die wir gehen müssen. Wie das alles zu geschehen hat, kann heute noch nicht gesagt werden. Möge das Institutum Liturgicum Ratisbonense hier seinen Beitrag leisten!

Älteste lateinische Eucharistiegebete

Die Erforschung der Geschichte des Eucharistiegebets, das im Osten »Anaphora« (Opfergebet), im Westen entsprechend »Immolatio«, »Prex (oblationis)« oder »Contestatio« (Dankgebet) heißt,[1] machte zusammen mit der Erforschung der Frühgestalt des römischen Meßkanon, dem die »Praefatio« als Einleitung (eigentlich: Vorspruch) vorausgeht,[2] einen Teil meiner Studien aus. Schwerpunkte waren dabei die Gestalt des Eucharistiegebets in der Ur- und Frühkirche,[3] die frühen ägyptischen Texte und schließlich die ältesten Präfationen bzw. »contestationes« der abendländischen Riten.[4]

Es trifft nicht zu, wenn vielfach behauptet wird, dem frühchristlichen Zelebranten sei in der Formulierung des Eucharistiegebets weithin Freiheit gelassen worden. Wie die liturgischen Texte in der Didache (IX,1–X,6) zeigen, gab es schon von Anfang an feste Formeln, doch hatten charismatische Bischöfe und Priester – und praktisch nur solche – das Recht, eigene Stücke zu den meist relativ kurzen stereotypen Gebeten hinzuzufügen (vgl. Did X,7).

Im Osten wurden solche von geisterfüllten Bischöfen formulierte Anaphoren, so etwa die des hl. Basilius, seit dem 4. Jh. mehr und mehr zur festen Norm, während im Westen die einst dem Zelebranten gewährte Freiheit teilweise noch bis in die Zeit Gregors d. Gr. praktiziert wurde. Dies führte schließlich zu einer Vielzahl an Präfationen sowie dazu, daß für jeden Festtag eigene Texte (»Formulare«) ausgebildet und in einem Jahres-Sakramentar zusammengefaßt wurden. Das älteste derartige Meßbuch geht, soweit wir wissen, auf Hilarius von Poitiers († 367) zurück – es trug den Titel »Liber mysteriorum« –; etwa 50 Jahre später folgte der »Liber sacramentorum« des Paulinus von Nola († 430), ein Liturgiebuch, das lange Zeit für den italischen Raum und darüber hinaus maßgebend war.[5]

Neben den an den einzelnen Tagen wechselnden Präfationen blieben auch die älteren Eucharistiegebete in Gebrauch, die nun vor allem in den Sonntags- und Werktagsmessen weiterverwendet wurden. So ist ein entsprechender Text aus dem Bereich der römischen Liturgie im Stowe-Missale erhalten geblieben, der uns u. a. auch in einem mittelitalienischen Plenarmissale begegnet. Auf ihn hat bereits Niceta von Remesiana († um 420) deutlich angespielt. Darüber später. Im ambrosianischen Ritus sind solch frühe Canon-Stücke am Gründonnerstag und Karsamstag zu finden.

Der Hauptunterschied zwischen den orientalischen und okzidentalischen Eucharistiegebeten besteht darin, daß es im Osten mehrere als Ganzes auswechselbare Anaphoren gibt, während im Westen die Partie um den Einsetzungsbericht bzw. nur dieser – im gallikanischen Ritus »Secreta« oder »Mysterium« genannt – stereotyp war. Lediglich die vorausgehenden (im gallikanischen Ritus später auch die nachfolgenden) Teile waren variabel. Im afrikanisch-römischen Liturgiebereich wurde diese Formel »Canonica prex« bzw. später »Canon missae« oder »Canon actionis« genannt.

Über frühe Präfationen aus Italien habe ich in verschiedenen Studien eingehend gehandelt,[6] im folgenden sollen neben einem altertümlichen Text aus der römischen Liturgie Eucharistiegebete vorgestellt werden, wie sie in gallikanischen Liturgiebüchern zu finden sind.[7]

Ein Eucharistiegebet aus der Frühkirche für das Fest der Geburt des Herrn

In einem gallikanischen Sakramentar, das im 7. Jahrhundert nach einer alten Vorlage in Irland abgeschrieben wurde,[1] begegnet uns ein offensichtlich aus sehr früher Zeit stammendes Eucharistiegebet für das Fest der Geburt des Herrn am 25. Dezember. Es umfaßt eine umfangreiche Präfation, in unserem Meßbuch »Immolatio missae« (Darbringung des Opfers)[2] überschrieben, mit abschließendem Einsetzungsbericht, der hier seinem vollen Wortlaut nach wiedergegeben wird, und einem erweiterten Einsetzungsbefehl, wie er für den gallikanischen Ritus typisch ist.[3]

Die auf die Immolatio missae folgenden Teile des Meßformulars, die »Collectio sequitur« (Es folgt das Fürbittgebet) überschrieben sind, beinhalten Fürbitten für die Obrigkeit, die Gläubigen und alle Bedrängten (pro regibus et potestatibus huius saeculi, pro fratribus, pro exulibus, navigantibus, peregrinis). Sie werden im folgenden nicht abgedruckt, da der Text nur mehr bruchstückweise erhalten ist, wie auch in der Immolatio selbst einige Worte, ja ganze Sätze nicht mehr zu entziffern waren.

Der Grund dafür liegt darin, daß es sich um eine Palimpsest-Handschrift handelt, d. h. um Pergamentblätter eines Codex, die abgeschabt und aufs neue beschriftet worden sind. Die Wiederverwendung geschah in der 2. Hälfte des 9. Jahrhunderts im Kloster St. Emmeram in Regensburg, wohin das Meßbuch vermutlich durch irische Missionare gelangt war. Die gelöschte Schrift konnte nur unter großen Schwierigkeiten und unter Verwendung technischer Hilfsmittel von den Herausgebern des Meßbuches, den Sakramentarforschern P. Alban Dold OSB und P. Leo Eizenhöfer OSB, teilweise wieder lesbar gemacht und ihrem Wortlaut nach ediert werden.[4]

1. Wir bringen zuerst den lateinischen *Text des Eucharistiegebets*, jedoch nicht genau nach der Handschrift, sondern der üblichen Schreibweise angepaßt. Worte in Klammern sind von mir vorgenommene Ergänzungen, die über einen gewissen Grad an Wahrschein-

lichkeit nicht hinausgehen und vor allem den Sinn wiedergeben sollen:

Dignum et iustum est, aequum et iustum est, nos (tibi hic et ubique) semper gratias (agere, domine sancte) pater omnipotens aeterne deus, teque laudare mirabilem in omnibus operibus atque muneribus tuis domine,[5] quibus sacratissima regni tui mysteria[6] revelasti, ac sollemniter recolenda nobis vota signasti, et iugiter excolendam beneficiorum tuorum memoriam condidisti.

Unde laetantes inter altaria tua, domine virtutum,[7] immolamus tibi hodie hostiam laudis,[8] in die insigni sollemnitatis[9] hodiernae, qua deus et rex noster, ante saecula[10] verbum tuum et sapientia tua, aedificavit sibi domum[11] in matre sine patre, sicut natus ex patre sine matre, ut nobis angelo praedicante caelestis exercitus nuntiavit.

Quia natus est hodie salvator[12] dominus Iesus, ille exspec(tatio gentium[13] ... fehlen 2 Zeilen) inquam admirabili pietate et ineffabili sacramento: deus de patre, homo de matre, de patre sine tempore, de matre s(ine) semine pro tempore, de patre principium vitae, de matre finis mortis, de patre ordinans omnem diem, de matre consecrans istum diem, a te natus ineffabiliter sine die, per quem factus est omnis dies.

Voluit in terrena huius saeculi[14] vita carnaliter et habere diem suum, quem hodierna sollemnitate celebramus, et p(raebere) se magnum et (filium alti)s(simi).[15] Qu(em pe)p(e)rit (Maria) et um(bravit pannis) (fidelibus) tuis (genuit dei) verbum.[16] Qui conceptus fecunditatis munus contulit virgini, et natus virginitatis decus non abstulit matri. Qui priusquam nasceretur, et diem et uterum de quo nasceretur elegit: et ipse condidit quod elegit, et ipse hominum creator et temporum, filius virginis, dominus genetricis, virginum sponsus et virgo perpetuus.

Merito in eius ortu caeli locuti sunt, angeli gratulati, pastores laetati, magi mutati, reges turbati et parvuli coronati sunt.

Exortum est in tenebris lumen omnibus rectis corde,[17] deus et dominus inluxit[18] (nobis Iesus Christus), sicut locutus est per os omnium prophetarum suorum:[19] Virgo pariet et natus Emmanuel[20] dominus virtutum nobiscum, susceptor noster deus Iacob.[21] Veniunt legati ex Aegypto,[22] magi ab orien(te cum stella),[23] reges Tharsis et insulae offerunt munera, reges Arabum et Saba dona adducunt.[24]

Resultat in auribus nostris illa vox[25] evangeli(ca), exultante angelo pastoribus nuntiata: Gloria in excelsis deo, in terra pax hominibus bonae voluntatis,[26] quia adpropinquavit redemptio nostra,[27] venit antiqua exspectatio gentium,[28] adest promissa resurrectio mortuorum,[29] iamque praefulgit aeterna exspectatio beatorum.[30]

Pro quibus inmensae pietatis tuae beneficiis gratulantes, quia cognovimus in terra viam tuam et in omnibus gentibus salutare tuum,[31] et immolamus tibi hodie hostiam gratulationis nostrae,[32] et tu (nostri) cordis qu(ae) per obsequium (offerimus munera benignus accipias, per Christum dominum nostrum).[33]

(Qui) pridie quam pro nostra omnium salute pateretur, (ipse) stans in medio discipulorum suorum apostolorum, accipiens panem in suis sanctis manibus, respexit in caelum ad te deum patrem omnipotentem, gratias agens benedixit ac fregit tradiditque apostolis suis dicens: Accipite edite de hoc omnes, hoc est enim corpus meum, quod confringetur pro saeculi vita.

Similiter postquam caenatum est, calicem manibus accipiens, respexit in caelum ad te deum patrem omnipotentem, gratias agens benedixit et tradidit apostolis suis dicens: Accipite bibite ex hoc omnes, hic est enim calix sancti sanguinis mei, novi et aeterni testamenti, qui pro multis ac pro vobis effunditur in remissionem peccatorum.

Addens ad suum dictum dicens: Quotienscumque de hoc pane edeatis et ex hoc calice bibitis, ad memoriam meam faciatis, passionem meam omnibus indicens, adventum meum sperabitis, donec (iterum) adveniam.

2. Bevor wir uns mit dem Dankgebet befassen, sind noch einige *liturgiegeschichtliche Fragen* zu klären, so bezüglich der Thematik des Weihnachtsfestes, vor allem was die Abgrenzung zum Fest am

6. Januar betrifft.[34] Bekanntlich war bis ins 4. Jahrhundert nur eine einzige Feier der »Theophania« (Fest der Erscheinung Gottes) bekannt, die entweder am 25. Dezember, so bereits um 200 in der schismatischen Gemeinde des Hippolyt von Rom, oder am 6. Januar, so fast überall in der Kirche, begangen wurde.[35] Was den gallikanischen Liturgiebereich betrifft, aus dem unser Eucharistiegebet stammt, ist ein doppelter Festtag, wenn auch mit verschiedenem Inhalt, um 400 von Maximus von Turin ausdrücklich bezeugt.[36] Ebenso kennt Ambrosius von Mailand († 397), wie seine Hymnen »Qui regis Israel intende« und »Illuminans altissimus« deutlich machen, eine vom Epiphaniefest unterschiedene Feier am 25. Dezember.[37]

Der Grundgedanke des Festes am 25. Dezember drückt sich vor allem in der Wahl der Evangelien-Perikope aus und ist umgekehrt durch sie bestimmt. Dies hat zur Folge, daß die Thematik von Weihnachten in den einzelnen Kirchen im Osten und im Westen, da unterschiedliche Perikopen verwendet werden, nicht einheitlich ist. Zu dieser Verschiedenheit kam es, als ein Teil der ursprünglich am 6. Januar (Epiphanie) gefeierten Festgeheimnisse auf den 25. Dezember verlegt wurden.

Die römische (ähnlich wie die alte nordafrikanische und kampanische)[38] Liturgie benützt für die 1. und 2. Weihnachtsmesse (»in nocte« – »mane prima«) als Evangelium die Perikope Lk 2, 1–20, die von der Geburt des Herrn in Bethlehem und der Anbetung der Hirten handelt. Das gleiche gilt für das gallikanische Lektionar von Luxeuil und die meisten oberitalienischen Liturgiebücher.[39] Es ist das uns von Kindheit an bekannte Weihnachts-Evangelium. Für die 3. Messe (»in die«) ist dagegen nach römischem Ritus der Abschnitt Joh 1, 1–14 (in principio erat verbum) vorgesehen, der im genannten gallikanischen Lektionar im Vigilgottesdienst seinen Platz hat.

In den Kirchen des Ostens und nach dem Zeugnis des Missale von Bobbio wurde im altgallikanischen Ritus sowie in der Liturgie von Sirmium hingegen der Abschnitt Mt 2, 1–12 verlesen, der von der Ankunft und Anbetung der Magier berichtet.[40] Diese Perikope ist im römischen sowie im alten nordafrikanischen und kampanischen Ritus für das Fest der Epiphanie am 6. Januar vorgesehen.

An diesem Tag wiederum wird im gesamten Orient das Gedächtnis der Taufe des Herrn gefeiert (Evangelium: Mt 3,13–17). Dasselbe

Thema liegt auch den Formularen der gallikanischen Liturgie für diesen Tag zugrunde. In verschiedenen Liturgiebüchern ist mit der Taufe die Erinnerung an das erste Wunder Jesu bei der Hochzeit von Kana verbunden, wo er »seine Herrlichkeit geoffenbart hat« (Joh 2,11). In den Predigten des Maximus von Turin auf das Fest der Epiphanie wird ebenfalls die Taufe Jesu und das Wunder von Kana erwähnt, nicht aber die Ankunft der Magier.

Die ursprüngliche Thematik des Epiphanie-Festes (Geburt des Herrn bzw. Anbetung der Magier + Taufe Jesu + Wunder bei der Hochzeit zu Kana)[41] drücken noch die (vermutlich aus Ravenna stammenden) Laudes- bzw. Magnificat-Antiphonen des römischen Breviers für den 6. Januar aus:

(Hodie caelesti sponso) Heute ist dem himmlischen Bräutigam die Kirche angetraut worden; denn Christus hat im Jordan ihre Sünden abgewaschen. Es eilen die Magier mit Geschenken zur königlichen Hochzeitsfeier. Und über den Wein, der aus Wasser entstanden ist, freuen sich die Gäste. Alleluja.

(Tribus miraculis) Durch drei Wunderzeichen ist dieser heilige Tag, den wir begehen, ausgezeichnet. Heute hat der Stern die Weisen zur Krippe geführt. Heute wurde auf der Hochzeit das Wasser in Wein verwandelt. Heute wollte Christus von Johannes im Jordan getauft werden, um uns zu retten. Alleluja.

Die gleichen Gedanken wie hier (auch mit »Hodie« beginnend) begegnen uns im Sermo 160 des ravennatischen Bischofs Petrus Chrysologus († 450) für das Epiphaniefest. Seine Predigt schließt mit den Worten: »In dreifacher Weise wird heute also die Gottheit Christi bezeugt: durch die Geschenke der Magier, durch das Zeugnis des Vaters (bei der Taufe), durch die Verwandlung des Wassers in Wein.«

Eine Beziehung zwischen der Geburt des Herrn und der Taufe im Jordan stellt bereits Ignatius von Antiochien her, wenn er in seinem Schreiben an die Epheser von Christus sagt:

»Er wurde geboren und getauft, um durch sein Leiden das Wasser zu reinigen. Es blieb dem Fürsten dieser Welt die Jungfrauenschaft Mariens und ihre Niederkunft verborgen, ebenso auch der Tod des

Herrn – drei laut rufende Geheimnisse (tria mysteria), die in Gottes Stille vollbracht wurden. Wie aber wurde es dann den Äonen offenbar? Ein Stern erstrahlte am Himmel, heller als alle anderen Sterne und sein Licht war unaussprechlich ... Die alte Herrschaft ging zu Ende, da Gott in Menschengestalt erschien zur Neuheit ewigen Lebens. Und es nahm seinen Anfang, was bei Gott bereitet war« (18,2–19,1).

Es ist aufgrund des zitierten Textes nicht auszuschließen, daß bereits damals, also um das Jahr 100, der Gedanke des späteren Festes der »Theophania« als Gedächtnis der Geburt und Taufe des Herrn grundgelegt wurde.

An der Vigil von Weihnachten begegnet uns in den oberitalienischen Liturgiebüchern des gallikanischen Ritus – ebenso in denen des Patriarchats von Aquileja[42] – die Perikope Mt 1,18–25, die der Erzählung von der Ankunft der Magier unmittelbar vorangeht; sie beginnt mit den Worten: »Christi generatio sic erat«. In diesem Evangelienabschnitt ist vom Zweifel des Joseph sowie der jungfräulichen Empfängnis und der Geburt des Herrn die Rede.

Im byzantinischen Ritus wird dagegen am 24. Dezember zum Vigilgottesdienst (Vesper mit Basilius-Liturgie) der Abschnitt Lk 2,1–20, also das uns im römischen Ritus bekannte Evangelium der Christmette, vorgelesen. Der Abschnitt Mt 1,18–25 hat seinen Platz im Orthros (Morgengottesdienst) des Festtags. Im Missale von Bobbio, das dem gallikanischen Ritus zugehört, ist diese Perikope als erstes Evangelium (vor dem Abschnitt Mt 2,1–6) für den 25. Dezember angegeben.

Wie wir aus Predigten des Petrus Chrysologus wissen,[43] war in der Kirche von Ravenna an der Weihnachtsvigil zu seiner Zeit die Perikope Lk 1,26–38, die von der Verkündigung des Engels Gabriel handelt (Missus est angelus Gabriel) spricht, üblich und am Festtag selbst der Abschnitt Mt 1,18–25. Letzterer ist, wie gesagt, im gallikanischen Ritus für die Weihnachtsvigil, im byzantinischen Ritus jedoch für den Morgengottesdienst des Festtags, vorgesehen.

Die aufgezeigte Verschiedenheit in der Wahl der Perikopen ist die Ursache für die unterschiedliche Thematik des Weihnachtsfestes in den einzelnen Kirchen. Während im römischen Ritus allein das Ereignis der Geburt Christi im Vordergrund steht, tritt in den Riten des Ostens sowie in der gallikanischen Liturgie als ein weiteres

Festgeheimnis die Offenbarung (Theophanie) des neugeborenen Gottessohnes durch den Aufgang des Sternes hinzu. Unser Eucharistiegebet stammt aus dem Bereich des gallikanischen Ritus, der bis ins 8. Jahrhundert nicht nur in Gallien, sondern auch in weiten Gebieten des Abendlandes (Irland, Bayern, Oberitalien) in Gebrauch war. Er konnte sich als mozarabischer Ritus in Spanien bis ins 11. Jahrhundert und in Mailand, wenn auch in stark veränderter Gestalt, bis in die Gegenwart halten.[44]

Im Eucharistiegebet unseres irischen Sakramentars wird sowohl das Geheimnis der jungfräulichen Empfängnis und Geburt des Herrn (Mt 1,18–25 bzw. Lk 2,1–20) als auch das Ereignis der Ankunft und Anbetung der Magier (Mt 2,1–20) angesprochen. Dabei ist das Mysterium des Festes kurz wie folgt zusammengefaßt:

Merito in eius ortu caeli locuti sunt,
angeli gratulati, pastores laetati,
magi mutati,[45] reges turbati
et parvuli coronati sunt.

Zurecht redeten bei seinem Aufgang die Himmel,
freuten sich die Engel, frohlockten die Hirten,
wandelten sich die Magier, erregten sich die Herrscher
und erhielten den Siegeskranz die Knäblein.

Fast dieselbe Thematik begegnet uns bei Gregor von Nazianz in seiner Predigt »auf das Fest der Theophanie, d. h. der Geburt des Erlösers« (Sermo 38), die er im Jahr 380 gehalten hat:
»Laufe mit dem Stern, und mit den Magiern bringe Geschenke dar: Gold, Weihrauch und Myrrhen. Mit den Hirten lobpreise, mit den Engeln singe und mit den Erzengeln tanze im Chor. Es soll ein gemeinsames Fest der irdischen und himmlischen Mächte sein.«[46]

Neben den genannten Festgeheimnissen wird in der Präfation als weitere Komponente die Ermordung der Unschuldigen Kinder durch den König Herodes angesprochen. Unser Text handelt ferner von dem »Licht, das in der Finsternis aufgegangen ist« durch die Geburt des Herrn. Dieses symbolische Licht erscheint auf frühen Weihnachtsdarstellungen als Stern über der Höhle bzw. dem Stall von Bethlehem, der seine Strahlen auf das in der Krippe liegende Gotteskind sendet. Dieses »Licht, das in der Finsternis aufgegangen ist«, ist nicht gleichzusetzen mit dem Stern, den die Magier im Morgenland gesehen haben und in Bethlehem über dem Haus, in dem das Kind sich befand, »stille stand« (Mt 2,9).

3. Das Geheimnis der Geburt des Gottessohnes, in Antithesen immer wieder neu beleuchtet, bildet das *Hauptthema der Präfation:* »Deus de patre, homo de matre«. Ähnliche Antithesen wie hier begegnen uns schon um das Jahr 100 bei Ignatius von Antiochien, wenn er in seinem Schreiben an die Epheser von Christus sagt, er sei »gezeugt und ungezeugt, im Fleische geborener Gott, im Tode wirkliches Leben, aus Maria sowohl wie aus Gott, erst dem Leiden unterworfen, dann leidensunfähig« (c. 7).

Daneben steht in der Präfation das Geheimnis der jungfräulichen Empfängnis und Geburt des Herrn. Zeno von Verona († um 380) meint in seiner Weihnachtspredigt:

»Der Sohn Gottes verbarg für eine Weile seine Majestät. Er verließ den Thron des Himmels und schuf sich im tempelgleichen Schoß der Jungfrau, die dafür vorherbestimmt war, eine Stätte ... nicht durch Mannes Samen, sondern durch das Wort ... Wie groß ist das Geheimnis des Heils! Maria empfing ohne Verletzung als Jungfrau, gebar nach der Empfängnis als Jungfrau und blieb Jungfrau nach der Geburt ... So ist Christus in einer Weise als Mensch geboren, wie (sonst) kein Mensch geboren werden kann.«[47]

Dieses unfaßbare Mysterium bewegte in starkem Maße die Väter in der Zeit der christologischen Kämpfe des 4. und 5. Jahrhunderts. So warnt Zeno von Verona in der zitierten Weihnachtspredigt vor dem Irrtum, »daß Christus nicht aus Gott ein Mensch, sondern aus einem Menschen Gott geworden sei« und fügt hinzu: »Er ist geworden, was er nicht war und hörte doch nicht auf, das zu sein, was er vorher gewesen war.« Ähnlich sagte Augustinus († 430) in einer seiner Weihnachtspredigten (Sermo 184):

»Dieser von der Mutter Geborene hat den heutigen Tag ausgezeichnet, er, der vom Vater geboren alle Zeiten geschaffen hat. Wie jene Geburt keine Mutter haben konnte, so diese keinen menschlichen Vater. So ist Christus sowohl von einem Vater als auch von einer Mutter geboren, und sowohl ohne Vater als auch ohne Mutter: von

27

einem Vater als Gott, von einer Mutter als Mensch; ohne Mutter als Gott, ohne Vater als Mensch ... Mit Recht haben daher die Propheten von dem gesprochen, der geboren werden sollte, die Himmel aber von dem, der geboren war. Er lag in der Krippe und hielt die Welt zusammen. Er war ein unmündiges Kind und zugleich das (ewige) Wort. Den die Himmel nicht fassen, trug der Schoß einer Frau.«[48]

Ganz ähnliche Gedanken wie in der Weihnachtspräfation finden wir bei Hilarius von Poitiers:

»Sehen wir zu, welche Würde der Geburt, dem Wimmern (des Kindes) und der Wiege zukommt. Der Engel spricht zu Joseph von der bevorstehenden Geburt der Jungfrau, daß nämlich ihr Sohn Emmanuel heißen solle, d. h. Gott mit uns. Feierlich verkündet der Geist durch die Propheten – der Engel ist Zeuge –: Gott mit uns ist derjenige, der geboren wird. Den Magiern leuchtet vom Himmel her das neue Licht eines Sternes auf und so geleitet ein himmlisches Zeichen den Herrn des Himmels. Ein Engel verkündet den Hirten die Geburt Christi des Herrn, (als ein Zeichen) des Heiles für alle. Eine große Schar himmlischer Heere findet sich ein zum Lobpreis der Geburt, und den Ruhm eines solchen Geschehnisses verkünden die frühen Gesänge der gottgesandten Menge (der Engel), den Lobpreis Gottes in den Himmeln ... und Friede den Menschen auf Erden, die guten Willens sind. Danach sind da die Magier, beten den an, der in Windeln eingehüllt ist ... Die Jungfrau gebiert, der Geborene stammt von Gott (Parit virgo, partus a deo est).«[49]

»Eine solche Geburt also«, sagt Leo d. Gr. in einer Weihnachtspredigt (Sermo 21), »war geziemend für Christus, Gottes Kraft und Gottes Weisheit (vgl. 1 Kor 1,24). Durch sie sollte er in der Menschlichkeit uns gleich, in der Göttlichkeit uns überlegen sein. Denn wäre er nicht wahrer Gott, so brächte er keine Heilung. Wäre er nicht wahrer Mensch, so gäbe er kein Beispiel.«[50]

4. Es ist weiterhin auf das *Alter unseres Eucharistiegebets* einzugehen. Hier spielt die Frage eine wesentliche Rolle, ob eine Abhängigkeit der Präfation von Predigten des Bischofs Augustinus besteht. L. Eizenhöfer hat gezeigt, daß deutliche Anklänge an die Sermonen 184 (von dem eben einige Sätze angeführt wurden), ferner 186, 187, 194, 195 und 369 bestehen.[51] Die andere Möglichkeit ist darin zu

sehen, daß Augustinus unsere Präfation gekannt hat. In diesem Fall
wäre der Bischof von Hippo in seinen Weihnachtspredigten vom
liturgischen Text abhängig und nicht umgekehrt.⁵²

Hier ist zu erwähnen, daß es, wie wir aufgrund des Canon 21 der
Synode von Hippo des Jahres 393 wissen, damals in der nordafrikanischen Kirche üblich war, sich Texte von Eucharistiegebeten (preces)
von auswärts (aliunde) zu besorgen. Doch sollten diese Formulare
nach dem Willen der Synodalen erst dann im Gottesdienst verwendet
werden, nachdem sie von Fachleuten geprüft worden sind.⁵³

Für die Annahme, daß unsere Präfation keinen Cento aus Augustinus-Predigten darstellt, sondern daß der Bischof von Hippo diesen
Text gekannt hat, scheint zu sprechen, daß die Präfation den Eindruck eines sprachlich in sich geschlossenen, einheitlichen Dankgebets macht. Bei den Gemeinsamkeiten zwischen diesem und den
genannten Sermonen handelt es sich nicht um wörtliche Zitate aus
einer bestimmten Predigt des Kirchenvaters, wie dies in anderen
Fällen bei Centonen zu beobachten ist.⁵⁴ Außerdem muß man beden-
ken, daß Stücke aus unserem Text gleich in sechs verschiedenen
Augustinus-Predigten, immer wieder etwas abgewandelt, erscheinen. Dies alles dürfte darauf hinweisen, daß der Bischof von Hippo
von einem ihm geläufigen liturgischen Text inspiriert war.

Für ein hohes Alter der Präfation, noch vor der Zeit des Kirchen-
vaters, sprechen weitere Beobachtungen. Vor allem die Tatsache, daß
es ganz in der Sprache der Heiligen Schrift gehalten ist. In fast jedem
Satz klingt irgend ein Bibelwort an (vgl. die Anmerkungen zum
Text!). Die gleiche Schriftnähe begegnet uns auch in einigen sehr
altertümlichen Osterpräfationen, die ebenfalls der gallikanischen
Liturgie angehören, auf die wir anschließend eingehen werden.
Hinsichtlich des Alters eines Eucharistiegebets ist nicht zuletzt von
Bedeutung, ob das Sanctus zusammen mit der Überleitung zu diesem
Gesang der Engel vorhanden ist oder nicht. Das Sanctus hat aber in
der ursprünglichen Fassung unserer Präfation mit großer Sicherheit
gefehlt.

Die in der Palimpsest-Handschrift überlieferte Gestalt enthält
nämlich gleich zwei Überleitungen zum Gesang des Sanctus. Beide
sind deutlich sekundär; sie wurden daher von uns bei der Textwie-
dergabe weggelassen.⁵⁵ Der ursprüngliche Wortlaut des betreffenden
Passus unserer Präfation und zwar ohne diese Einschübe ist glück-

licherweise in einer anderen gallikanischen Handschrift, dem Missale Gothicum, als Post sanctus-Gebet erhalten geliehen,[56] weshalb die von uns zugrundegelegte Textgestalt als gesichert gelten darf. Auch das bekannte Eucharistiegebet in der »Apostolischen Überlieferung« des Hippolyt aus dem Anfang des 3. Jahrhunderts kennt ein Sanctus noch nicht, ebenso eine Totenpräfation, die wahrscheinlich Chromatius von Aquileja um das Jahr 400 verfaßt hat, auf die wir ebenfalls noch eingehen werden, sowie die genannten Osterpräfationen. Auch in einer sehr frühen römischen Präfation fehlt in der ursprünglichen Fassung das Sanctus.[57]

Es hat sich im Abendland als Gesang des Volkes und Unterbrechung des Eucharistiegebets erst im 5. Jahrhundert allmählich eingebürgert, während es im Osten schon wesentlich früher üblich wurde.[58]

Auf eine Entstehung der Weihnachts-Präfation noch im 4. Jahrhundert weist schließlich auch die Länge des Textes hin. Bekanntlich wurden die ehedem meist relativ umfangreichen Eucharistiegebete im Abendland im Laufe der Zeit mehr und mehr gekürzt. So bestehen die Präfationen, die Papst Gregor d. Gr. kurz vor 600 für sein Sakramentar geschaffen hat, in der Regel nur noch aus einem einzigen Satz. Außerdem wurden diese Texte in der Mehrzahl der Fälle nicht von Gregor selbst geschaffen, sondern nur wenig verändert aus älteren Eucharistiegebeten übernommen.[59]

Wie Eizenhöfer in seiner Edition unseres Sakramentars gezeigt hat, sind auch Stücke aus unserem Eucharistiegebet später zur Bildung neuer Präfationen herangezogen worden. So erscheint der Einleitungspassus »Teque laudare mirabilem ...« im Sacramentarium Gelasianum und zwar in einer Präfation für das Fest Epiphanie und außerdem die Wendung »Unde laetantes inter altaria tua ...« gleich in drei verschiedenen Meßbuchtypen (Leonianum, Gelasianum und Missale Gothicum).

Während es sich in den eben zitierten Stellen um Wendungen mehr allgemeiner Art handelt, lassen sich Stücke aus unserem Eucharistiegebet auch direkt in Weihnachts-Orationen anderer gallikanischer Meßbücher nachweisen.[60]

Über den Autor wissen wir leider nichts. Falls wie ich vermute, der Palimpsest-Codex im wesentlichen eine Abschrift des von Hieronymus erwähnten »Liber Mysteriorum« (Sakramentar) des Hilarius von Poitiers darstellt,[61] könnte dieser Kirchenvater der Verfasser sein. Dazu kommt noch, daß Hilarius in der oben zitierten Stelle aus seinem Werk De trinitate ganz ähnliche Gedanken wie in unserem Eucharistiegebet, vorgetragen hat. Zu einer wirklichen Sicherheit in dieser Frage können wir freilich nicht kommen, wenn auch eine andere befriedigende Lösung bis jetzt nicht in Sicht ist.

Älteste Eucharistiegebete aus der gallikanischen Osterliturgie

Der Osterjubel der römischen Kirche hat seinen klassischen Ausdruck im Gesang des Exultet gefunden. Die Überlieferung bezeichnet Augustinus als den Verfasser dieser »Benedictio cerei«, wenn es in verschiedenen Handschriften in der Überschrift zum Exultet heißt:»Benedictio cerei beati Augustini episcopi, quam adhuc diaconus cum esset edidit et cecinit.«

In letzter Zeit sind ernsthafte Zweifel geäußert worden, ob Augustinus tatsächlich als Autor zu gelten hat,[1] nicht zuletzt deshalb, weil er selbst in De civ. Dei XV,22 einige Verse seiner von ihm verfaßten Benedictio cerei anführt, die jedoch nicht mit dem Exultet übereinstimmen.

Möglich ist immerhin, daß der Bischof von Hippo, ähnlich etwa wie Ennodius von Pavia, mehrere solcher Texte verfaßt hat;[2] jedenfalls weist die Tatsache, daß die zitierte Überschrift in drei Sakramentaren, nämlich dem südgallischen »Missale Gothicum« (= Go), im oberitalienischen »Missale von Bobbio« (= Bo) und im (der Vorlage nach teilweise aus Oberitalien stammenden) »Missale Gallicanum Vetus« (= GV) sich findet, auf ein hohes Alter der Überschrift hin.[3]

Sicher scheint zu sein, daß der Verfasser des Exultet – vielleicht ein anderer Bischof Augustinus – Vorlagen benützt hat. Eine davon, eine gallikanische Osterpräfation, soll im folgenden näher besprochen werden.[4] Daß es sich bei ihr um die Vorlage handelt (und nicht umgekehrt), zeigt die Tatsache, daß sie auch in der beneventanischen Benedictio cerei verwendet erscheint.

I

Es handelt sich um einen Text, den das genannte Missale Gothicum (bald nach 700 geschrieben) überliefert (Nr. 270 ed. Mohlberg):

Immolatio (Missae)

Dignum et iustum est aequum et iustum est, nos tibi hic et ubique gratias agere tibi laudes dicere et hostias immolare.[1] et confiteri misericordias tuas. domine sancte pater omnipotens aeterne deus. quoniam magnus es tu et faciens mirabilia tu es deus solus.[2]

Tu formasti caelos in intellectu.[3] tu formasti terram super aquas.[4] tu fecisti luminaria magna.[5] solem in potestatem diei.[6] lunam et stellas in potestatem noctis.[7] tu fecisti nos et non ipsi nos.[8] opera manuum tuarum non omittas.[9] Tuus est dies et tua est nox.[10] in die enim mandasti misericordiam tuam et in nocte declarasti.[11] quam hodiernis vigiliis in luminis huius festivitate celebramus.

Haec est enim nox salutarium conscia sacramentorum. nox in qua veniam peccatoribus praestas. de veteribus hominibus novos efficis.[12] de senibus effectis maturos reddis infantes.

Quos in novam creaturam[13] renatos de sacro fonte producis. hac nocte in aeternum diem[14] renascentes populi procreantur.[15] regni caelestis atria reserantur. et beata lege commerciis divinis humana mutantur.[16]

Haec est nox illa quae facta est in deliciis.[17] in qua maxime delectasti nos domine in factura tua.[18] nox in qua inferna patuerunt. nox in qua absolutus est Adam. nox in qua inventa est drachma quae perierat.[19] nox in qua boni pastoris humeris reportata est oves perdita.[20]

Nox in qua diabolus occubuit et sol iustitiae xps exortus est.[21] et solutis inferni nexibus[22] claustrisque perfractis multa sanctorum corpora de sepulchris erumpentia intraverunt in sanctam civitatem.[23]

O vere beata nox quae sola meruit scire tempus et horam. qua xps resurrexit.[24] de qua iam in psalmo fuerat prophetatum. quia nox ut dies inluminabitur.[25] nox in qua exorta est resurrectio in aeternum.

1 vgl. Ps 26,6 (Ps 115,17) – 2 Ps 85,10; vgl. Ps 135,4 – 3 Ps 135,5 – 4 Ps 135,6; Bo 488 – 5 Ps 137,7 – 6 Ps 135,8 – 7 Ps 135,9 – 8 Ps 99,3 – 10 Ps 73,16 – 11 vgl. Ps 41,9; zu declarasti: 1 Kor 3,13 – 12 vgl. Röm 6,6; Eph 4,22ff. – 13 vgl. 2 Kor 5,17; Benedictio fontis im MR: in novam creaturam – 14 vgl. 2 Pt 3,18 – 15 vgl. Tob 6,21 – 16 vgl. u. a. Sacramentarium Sangallense (569 ed. Mohlberg) und das Exultet: nox in qua terrenis caelestia humanis divina iunguntur – 17 vgl. Ps 138,11 und das Exultet: et nox illuminatio mea in deliciis meis – 18 Ps 91,5 – 19 vgl. Lk 15,9 – 20 vgl. Lk 15.4–6; Joh 10,11 – 21 vgl. Mal 4,2 – 22 vgl. die beneventanische Benedictio cerei, in: Paléographie

Musicale XIV, 385: solutis quippe nexibus et calcato mortis aculeo –
23 vgl. Mt 27,53 – 24 vgl. Exultet – 25 Ps 138.12; vgl. Exultet.

Auf den ersten Blick fällt die Schriftnähe dieser »Immolatio missae«
auf. Fast jeder Satz, ja fast jedes Wort ist der Heiligen Schrift
entnommen, sogleich zu Beginn der ausführliche Lobpreis für die
Wundertaten (»mirabilia«) Gottes. Dieses Danksagen für die Werke
der Schöpfung gehört zum ältesten Bestand des eucharistischen
Hochgebetes.[5] Ganz ähnliche Worte finden wir in einem Fragment
der Markus-Anaphora (aus dem 4. Jahrhundert):

»(Es ist würdig und recht) dich zu preisen bei Tag und Nacht ...
dich, der den Himmel geschaffen hat und alles in ihm, die Erde und
was über der Erde ist, die Meere und die Flüsse und alles in ihnen,
der du den Menschen geschaffen hast nach deinem Bild und
Gleichnis. Und alles hast du geschaffen in deiner Weisheit ...«[6]

In unserer Immolatio wird geschickt vom Dank für die Schöpfung
auf die »heilige Nacht« übergeleitet, von deren wunderbaren Ge-
schehnissen die weiteren Teile des Textes singen: von der Wiedergeburt zum ewigen Leben, die sich an den Täuflingen in der Osternacht
vollzogen hat, und von den Gnaden, die durch die Auferstehung des
Herrn den Gläubigen zuteil geworden sind.

Auf die Heimat dieses Eucharistiegebets, nämlich Gallien/Ober-
italien, weisen einige der zahlreichen Zitate aus der Heiligen Schrift
hin. So finden wir in unserem Text die seltene Wendung »(opera
manuum tuarum) von omittas« (Vg: despicias). Diese altlateinische
Fassung findet sich nur in einer einzigen Psalter-Handschrift (6. Jh.),
dem aus Italien stammenden[7] Codex von Saint-Germain,[8] ferner in
einem Zitat bei Hilarius von Poitiers und bei Ambrosius. Die Fassung: »(multa sanctorum corpora) intraverunt« (Vg: venerunt) kann
nur bei Gaudentius von Brescia (Sermo 10,11) nachgewiesen
werden.[9]

Der überlieferte Text unserer Osternacht-Präfation leitet unver-
mittelt zum Sanctus über. Hier scheint etwas zu fehlen. Auf Grund
des ziemlich langatmigen Eingangs erwartet man einen längeren, sich
auf die Osternacht beziehenden Text. Die Annahme, daß ein ursprünglich hier folgender Passus ausgelassen wurde, scheint schon

dadurch begründet zu sein, daß der Redaktor von Go auch sonst gern Gebete, die ihm zu lang erscheinen, kürzt.[10] Der verlorene Teil des Dankgebets hatte wahrscheinlich einen christologischen Passus zum Inhalt, der wohl ähnlich gelautet hat wie in den später unter II und III zu behandelnden, inhaltlich verwandten Präfationen.[11] Ohne Sanctus wurde hier, sicher jedenfalls in Text II, unmittelbar zum Einsetzungsbericht übergeleitet, wie dies in den ältesten abendländischen Eucharistiegebeten, die wir kennen, der Fall ist,[12] so u. a. in einem St. Galler Fragment aus dem 6. Jh.,[13] bzw. erschlossen werden kann. So ist hier eine Präfation im Gelasianum (589 ed. Mohlberg) und in den Junggelasiana (S 873) anzuführen, deren 2. Teil lautet:

Agentes igitur indefessas gratias sanctamque munificentiam praedicantes, maiestati tuae haec sacra deferimus, quae nobis ipse salutis auctor xps instituit,

worauf ursprünglich sofort der Einsetzungsbericht gefolgt sein muß, da dieser mit fast den gleichen Worten in verschiedenen gallikanischen Texten eingeführt wird.[14]

Der Redaktor der jetzigen Fassung in Go hat folgende wenig befriedigende, da abrupte Überleitung gewählt und dann aus einer anderen, jedoch wie es scheint, alten Quelle ein Post Sanctus- und ein Post Mysterium-Gebet angefügt; letzteres trägt die sonst nicht nachweisbare Überschrift »Collectio ad panis fractionem«:

Te enim omnipotens deus creaturarum caelestium multitudo et innumerabiles angelorum chori sine cessatione proclamant dicentes: Sanctus ⟨sanctus sanctus dominus deus sabaoth. pleni sunt caeli et terra gloria tua.⟩

Post Sanctus

Tuo iussu domine condita sunt universa[1] in caelo et in terra, in mari et in omnibus abyssis.[2] tibi patriarchae prophetae apostoli[8] martyres confessores atque omnes sancti gratias agunt. Quod et nos facientes has hostias spiritales[c] et sincera libamina ut libens exaudias deprecamur.[5]

Te oramus uti hoc sacrificium tua benedictione benedicas et spiritus sancti rore perfundas.[6] ut sit omnibus legitima eucharistia per xpm dominum nostrum. Qui pridie.

Collectio ad panis fractionem

Respice ad hanc oblationem omnipotens deus quam tibi offerimus in honorem nominis tui pro salute regum et exercitu eorum et omnium circumadstantium.[7] Et praesta ut qui ex ea sumpserint accipiant sanitatem mentis. integritatem corporis. tutelam salutis. intellectum sensus xpi.[8] securitatem[9] spei. corroborationem[10] fidei. aeternitatem spiritus sancti. per

1 Kol 1,16 – 2 Ps 134,6; vgl. Kol 1,16; Apg 4,24 – 3 vgl. Eph 3,5 – 4 vgl. 1 Pt 2,5 – 5 vgl. Mone-Messen (46, 65 ed. Mohlberg) – 6 vgl. Dan 4,22 (Gen 27,39) – 7 vgl. Canon Missae: et omnium circumstantium – 8 vgl. 1 Kor 2,16; Kol 1,9; 2,2 – 9 vgl. Is 32,17; (4,6) – 10 vgl. Eph 3,16.

Liturgiegeschichtlich verdient der Teil des Eucharistiegebets nach dem Sanctus besondere Beachtung; es finden sich nämlich deutlich Beziehungen zu den ältesten Eucharistiegebeten, so zum ägyptischen Papyrus von Der Balaisa (vgl. den folgenden Exkurs). In beiden Fällen ist eine Wandlungsbitte (Epiklese) dem Einsetzungsbericht vorausgeschickt. Im genannten Papyrus lautet diese:

Erfülle auch uns mit der Herrlichkeit, die von dir ausgeht und sende gnädig herab deinen Heiligen Geist auf diese Schöpfungsgaben und mache das Brot zum Leib des Herrn und Heilandes Jesus Christus und den Kelch zum Blut des Neuen Bundes.[15]

Dabei knüpft das ägyptische Gebet an das »Pleni (sunt caeli)« an, während der Text in Go eine Weiterführung des »caeli et terra« darstellt.

Ganz besonders deutlich tritt die Verwandtschaft der beiden Eucharistiegebete in der Bitte um die Früchte der Kommunion, in Go »Collectio ad panis fractionem« überschrieben, in Erscheinung. Diese hat im Papyrus folgenden Wortlaut:

Und laß sie (die Eucharistie) uns deinen Dienern werden zur Kraft des Heiligen Geistes, zur Stärkung und Vermehrung des Glaubens, zur Hoffnung auf das kommende ewige Leben, durch unseren Herrn Jesus Christus.[16]

Im Dankgebet, das sich in der »Apostolischen Überlieferung« findet, lautet der Text ähnlich: ».. . laß (die Eucharistie) den Empfängern

gereichen zur Erfüllung mit dem Heiligen Geist, zur Stärkung des Glaubens in der Wahrheit.«[17]
Die aufgezeigte Beziehung zu ältesten Eucharistiegebeten spricht für das hohe Alter der Formel in Go. Es fehlt noch die in späteren Meßbüchern übliche Überleitung nach dem Trishagion mit »Vere sanctus«, die Epiklese (wenn auch noch wenig entwickelt) steht vor dem Einsetzungsbericht, in den übrigen gallikanischen Eucharistiegebeten, ähnlich wie in den byzantinischen, dagegen fast regelmäßig nach diesen.

II

Vielleicht vom gleichen Verfasser wie die obige Präfation für die Osternacht stammt auch die für die Tagesmesse. Sie findet sich ebenfalls im Missale Gothicum (Nr. 280):

Dignum et iustum est. aequum et salutare est. nos tibi hic et ubique semper gratias agere. domine sancte pater omnipotens aeterne deus. Sed in hac die resurrectionis domini nostri ihu xpi filii tui gratulatio maior exultat in cordibus nostris.[1]

Hic est enim dies in quo exorta est perpetuae causa laetitiae.[2] Hic est dies resurrectionis humanae et vitae natalis aeternae.

Hic est dies in quo satiati sumus mane misericordiam tuam.[3] quo nobis ille benedictus qui venit in nomine domini deus noster inluxit nobis.[4]

Hic enim dominus noster ihs xps filius tuus adimplens prophetias[5] temporum praestitutis. visitauit nos[6] post biduum[7] die tertia resurrexit.

Hic est enim dies tanti muneris benedictione signatus. qui hodierna festivitate gaudentibus in toto orbe mortalibus frequentatur.

Quia omnium mors perempta est in cruce xpi. et in resurrectione eius omnium vita surrexit.[8]

⟨Quem in susceptione mortalitatis deum maiestatis agnoscimis et in divinitatis gloria deum et hominem confitemur.

Qui mortem nostram moriendo destruxit et vitam resurgendo restituit.⟩

Et nunc domine sancte pater omnipotens aeterne deus supplices deprecamur. uti hanc oblationem benedicere et sanctificare digneris per xpm dominum nostrum. ⟨Qui pridie⟩

1 vgl. Ps 12,6 – 2 Ps 117,24 – 3 Ps 89,14 – 4 Ps 117,26–27 – 5 vgl. Mt 13,14 – 6 vgl. Lk 1,78 – 7 vgl. Mt 26,2 – 8 In verschiedenen Sakramentaren; dort auch der folgende Text in Klammern.

Der Schluß der Präfation steht wörtlich auch im Gelasianum (466 ed. Mohlberg) und in den Junggelasiana (S 569), nur daß hier der Text weitergeht. Wir fügen diesen in Go (jetzt) fehlenden Passus, der z. T. auch in die Osterpräfation des Gregorianum (87,3 ed. Lietzmann) Eingang gefunden hat, in Klammern bei, da er vermutlich unserem Text ursprünglich angehört hat und nur den Kürzungstendenzen des Redaktors von Go zum Opfer gefallen ist.

Unser Interesse verdient auch der letzte Satz der Präfation, der mit den Worten beginnt:»Et nunc domine sancte pater ...« Hier haben wir eine Epiklese-ähnliche Opferbitte, die noch ohne Sanctus unmittelbar zum Einsetzungsbericht überleitet und die vermutlich im obigen Eucharistiegebet der Osternacht ausgefallen und durch eine unorganische Überleitung zum Sanctus ersetzt ist.[18]

III

Das folgende Eucharistiegebet für die Osternacht steht in gleicher Weise in zwei Meßbüchern, dem südgallischen Palimpsest-Sakramentar in der Ambrosiana (= M)[19] und im mozarabischen Liber sacramentorum (= LM):[20]

Dignum et iustum est. sancte pater omnipotens aeterne deus. pietatem tuam omni quidem tempore. sed in hac nocte profusius exultantibus animis conlaudare. Nox enim ista non tenebrarum sed luminis mater est. in qua exortus est in aeternum dies resurrectio nostra dominus ihs xps.[1]
    Ille verus agnus dei qui abstulit peccatum mundi.[2] qui non in figura veteri[3] alio offerente mactatus est. sed in corpore veritatis adveniens adimplevit figuras carnalium sacrificiorum. adprobavit et prophetias oraculorum caelestium. seque vivam et veram ho-

stiam[4] novissimis saeculorum temporibus.[5] idem sacerdos et sacer agnus exhibuit.[1] Elevatisque in cruce manibus et sacrificium vespertinum[7] pependit in ligno. et beneficium matutinum resurrexit a mortuis. Magna opera domini exquisita in omnes voluntates eius.[8] confessio et magnificentia opus eius. Quia per opus confessionis salutifera passione perfunctus est. et de crucis morte magnificentiam resurrectionis operatus est. Unde venerandi sacra aemulatione[9] mysterii. in aeternam modo vitam filii lucis[10] oriuntur.[11] Quos matutino partu per gratiam spiritalem hac nocte progenerat mater ecclesia.[12] Sine dolore parturiens[13] et cum gaudio parens. ut exprimeret[14] in se utique formam virginis genetricis. absque ullo humanae contagionis fecunda conceptu. In cuius matutinis resurgente xpo mors occidit delictorum et exorta est vita credentium.[15] Propter quod ei caelestia atque terrestria cant canticum novum cum omni exercitu angelorum. Et cum Cherubim et Seraphim sine cessatione sic dicunt. Sanctus sanctus sanctus ⟨dominus deus sabaoth.⟩

Post ter Sanctus

Vere[16] sanctus. vere xps filius dei. qui ascendit patibulum crucis ut omnes vires suas mors in sua perderet morte. descendit ad inferos ut hominem veteri errore deceptum et regno peccati servientem victor abstraheret. serasque portarum potenti manu frangeret.[17] et secuturis gloriam suae resurrectionis aperiret.[18] Qui pridie.

Post Pridie

Habentes igitur[19] ante oculos omnipotens pater[20] tantae passionis triumphos supplices[21] exoramus. ut pascha hoc quod[22] nobis dominus ihs[23] filius tuus hostiam vivam constituit atque complevit. fiat nobis in protectionem salutis et vitae. Sanctificatus in solemnitatibus populus altaribus tuis oblationis suae munera placitura consignet. Fiat nobis eucharistia pura atque legitima in nomine unigeniti tui. ut cum nostris fuerit recepta pectoribus. fidem nutriat. mentem sanctificet atque confirmet. Per dominum nostrum.

1 vgl. die beneventanische Benedictio cerei in: Paléographie Musicale XIV, 385: Qui nos ad mortem istam ... – 2 vgl. Joh 1,19 – 3 vgl. 2

Kg 14,20 – 4 vgl. Eph 5,2 – 6 vgl. Leonianum (96 ed. Mohlberg) und andere Sakramentare (s. u.) – 7 vgl. Ps 140,2 – 8 Ps 110,2–3 – 9 aemulatione M] imitatione LM – 10 vgl. Lk 16,18, Joh 12,36; Eph 5,8; 1 Thess 5,5 – 11 in mehreren Osterpräfationen (s. u.) – 12 progenerat mater ecclesia LM] progenuit M – 13 dolore parturiens M] corruptione concipiens LM – 14 ut exprimeret M] exprimens LM; im folgenden Lücke in M – 15 vgl. Leonianum 1137 – 16 Vere M] verus LM; vgl. Ben. cerei Quia in eius matutino resurgente xpo mors occidit redemptorem et emersit vita credentium – 17 frangeret M] confringeret LM – 18 suae resurrectionis gloriam demonstraret LM – 19 igitur M] – LM – 21 supplices M] suppliciter LM – 22 quod LM] quo M – 23 dns ihs M] dns nr ihs xps LM.

Inhaltlich berührt sich dieser Text mit der Immolatio für die Osternacht im Missale Gothicum, er könnte sogar ursprünglich den 2. Teil des Eucharistiegebets gebildet haben. In beiden Präfationen wird der glorreiche Sieg Christi über den Tod und die in der Taufe erfolgte Wiedergeburt der Täuflinge besungen. Nach einem fast gleichen Passus wie in Go: »in qua exortus est in aeternum dies resurrectio nostra dominus ihs xps«, folgt hier ein ausgedehnter christologischer Teil, der in Text I, wie erwähnt, offensichtlich ausgefallen ist. Der letzte Satz (unmittelbar vor der Überleitung zum Sanctus) findet sich fast wörtlich mit einer kleinen Abwandlung im Leonianum (Nr. 1137 ed. Mohlberg) als selbständige Präfation:

U+D In cuius resurrectione mirabili mors occidit redemptorum et orta est vita credentium.[21]

Ebenso eine Stelle aus der Mitte unser Präfation (Nr. 96 ed. Mohlberg):

U+D qui se ipsum tibi pro nobis offerens immolandum. idem sacerdos et sacer agnus exhibuit.

In Abwandlung auch im Altgelasianum (Nr. 476 ed. Mohlberg) und in den Junggelasiana (S 590):

U+D Qui oblatione sui remotis sacrificiis carnalium victimarum seipsum tibi pro salute nostra offerens. idem sacerdos et sacer agnus exhibuit.

Weiterhin findet sich auch der Satz:»in aeternam vitam filii lucis oriuntur«, in verschiedenen Präfationen (so Bo 278, S 569). Gerade diese Verwendung von Teilen unseres Eucharistiegebetes als neue selbständige Präfationen beweist das hohe Alter des Textes.

Im Gegensatz zu den beiden oben besprochenen Texten könnte in dieser Contestatio der Übergang zum Sanctus ursprünglich sein. Das »Post Ter Sanctus«-Gebet setzt noch kein »Benedictus« voraus, da es unmittelbar an das dreimalige Sanctus anschließt:»Vere sanctus, vere xps filius dei«, während die meisten späteren derartigen Formeln mit den Worten beginnen:»Vere sanctus, vere benedictus...« Dies spricht ebenfalls für ein hohes Alter unseres Textes, da das Benedictus wie gesagt, erstmals von Caesarius von Arles († 542) erwähnt wird,[22] aber wohl schon etwas früher eingeführt worden ist.

Da jedoch das Post sanctus-Gebet durch das Stichwort »mors« sich dem letzten Satz der Contestatio (vor dem Übergang zum Dreimalheilig) inhaltlich anschließt:

In cuius matutinis resurgente xpo *mors* occidit delictorum et exorta est vita credentium. Qui ascendit patibulum crucis, ut omnes vires suas *mors* in sua perderet morte...,

muß die andere Möglichkeit, daß die Überleitung zum Sanctus erst nachträglich eingefügt wurde, wie wir dies in der oben besprochenen Präfation I sahen, durchaus in Betracht gezogen werden.

Das Post Pridie-Gebet »Habentes igitur ante oculos« mit seiner Konsekrationsbitte, der eine weitere um den gnadenhaften Empfang der Kommunion (ähnlich wie in Text I) angeschlossen ist, muß ebenfalls sehr alt sein, da bereits Gaudentius von Brescia († 410), wie in anderem Zusammenhang gezeigt werden konnte, in einem Sermo an die Neugetauften (Tract. 2,34) auf dieses deutlich anspielt.[23]

Den Verfasser unseres Eucharistiegebets haben wir wohl in Gallien zu suchen, da in Spanien, wo es ebenfalls überliefert ist, der gallikanische Ritus erst im Anschluß an die Synode von Toledo (633) eingeführt wurde. Es dürfte sich bei dieser und den beiden anderen Osterpräfationen um Stücke aus dem »Liber mysteriorum« des Hilarius von Poitiers, dem ältesten Jahres-Sakramentar des gallikanischen Ritus, handeln, zu dem auch die eingangs besprochene Weihnachts-Präfation gehört haben dürfte.[24]

Exkurs:

Das Eucharistiegebet im Papyrus von Der Balaisa

Über diesen berühmten liturgischen Papyrus aus Ägypten, auf den im vorausgegangenen Kapitel hingewiesen wurde, habe ich mehrmals geschrieben[1] und dabei eine über die Neuausgabe von Roberts-Capelle[2] hinausgehende Rekonstruktion des Textes versucht,[3] die noch nicht in allem befriedigen konnte.[4] Hier nun eine deutsche Übersetzung der mit ἄλλη (= ein anderes Gebet) überschriebenen Anaphora,[5] wobei zugleich notwendige Korrekturen an meiner damaligen Rekonstruktion angebracht werden. Die übrigen Partien des Papyrus bleiben im folgenden unberücksichtigt:

(σε ἐπικαλοῦμαι) Ich rufe dich an, du himmlischer Allherrscher, vollkommener Beschützer (ἐπίσκοπε) und Gott der Wahrheit.[6] (ὁ θεὸς καὶ πατήρ) Du Gott und Vater unseres Herrn Jesus Christus, du hast alles aus dem Nichts gemacht und alles zum Sein geführt und, selbst unbegrenzt, alles begrenzt. Du hast den Himmel gemessen und die Erde und ihre Grenzen, das Meer, die Quellen, die Flüsse, das Strömen der Wasser. Du hast Staub genommen von der Erde und den Menschen daraus nach deinem Bilde geschaffen ...

Von hier ab (Zeile 24) bis zum Schluß der Seite ist eine sichere Rekonstruktion des Textes aufgrund der wenigen erhaltenen Buchstaben nicht möglich. Sicher scheint lediglich die Wendung διὰ Ἰησοῦ Χριστοῦ τοῦ κυρίου ἡμῶν in Zeile 25 zu sein. Die Zeilen 27–30 möchte ich, im Gegensatz zu Roberts-Capelle, die aus den Wortresten eine Doxologie rekonstruieren, im Anschluß an den ältesten Text der Markus-Anaphora,[7] mit der auch die vorausgegangene Partie Ähnlichkeit aufweist,[8] wie folgt rekonstruieren:

δι [ου]
[κα]ι μεθ [ου σοι ο θ͞ς και π͞η͞ρ παντοτε]
[σ]υν τω [αγιω σο]υ π͞ν͞ι [ευχαριστουντες]
[προσφερομεν ...]

Was ins Deutsche übersetzt, folgenden Text ergibt:

... durch Jesus Christus, unsern Herrn – durch ihn und mit ihm (sagen wir dir, du Gott und Vater, allezeit) mit deinem Heiligen Geist (Dank und bringen dir dar ...)

Wenn diese Rekonstruktion richtig ist – sie benützt alle von Roberts-Capelle gelesenen Buchstaben –, dann gibt es keinen sinnvollen Übergang zur nächsten Seite (fol. 2r). Es muß daher ein Blatt fehlen. Auf diesem hätte der Anfang der folgenden, auch in der Markus-Anaphora vorhandenen Formel gestanden,⁹ deren Schluß zu Beginn von fol. 2r noch zu erkennen ist. Wir gewinnen damit folgenden weiteren Text:

(Erhebe dich Herr und zerstieben mögen deine Feinde und nach rückwärts fliehen alle,) die deinen Namen hassen.¹⁰ Dein Volk aber segne. Richte auf die Gefallenen, bekehre die Irrenden, tröste die Kleinmütigen.¹¹

(σὺ γὰρ εἶ) Du nämlich bist der Hocherhabene über jede Macht und Gewalt, Kraft und Herrschaft und über jeden Namen, den man nennt in dieser und der kommenden Welt.

(σοὶ παραστήκουσι) Dich umstehen Tausende heiliger Engel und ungezählte Heere von Erzengeln. Dich umstehen die vieläugigen Cherubim. Dich umgeben im Kreis die Seraphim. Sechs Flügel hat der eine und sechs Flügel der andere. Und mit zweien verhüllen sie ihr Angesicht und mit zweien ihre Füße und mit zweien fliegen sie.

(πάντα δὲ πάντοτε) Sie alle rufen Heilig allezeit. Mit ihnen nimm auch unsern Gesang des Heilig an, die wir zu dir rufen: Heilig, heilig, heilig, Herr Sabaoth! Voll sind Himmel und Erde deiner Herrlichkeit.

(πλήρωσον καὶ ἡμᾶς) Erfülle auch uns mit der Herrlichkeit, die von dir ausgeht, und sende gnädig herab deinen Heiligen Geist auf diese Schöpfungsgaben und mache das Brot zum Leib unseres Herrn und Heilandes Jesus Christus und den Kelch zum Blut des Neuen (Bundes unseres Herrn und Gottes und Erlösers Jesus Christus).¹²

(καὶ ὃν τρόπον) Und wie dieses Brot zerstreut war über die Berge und Hügel und Felder hin und vermischt *ein* Leib geworden ist und wie dieser Wein kommt vom heiligen Weinstock David und das Wasser vom unbefleckten Lamm und beide vermischt ein

43

einziges Mysterium geworden sind, also führe zusammen die katholische Kirche (in dein Reich).[13]

(αὐτὸς γὰρ ὁ κύριος) Er nämlich unser Herr Jesus Christus nahm in der Nacht, in der er sich selbst hingegeben hat, Brot in seine heiligen Hände, sprach (darüber) das Dankgebet und nachdem er es gesegnet, geheiligt und gebrochen hatte, gab er es seinen Jüngern und Aposteln mit den Worten: Nehmet, esset alle davon: Das ist mein Leib, für euch gegeben zur Vergebung der Sünden. (ὁμοίως μεπα τὸ δειπνῆσαι) In gleicher Weise nahm er nach dem Mahl einen Kelch und segnete ihn. Er trank daraus und gab ihn diesen mit den Worten: Nehmet, trinket alle daraus: Das ist mein Blut, für euch vergossen zur Vergebung der Sünden. Sooft ihr dieses Brot eßt und den Kelch trinkt, verkündet meinen Tod und feiert mein Gedächtnis. (τὸν θάνατόν σου) Deinen Tod verkünden wir, deine Auferstehung bekennen wir.[14] Und wir bitten ...

Es folgt hier eine Lücke von etwa 15 Zeilen. Im fehlenden Text wurde vielleicht, ähnlich wie im römischen Canon missae, um Annahme des Opfers gebeten, so wie Gott die Opfergaben der Patriarchen gnädig angenommen hat.[15] Darauf könnte ein kleines Fragmentstückchen, falls es zu diesem Blatt gehört, hinweisen; es enthält die Worte: [κα]θὼς προσεδε[ξες], , d. h. »wie du aufgenommen hast«.[16] Der erhaltene Schluß der Anaphora lautet:

... und laß sie (die Eucharistie) uns deinen Dienern werden zur Kraft des Heiligen Geistes, zur Stärkung und Vermehrung des Glaubens, zur Hoffnung auf das kommende ewige Leben. Durch unsern Herrn Jesus Christus, mit dem dir dem Vater in der Gemeinschaft des Heiligen Geistes Verherrlichung wird in alle Ewigkeit. Amen.

Ein römisches Eucharistiegebet aus dem 4. Jahrhundert

Das von Pius V redigierte Missale Romanum von 1570 kennt im Gegensatz zu den östlichen Liturgien und zum ambrosianischen Ritus kein Formular für eine »Missa canonica«. Wie wir in einem der nächsten Kapitel sehen werden, weisen dagegen die irischen Meß-Libelli, die auf ein frühes stadtrömisches Exemplar zurückgehen, eine solche »Missa communis« auf, während Temporale-Formulare ganz fehlen. Im Stowe-Missale (Sigel: Sto), dem einzigen vollständig erhaltenen irischen Meß-Libellus,[1] findet sich fol. 22v/23v innerhalb der »Orationes et preces missae ecclesiae romanae« eine interessante Präfation. Diese kommt ebenso im Anhang des Cod. Vat. lat. 4770 (fol. 245 r) vor, einem Plenarmissale aus dem Anfang des 11. Jh., das in der weiteren Umgebung von Rom, vielleicht in den Abruzzen, entstanden ist (Sigel: Z),[2] sowie im Anhang des in Mainz oder St. Gallen geschriebenen Codex Ratisbonensis (Sigel: Rat), einem zuletzt in Regensburg liturgisch verwendeten Gregorianum (heute in Oxford, Bibl. Bodleiana, MS Auct. D I 20).[3]

1. Wir bringen zuerst den Text der drei Zeugen, wobei wir die einzelnen Fassungen der Übersicht halber untereinandersetzen:

Sto	U+D per xpm dominum nostrum.	Qui cum unigenito		tuo
Z	U+D	− − −	filio	−
Rat	U+D	− − −		−

Sto	et spiritu sancto deus es unus et immortalis.	
Z	− − − − − − −	deus increator(!)
Rat	− − − − unus es − −	

Sto	
Z	et inmensus. deus largus et patiens. deus misericors et longa
Rat	

Sto	deus incorruptibilis et inmutabilis.	deus invisibilis
Z	nimis. − − − inmortalis	− −
Rat	− − − incomprehensibilis	− visibilis(!)

Sto	et fidelis. deus mirabilis	et laudabilis.
Z	et incomprehensibilis − − − ammirabilis	− −
Rat	− − − mirabilis	− −

45

Sto deus honorabilis et fortis. deus altissimus et magnificus. deus
Z   —   —   —   —   —   —   —   —   —   —
Rat —   —   —   —   —   —   —   —   —

Sto unus   et verus. deus sapiens et potens.   deus sanctus et speci
Z   uiuus   —   —   —   —   — patiens   —   —   —   —
Rat unus   —   —   —   —   — potens   —   —   —   —

Sto osus. deus magnus et bonus. deus terribilis et pacificus. deus
Z   —   —   —   —   —   —   —   —   —   —
Rat —   —   —   —   —   —   —   —   —

Sto pulcher et rectus. deus purus et benignus. deus beatus et iustus.
Z   —   —   —   —   —   —   —   —   —   —   —
Rat —   —   —   —   —   —   —   —   —   —

Sto deus pius et sanctus.
Z   —   —   — misericors
Rat —   —   — gloriosus. pater et filius et spiritus sanctus.

Sto non in unius singulariter personae. sed   unius trinitatis
Z   —   —   — trinitatis   —   — in   —   —
Rat —   —   — singularitate   —   —   —   —

Sto substantiae. te credimus. te benedicimus. te adoramus.
Z   —   —   —   —   —   —   —   te
Rat   —   —confitemur—   —   —   —   et

Sto laudamus nomen tuum in aeternum et in saeculum saeculi.
Z   —   per
Rat —   —

Sto   per quem salus mundi. per quem vita ho
Z   xpm dominum nostrum.   —   —   —   —   —   —   —
Rat —

Sto minum. per quem resurrectio mortuorum.
Z   —   per quem remissio peccatorum. per ipsum te domine
Rat

Sto   Per quem maiestatem tuam laudant
Z   suppliciter deprecamur. Quem laudant angeli et archangeli.
Rat

Sto angeli. adorant dominationes etc.
Z   cherubim quoque et seraphim. et non cessant clamare. Scs.
Rat

Wie aus der Gegenüberstellung zu ersehen ist, geht der Text in den
drei Handschriften im Wesentlichen zusammen. Dabei stimmen
manchmal Sto und Rat gegen Z, manchmal aber auch Sto und Z gegen
Rat überein. Als Grundsatz dürfte gelten, daß beim Zusammengehen

aller drei Zeugen, der ursprüngliche Text vorliegt. Schwieriger ist dessen Feststellung, wenn nur zwei Fassungen übereinstimmen oder wenn jeder Zeuge einen anderen Wortlaut aufweist. Betrachten wir nun den Text im einzelnen. Das »per xpm dominum nostrum« von Sto zu Beginn ist sicher eine spätere Einfügung, da es zu »Qui cum unigenito tuo . . .«, das unmittelbar folgt, nicht paßt; ebenso das »filio« in Z, das eine Herübernahme aus der späteren Dreifaltigkeitspräfation darstellen dürfte. Die Aussagen »deus increator et inmensus, deus largus et patiens, deus misericors et longanimis«, die sich nur in Z finden, sind deutlich ebenfalls sekundär; sie erscheinen z. T. in Z noch einmal, so »patiens« und »misericors«.

Schwieriger ist die Frage, ob »immutabilis«, »inmortalis« oder »incomprehensibilis« ursprünglich ist. Man möchte sich für die letztere Wendung entscheiden, da diese bald darauf auch in Z vorkommt, an einer Stelle, wo sie ehedem sicher nicht gestanden haben kann, da dadurch der Rhythmus der jeweils zwei Attribute zu »deus« unterbrochen wird.

Weiter unten bietet des »vivus« in Z gegen »unus« in Sto und Rat sicher den älteren Text, weil »unus« bereits zu Beginn der Präfation erscheint und die Verbindung »vivus et verus« auch sonst zusammen mit »deus« vorkommt (vgl. das »deo vivo et vero« im Canon). Schließlich läßt sich das »unus« sehr leicht als Verschreibung für »vivus« erklären.

Während das bald darauf folgende »patiens« von Z eine Angleichung an das vorausgehende »sapiens« und gegenüber dem »potens« in Sto und Rat sicher sekundär ist, fällt die Wahl zwischen »sanctus«, »misericors« und »gloriosus« gegen Schluß nicht leicht. Der Text in Z (misericors) scheidet allem Anschein nach aus rhythmischen Gründen aus, der in Sto (sanctus) ebenfalls, weil dieselbe Apposition zuvor schon vorgekommen ist. So bleibt lediglich »gloriosus«, obwohl es nur ein einziger Zeuge hat, nämlich Rat, der zudem von den dreien der am wenigsten ursprüngliche ist, wie die Fassung gegen Schluß der Präfation zeigt.

Derselbe Zeuge hat unmittelbar darauf die Beifügung »pater et filius et spiritus sanctus«, die sekundär sein dürfte, da sie von Sto und Z nicht bezeugt wird. Im folgenden gehen unsere drei Handschriften im Wesentlichen wieder zusammen. Man erkennt leicht, daß das

»singularitate« allein den richtigen Text darstellt, ferner daß das »in« vor »unius trinitatis« sekundär ist, da es in Sto und Rat fehlt. Auch das »confitemur« anstelle von »credimus« in Rat ist deutlich spätere Änderung. Als nicht ganz sicher erweist sich das »te« vor »laudamus« in Z; es fehlt in Sto, ihm steht in Rat ein »et« gegenüber. Letzteres wäre passend, wenn der ursprüngliche Text wie in Sto weiterfahren würde: »(et laudamus) nomen tuum in aeternum et in saeculum saeculi«, doch scheint hier eine Abhängigkeit vom »Te Deum« vorzuliegen.[4]

Gegen Schluß der Präfation hat allein Z die ältere Fassung, abgesehen von »per quem remissio peccatorum«, das in Sto fehlt. Unser Text geht dabei anfänglich noch mit Rat, dann mit Sto zusammen, wogegen die interessante Weiterführung mit »per ipsum te domine suppliciter deprecamur« in Z allein zu finden ist. Während Rat überhaupt keine Überleitung zum Sanctus aufweist, ist sowohl die entsprechende Formel in Z (Quem laudant angeli . . .) als auch die in Sto als sekundär zu bezeichnen, da beide zu der eben genannten Weiterführung in Z: »Per ipsum te domine suppliciter deprecamur« nicht passen.

Damit ist der Text der Präfation festgestellt, wie er sich aufgrund der handschriftlichen Überlieferung ergibt. Eine Stelle scheint jedoch nicht der ältesten Fassung anzugehören, nämlich »non in unius singularitate personae sed unius trinitatis substantiae«. Es handelt sich um einen Satz, der zusammen mit der Wendung »Qui cum unigenito (filio) tuo et spiritu sancto« zu Beginn ebenso in einer Formel des Gelasianum (680 ed. Mohlberg) vorkommt, die heute noch als Dreifaltigkeitspräfation gebraucht wird. Mit ihr hat sich neuerdings A. Lang eingehend beschäftigt und als Verfasser Leo d. Gr. herausgestellt.[5]

An den Schluß dieses Teils der Ausführungen sei der Text des Eucharistiegebets gestellt, wie er sich aufgrund obiger Untersuchungen ergibt. Die vielleicht auf Leo d. Gr. zurückgehende trinitarische Erweiterung ist in Klammern gesetzt:

Vere dignum et iustum est aequum et salutare
nos tibi semper et ubique gratias agere.
domine sancte pater omnipotens aeterne deus.
Qui [cum unigenito tuo et spiritu sancto][6]

deus es unus et immortalis.[7]
deus incorruptibilis et incomprehensibilis.
deus invisibilis et fidelis.
deus mirabilis et laudabilis.
deus honorabilis et fortis.
deus altissimus et magnificus.
deus vivus et verus.
deus sapiens et potens.
deus sanctus et speciosus.
deus magnus et bonus.
deus terribilis et pacificus.
deus pulcher et rectus.
deus purus et benignus.
deus beatus et iustus.
deus pius et gloriosus.[8]
[non in unius singularitate personae.
sed unius trinitatis substantiae.]
Te credimus, te benedicimus.
te adoramus. te laudamus.[9]
per Christum dominum nostrum.
per quem salus mundi.
per quem vita hominum.
per quem resurrectio mortuorum.[10]
Per ipsum te domine suppliciter deprecamur.

2. Was das *Alter* der Präfation betrifft, so besitzen wir einen Terminus ante quem dadurch, daß Niceta von Remesiana († um 420) in seiner wohl gegen Ende seines Lebens verfaßten »Instructio ad competentes« und zwar im Liber V (ed. Burn 39) deutlich auf unseren Text anspielt, wenn er sagt: »Credis ergo in ... *deum invisibilem,* quem nullus carnis oculus videre sufficit, *deum inmutabilem,* qui non mutatur temporibus nec senescit aetate, ... *deum bonum et iustum.*«[11] Wie andernorts gezeigt wurde, folgte die Kirche von Remesiana (in Dacien) in liturgischer Hinsicht dem Brauch der Kirche von Rom.[12] Vielleicht war Niceta sogar vor seiner Bischofsweihe Priester der römischen Kirche.

Eine andere Überlegung läßt uns ebenfalls eine frühe Entstehungszeit vermuten: unser Text kannte ursprünglich ohne Zweifel kein

»Sanctus«. Nach dem Zeugnis von Z schloß die Präfation mit »per ipsum te domine suppliciter deprecamur«, ganz ähnlich wie die in V am Gründonnerstag, wo es heißt (ed. Mohlberg 392): »per ipsum te domine supplices deprecamur«, wobei es sekundär weitergeht: »supplici confessione dicentes«.[13] Was folgte hier ursprünglich? Wir sind diesbezüglich auf keine bloßen Vermutungen angewiesen, da eine Formel in einer Veroneser Handschrift des 9. Jh. (Cod. 86), die fol. 176v unter der Überschrift »Coniunctio« erscheint,[14] die Fortsetzung ausdrücklich nennt:

(Te igitur clementissime pater) per ihm xpm filium tuum dominum nostrum, per quem salus mundi, per quem vita hominum, per quem resurrectio mortuorum: per ipsum te domine deprecamur, *uti accepta habeas.*

Wir finden im Veroneser Text die gleichen christologischen Aussagen wie am Schluß unserer Präfation und die gleiche Überleitung zu einem Bittgebet: »Per ipsum de domine deprecamur« wie dort. Doch wird dieses hier mit seinen Anfangsworten ausdrücklich genannt: »uti accepta habeas«. Es ist die Opferbitte des »Te igitur«. Wir gehen deshalb kaum fehl, wenn wir annehmen, daß auch in der obigen Präfation der Text ursprünglich ebenso weiterging.

Daraus folgt aber mit Notwendigkeit, daß unser Eucharistiegebet kein Sanctus gekannt hat.

Es fällt auf, daß die christologische Formel unserer Präfation sowohl in Präfations- als auch in Post sanctus-Texten vorkommt. So finden wir die Formel »per quem salus mundi . . .« (wohl wegen der Wendung »per quem resurrectio mortuorum«) später in der Toten-Präfation des Gelasianums (V 1700), ebenso in einer Sonntags-Präfation in den Junggelasiana (S 1305) und (außer im Te igitur der genannten Veroneser Handschrift) in einem Post sanctus-Gebet der Palmweihe in Z (fol. 69v):

Vere sanctus, vere benedictus, vere mirabilis et metuendus deus. Per quem salus mundi, per quem vita hominum, per quem resurrectio mortuorum, per quem remissio peccatorum. Per ipsum te supplices petimus et rogamus, ut hanc creaturam olivae quem de materia ligni producere iussisti, quam columba in arcam regrediens pacifico pertulit (ore), et benedicere et sanctificare digneris. per

Auch in diesem Text wird mit »per ipsum te supplices petimus et rogamus« zur eigentlichen Segensbitte übergeleitet.

Die Tatsache, daß die angeführte christologische Formel, die allem Anschein nach in unserer Präfation ihren ursprünglichen Platz hat, in späteren liturgischen Formeln sowohl vor als auch nach dem Sanctus vorkommt, dürfte ebenfalls darauf hinweisen, daß im ursprünglichen Präfationstext kein Sanctus vorhanden war, sondern daß mit der christologischen Formel unmittelbar zur (stereotypen) Opferbitte des Canon übergeleitet wurde. Die Stelle des Sanctus nimmt in etwa die Formel: »Te credimus, te benedicimus, te adoramus, te laudamus« ein.

Die Erwähnung des Gesangs der Engel innerhalb des Eucharistiegebets ist zuerst im Orient eingeführt und dann allmählich im Abendland übernommen worden. Die Einführung des Dreimalheilig in den östlichen Liturgien geht nach Baumstark[15] auf die Zusammenlegung des Dankgebets im Morgengottesdienst, dessen Schluß das Trishagion bildete, mit dem Dankgebet der eucharistischen Opferfeier zurück.[16]

Im syrischen Testamentum D.N.J.Ch. (ed. Rahmani 51) findet sich innerhalb des Dankgebetes im Morgengottesdienst (Laudatio aurorae), ähnlich wie in unserer Präfation, anstelle des Dreimalheilig zweimal der Ruf des Volkes: Σὲ ὑμνοῦμεν σὲ εὐλογοῦμεν σοὶ εὐχαριστοῦμεν κύριε καὶ δεόμεθα σου ὁ θεὸς ἡμῶν. Ein solcher Ruf des Volkes kommt in gleicher Weise in den meisten griechischen Liturgien im Anschluß an das Opfergebet nach dem Einsetzungsbericht vor.

3. Eine weitere Frage ist der *Wortlaut der Opferbitte* im ältesten römischen Eucharistiegebet. Wir vergleichen zu diesem Zweck die Formel 1440 im *mozarabischen Liber sacramentorum* (= LM)[17] mit dem römischen Canon:

LM 1440	*Röm. Canon*
ut accepta habeas et benedicas	uti accepta habeas et benedicas
haec munera	haec dona haec munera
et sacrificia inlibata	haec sca sacrificia illibata.
quae tibi offerimus	in primis quae tibi offerimus
pro tua ecclesia sca catholica	pro ecclesia tua sca catholica

quam pacificare
        digneris
per universum orbem terrarum
diffusam.
Memorare etiam quaesumus
domine
famulorum tuorum quorum
     oblationem
 	
     benedictam
  ratam
rationabilemque
facere digneris
quae est imago et similitudo
corporis et sanguinis
ihu xpi filii tui
dni ac redemptoris nostri.
	quam pacificare custodire
	adunare et regere digneris
	toto orbe terrarum . . .
	
	Quam oblationem tu deus
	in omnibus quaesumus
	benedictam
	adscriptam ratam
	rationabilem acceptabilemque
	facere digneris
	quae (bzw. ut)[18] nobis
	corpus et sanguis fiat
	dilectissimi filii tui
	dni nri ihu xpi.
	qui pridie quam pateretur.

Wie ersichtlich, erscheint der bekannte Canontext gegenüber der Formel im spanischen LM 1440 erweitert. Wir finden eine ganz ähnliche Erweiterung durch Synonyma, wie sie im römischen Canon gegenüber der Fassung in De sacramentis zu erkennen ist.[19] Damit ist jedoch nicht gesagt, daß die Formel LM 1440 direkt auf eine ältere stadtrömische Tradition zurückgeht, da hier auch die Fassung einer anderen, vermutlich spanischen Kirche vorliegen kann, die ein ähnliches Eucharistiegebet benützt hat als die Kirche von Rom. Auch der in De sacramentis wörtlich angeführte Canon-Text muß nicht eine Frühform des römischen darstellen.

Wichtig ist für unsere Untersuchung, daß im LM 1440 nach der Opferbitte fast unmittelbar zum Gebet »Quam oblationem« übergeleitet wird, während im späteren römischen Canon (wohl seit Innocenz I) außerdem das »Memento vivorum« mit dem »Communicantes«[20] sowie das »Hanc igitur« eingefügt erscheint.[21]

Von den genannten Einfügungen dürfte das Gebet »Hanc igitur« am ältesten sein; es trägt in einigen Handschriften die (wohl ursprüngliche) Überschrift »Coniunctio«, d. h. Verbindung, Einfügung.[22] In diesem Gebet wird die spezielle Opferbitte im Anschluß an die allgemeine Opferbitte (pro ecclesia tua sancta catholica) ausgesprochen.

Zahlreich sind Hanc igitur-Gebete im Gelasianum anzutreffen, besonders in den Votivmessen des Liber III, während im Gregorianum eine solche spezielle Opferbitte nur an bestimmten Tagen vorkommt (H 87,5; 111,5).

In Z und Rat steht im Anschluß an die besprochene Präfation folgendes Hanc igitur-Gebet, das jedoch wie auch die übrigen Formeln der »Missa communis« jünger als die Präfation sein dürfte:[23]

Hanc igitur oblationem servitutis nostrae, quam tibi offerimus in honorem domini nostri ihu xpi, et in commemorationem beatae et gloriosae virginis Mariae, et beatorum apostolorum ac martyrum et confessorum tuorum et virginum tuarum, et pro incolomitate nostra et pro famulis et famulabus tuis, quorum commemorationem agimus, et pro animabus famulorum famularumque tuarum, quorum nomina super sanctum altare tuum scripta adesse videntur: quaesumus domine ut dignanter suscipias et tua pietate concedas, ut consecuti gratiae tuae dignitatem aeternae vitae percipiant portionem.

Im ältesten römischen Eucharistiegebet müssen wir demnach folgende Abschnitte unterscheiden: ein variables Dankgebet, eine stereotype Opferbitte für die Kirche, eine bei bestimmten Anlässen eingefügte spezielle Opferbitte, »Coniunctio« genannt, worauf zum stereotypen »Quam oblationem« mit dem Einsetzungsbericht und dem nachfolgenden »Unde et memores« übergeleitet wird.

Das altrömische Eucharistiegebet unterscheidet sich vom gallikanischen durch die stereotype Opferbitte für die Kirche und die mit »Quam oblationem« beginnenden ebenfalls stets feststehenden Formeln um den Einsetzungsbericht. Im gallikanischen Ritus war dagegen lediglich dieser stereotyp, während die Texte vorher und nachher (»Post mysterium« bzw. »Post secreta« genannt) variabel waren.

Dies ist die Hauptschwierigkeit, das »unüberwindliche Hindernis« (A. Baumstark), für die Annahme, daß Ambrosius der Verfasser von De sacramentis ist, da in Mailand zu seiner Zeit der gallikanische Ritus in Gebrauch war,[24] in De sacramentis jedoch ein nicht-gallikanischer, mit dem römischen verwandter Canon-Text zu finden ist (IV 21–27). Wir kommen darauf noch zurück.

Eine frühchristliche Totenmesse aus Aquileja

Zum Patriarchat Aquileja gehörten im frühen Mittelalter weite Teile Oberitaliens, ferner die Halbinsel Istrien, das gesamte östliche Alpengebiet sowie der altbairische Raum bis zur Donau. Erst unter Karl d. Gr. wurden die nördlich der Drau gelegenen Gebiete abgetrennt und daraus das Erzbistum Salzburg gebildet.[1] Zu den ältesten Liturgiedenkmälern aus Aquileja sind 6 Palimpsestblätter einer Handschrift zu rechnen, die aus dem 6., vielleicht noch aus dem 5. Jahrhundert stammt; die Blätter befinden sich jetzt im Cod. 908 der Stiftsbibliothek von St. Gallen. Es konnten Teile einer Totenmesse sowie Gebete zum Morgengottesdienst (»ad matutinos«) entziffert werden. Die Texte haben schon mehrmals eine Edition erfahren.[2] Im folgenden soll nur die Totenmesse ihrem lateinischen Wortlaut nach vorgelegt werden.

Aus früher Zeit stammen aus dem Patriarchat außerdem ein »Capitulare Evangelii«, d. i. eine Liste der Evangelien-Perikopen des Jahres,[3] ferner ein Lektionar (mit alttestamentlichen Lesungen sowie solchen aus der Apostelgeschichte) und Teile eines Evangelistars (mit den Evangelien-Perikopen).[4]

1. Östliche Einflüsse im gallikanischen Ritus. Es handelt sich bei unseren Texten um Gebete, wie sie im »gallikanischen« Ritus gebraucht wurden. Diese Form der Meßfeier war nachweisbar seit dem 4. Jh. nicht nur im gallischen Raum, wo sie beheimatet ist, sondern auch im gesamten oberitalienischen Gebiet, nämlich in den Metropolen Mailand und Aquileja, verbreitet. Heute lebt dieser Ritus in der Liturgie Mailands als »ambrosianischer Ritus« weiter.[5]

Ein Charakteristikum der alten gallischen Liturgie ist die Nähe zu den östlichen Riten.[6] Dies dürfte auf verschiedenen Ursachen beruhen. So wissen wir von der frühen Missionierung des südlichen Rhônetals von Kleinasien aus. Gegen Ende des 2. Jahrhunderts berichten »die Knechte Christi, die zu Vienna und Lugdunum in Gallien wohnen« den »Brüdern in den Provinzen Asien und Phrygien« von den Verfolgungen, die sie erlitten haben.[7]

»In diesem Brief pulst«, wie Hugo Rahner schreibt, »das Leben einer tiefsinnigen Theologie, die in der ununterbrochenen Kette der Tradition aus dem Zeugnis dessen überkommen ist, der einst schrieb:

›Das Wort des Lebens ist erschienen, und wir haben es mit Augen gesehen und mit Händen bestastet und davon legen wir Zeugnis ab‹ (1 Joh 1,1 f.)«.[2] Verfasser dieses Briefes ist vermutlich Irenäus, damals noch Priester, später Bischof von Lyon († um 200). Er der einst zu Füßen des heiligen Polykarp von Smyra gesessen hat, war aus Kleinasien ins Rhône-Gebiet gekommen.

Die weitere Beeinflussung durch die Liturgie des Ostens steht im Zusammenhang mit der Verbannung des heiligen Hilarius, Bischof von Poitiers († 376), in den arianischen Wirren unter Kaiser Konstantius nach Kleinasien. Wie Hieronymus berichtet, hat Hilarius neben einem »Liber hymnorum«, auch einen Liber mysteriorum«, d. i. ein Buch für die Feier der heiligen Mysterien, verfaßt. Dieses Sakrament ist uns leider nur in stark veränderter Gestalt in Handschriften des 7. und 8. Jahrhunderts erhalten.[9]

Wie sehr Hilarius von der Liturgie des Ostens beeinflußt war, zeigt u. a. eine Stelle in seiner Schrift De trinitate (III,77), die er in den Jahren der Verbannung verfaßt hat:

... quem archangeli et dominationes et principatus et potestates ... indefessis in caelo vocibus laudant, quia ipse invisibilis dei imago omnes in se creaverit, saecula fecerit, caelum firmaverit, astra distinxerit, terram fundaverit, abyssos demerserit. Ipse deinceps homo natus sit, mortem vicerit, portas inferi fregerit, coheredem sibi plebem acquisiverit, carnem in aeternitatis gloriam ex corruptione transtulerit.

Es finden sich hier im zweiten Teil deutliche Anspielungen auf das bekannte Eucharistiegebet in der »Apostolischen Überlieferung« des Hippolyt, wie es in erweiterter Form in verschiedenen orientalischen Riten, so im syrischen »Testamentum Domini«, gebraucht wurde.[10]

Was konkret Aquileja, die bedeutendste Hafenstadt an der Adria in der Antike, betrifft, so waren hier die Beziehungen zum Orient, ähnlich wie später die von Venedig, der Nachfolgerin von Aquileja, immer stark. Auf syrische Einflüsse weist z. B. die Anlage der Prothesis und des Diakonikons der Kirche S. Maria in Grado (bei Aquileja) hin, die dem in Syrien üblichen Basilika-Typus mit seinen Nebenräumen entspricht.[11] Mit Alexandrien wiederum könnte die Markus-Tradition von Aquileja-Venedig in Verbindung gebracht werden, außerdem die Stelle in einem Schreiben, das die Synode von

Aquileja, die i. J. 381 unter Vorsitz des heiligen Ambrosius gehalten wurde, an die Kaiser gerichtet hat, wo es heißt: »Wir haben uns immer nach der Ordnung der Kirche von Alexandrien gerichtet.«[12] Diese deutlichen Beziehungen zum Osten dürften sich auch in liturgischer Hinsicht bemerkbar gemacht haben. Leider sind aus der Frühzeit Aquilejas nur wenige gottesdienstliche Quellen auf uns gekommen – die ältesten handschriftlichen sind, wie gesagt, unsere Palimpsestblätter –, wir erfahren jedoch einiges über die Liturgie, vor allem über das Kirchenjahr dieser Metropole aus Predigten des Bischofs Chromatius von Aquileja († 407).[13]

Das im Patriarchat gebrauchte Tauf-Symbolum liegt dem Kommentar des Rufinus, eines Zeitgenossen und Freundes des Chromatius vor. In diesem Glaubensbekenntnis begegnet uns die aus dem Orient stammende Formel »Descendit ad inferna« (hinabgestiegen in das Totenreich), die im römischen Symbolum ursprünglich gefehlt hat.[14]

In einer seiner Osterpredigten meint Chromatius: »So feiern diese Vigil des Herrn sowohl die Engel im Himmel als auch die Seelen der Gläubigen im Totenreich mit . . . Deshalb ist nämlich Christus in das Totenreich hinabgestiegen, damit der Tod in ihnen nicht mehr herrsche.«[15]

Wie sich durch Stilvergleich nachweisen läßt, ist Chromatius mit einiger Wahrscheinlichkeit auch der Verfasser unseres Meßformulars.[16] Für die Abfassung in dieser frühen Zeit spricht schon das Fehlen des »Sanctus« innerhalb des Eucharistiegebets,[17] aber auch die altertümliche Epiklese nach dem Einsetzungsbefehl, der in seiner erweiterten Form typisch für den gallikanischen und ambrosianischen Ritus ist.[18] Dabei ersetzt er vielfach die übliche Anamnese und weist auf die Wiederkunft Christi hin.[19]

In unserer Epiklese-Formel vollzieht sich die Konsekration der Opfergaben »durch die Anrufung des Namens« Gottes und »durch die Ausgießung des Heiligen Geistes« zu einer »reinen und vollgültigen Eucharistie«. Die Anrufung des Namens Gottes ist, wie sich zeigen läßt, die älteste Form der Epiklese; sie ist uns oben im ägyptischen Papyrus von der Balaisa zu Beginn der Anaphora begegnet. Ursprünglich wurde das Eucharistiegebet als Ganzes als eine Anrufung Gottes betrachtet.[20]

Während in den östlichen Liturgien in der Folgezeit das konsekratorische Element in erster Linie in der Herabrufung des Heiligen Geistes auf die Opfergaben gesehen wurde, setzte sich im Abendland seit dem 5. Jh. mehr und mehr die Vorstellung durch, daß (allein) die Einsetzungsworte Jesu, die der Priester spricht, die Konsekration bewirken.[21]

2. Beschreibung und Edition der Palimpsestblätter. Unsere Totenmesse ist auf diesen nicht vollständig erhalten; sie beginnt fragmentarisch mit den Schlußworten einer »Praefatio missae«, womit im gallikanischen Ritus die eigentliche Opfermesse eingeleitet wird. In diesem Vorspruch wird entweder auf das Festgeheimnis hingewiesen oder (bei Votivmessen) die Meßintention angegeben. Vollständig erhalten ist dagegen die darauf folgende »Collectio«. Beide Formeln zusammen entsprechen in etwa den beiden Gläubigengebeten vor dem Großen Einzug in der byzantinischen Liturgie.

Von dem im Anschluß an den feierlichen Einzug mit den Opfergaben (aus dem Sacrarium in den Altarraum) vorgetragenen 3. Gebet (hier »Item alia collectio« überschrieben; sonst meist »post nomina«) ist in unserem Text nur der mittlere Teil vorhanden; von den Anfangsworten sind lediglich Teile zu lesen. Es werden in dieser Oration die Opferintentionen genannt: »für die Toten, für uns, für jeden einzelnen« (vota pro defunctis, vota pro nobis, vota pro omnibus).

Aus dem Patriarchat Aquileja blieb eine weitere derartige Formel erhalten und zwar in der Form, wie sie hier nach Einführung des römischen Ritus (nach 700) in das »Hanc igitur« des Canon eingefügt wurde, ehedem aber offensichtlich in Anschluß an den Einzug mit den Opfergaben ihren Platz hatte. Der Text ist in 2 Handschriften des 9. Jahrhunderts überliefert:

Für den Frieden und die Einheit der heiligen Kirche Gottes,
für deine Priester und für alle Stände der Kirche,
für die Könige und Fürsten und für alle, die ein hohes Amt innehaben,
für die Armen, Waisen, Witwen, Gefangenen, Büßenden, Reisenden und Kranken,
für die Abgeschiedenen, die aus diesem Licht im rechten Glauben und im Vertrauen auf deinen Namen hinübergegangen sind,
und für das ganze katholische Volk.[22]

57

Eine ähnliche, die Opferintention angebende Oration begegnet uns unter der Überschrift »Post nomina« in einer Sonntagsmesse des gallikanischen »Missale Gothicum« (512 ed. Mohlberg). Der Schluß unserer Formel fehlt zusammen mit dem ehedem darauf folgenden Gebet zum Friedenskuß (»Ad pacem«) wegen Blattverlusts. Aus dem gleichen Grund mußten auch die Einleitungsworte der »Contestatio« ergänzt werden.

Wir bringen nun den lateinischen Text der Palimpsestblätter, soweit diese die Totenmesse beinhalten, ohne die weiteren Blätter, auf denen Gebete für den Morgengottesdienst stehen, zu berücksichtigen. Darüber hat bereits J. A. Jungmann eine eigene Studie veröffentlicht.[23]

(Praefatio missae)
(. . .) (in)tercessione gaudebimus. Per dominum nostrum.

Collectio
Deus vivorum et (iudex)[24] mortuorum, cui omnia (etiam) mortui vivunt, et cui nihil perit nisi quod ipse deperit, iudicaturus ipse de omnibus et poenae meritum ignoranti moderaturus errori: dona famulo tuo illo vel illi quem in pace adsumere dignatus es, requiem remissione concessa. Quia tibi est gloria apud aeternum patrem.

Item (alia collectio)
Co(mmenda)mus (has) hostia(s) (domino) f(ideliter deprecantes ut) cordis (. . .) studiis (. . .) roganti et haec quae inpendimus vota pro defunctis, vota pro nobis, vota pro singulis propitius et propitiandus exaudiat: ac pietate consueta, qua in se sperantium sine intermissione miseretur, quae ad nostram suscipit petitionem defunctis ad beatitudinem (. . .)

(Ad pacem) nicht erhalten

(Contestatio)
(Dignum et iustum est. Vere dignum et iustum est nos tibi semper gratias agere, domine sancte pater omnipotens aeterne deus, auctor vitae et resur)rectionis futurae conditor et indultor.

Deus inmortalitatis promotor dispensator atque largitor, qui posuisti praesentis vitae terminum, ut aeternitatis reserares introitum, et per finem praesentium principia panderes futurorum, ac per depositionem corruptibilem incorruptionis limen aperires.

Deus qui dissolutionem recedentium a corporibus animarum,

non interitum voluisti esse sed somnum, ut dissolutionem dormiendi roborares fiducia resurgendi. Dum in te credentium vivendi usus non adimitur sed transfertur, et electorum tuorum mutatur vita non tollitur.[25]

Deus cuius restitutioni nulla diversitas mortis, nullum ingenium variae perditionis inludet; sed in tantum opera digitorum tuorum perire non pateris, ut quidquid in homine per mortis varietate tempus labefecerit, aura dissolverit, ignis adsumerit, ales rapuerit, fera carpserit, terra sorbuerit, gurges inmerserit, pisces exhauserit: id totum in veterem materiam redactum et reviventi reddivivum terra restituat, induatque incorruptionem corruptione deposita.

Precamur ergo ac petimus, ne spiritus servi tui illius vel ancillae tristibus abyssi tenebris aut ignitis gehennae caminis aut perpetuis tartari frigoribus deputatus, poenalis locum habitationis introeat; sed in sinu Abrahae et in gremio patriarchi tui requiescens, tempus resurrectionis diemque iudicii cum gaudio secuturae inmortalitatis exspectet. Per dominum nostrum. Qui pridie quam pateretur.

(Mandans quoque et dicens ad eos: Haec quotienscumque feceritis in meam commemorationem facietis: mortem meam praedicabitis, resurrectionem meam adnuntiabitis, adventum meum sperabitis, donec iterum de caelis veniam ad vos.)[26]

Fiat nunc quaesumus, indulgentissime pater, per invocationem nominis tui atque infusionem spiritus tui sancti creaturis omnibus haec cre (atura panis et vini pura atque legitima eucharistia ...)[27]

Hier bricht der Text in der Palimpsest-Handschrift ab. Eine eigene Studie verdient die Frage nach den Jenseitsvorstellungen, wie sie unserer Präfation zugrundeliegen.[28] So ist darin vom Schlaf der Toten bis zur Auferstehung (non interitum voluisti esse sed somnum) die Rede, ähnlich wie es im Memento vivorum des römischen Canon heißt: »et dormiunt in somno pacis«. Hingewiesen sei hier auch auf das Offertorium der Totenmesse »Domine Iesu Christe rex gloriae«,[29] wo die Kirche für die Verstorbenen bittet, »ne absorbeat eas tartarus, ne cadant in obscurum«, was in unserem Text eine Parallele hat (ne spiritus servi tui ... poenalis locum habitationis introeat). Im Schoße Abrahams[30] erwarten die Verstorbenen den Tag der Auferstehung und des Gerichtes (vgl. unsere Präfation: tempus resurrectionis diemque iudicii cum gaudio secuturae inmortalitatis exspectet).

Damit sind einige interessante Beispiele lateinischer Eucharistiegebete aus frühchristlicher Zeit vorgestellt. In ihnen vollzieht sich, wie u. a. die Wendung »immolamus tibi hodie sacrificium laudis« zu Beginn der angeführten Weihnachtspräfation zeigt, das »Opfer des Lobes«. Dieses geht über in den eigentlichen Opferakt, der bezogen ist auf Brot und Wein, wenn es in der Osterpräfation heißt: »Te oramus uti hoc sacrificium tua benedictione benedicas und spiritus sancti rore perfundas.« Mit dem Opferakt wiederum verbunden ist die Opferbitte (für die Kirche, die Umstehenden, in besonderen Anliegen). Im römischen Ritus geht diese, ähnlich wie in den Anaphora-Gebeten Ägyptens, dem Einsetzungsbericht voraus, im gallikanischen folgt sie ihm in der Regel nach (vgl. die »Collectio ad panis fractionem« oben).

Sakramentarstudien

Die Erforschung der Sakramente sowie der übrigen liturgischen Bücher bis zur Jahrtausendwende war in den vergangenen 25 Jahren die wichtigste Aufgabe des von P. Alban Dold OSB († 1960) i. J. 1957 im Kloster Prüfening (b. Regensburg) gegründeten und nach dessen Tod von mir geleiteten Liturgiewissenschaftlichen Instituts (Institutum Liturgicum Ratisbonense). Nachdem i. J. 1948 in Zusammenarbeit mit P. Dold mein Buch »Sakramentartypen« als ein erster Versuch, eine Liste und Klassifizierung der frühen Meßbücher anzufertigen,[1] verbunden mit der Edition der Sakramente von Monza (1957) und Salzburg (1960), erfolgt war, erschien 1963 die 1. und 1968 die 2., wesentlich vermehrte Auflage meiner »Codices liturgici latini antiquiores«, ein allgemein anerkanntes Handbuch der Quellen der frühen abendländischen Liturgiegeschichte.[2] Inzwischen sind eine Reihe weiterer Sakramentar-Editionen und in »Sacris erudiri« die Publikation zahlreicher »Fragmenta liturgica« erfolgt,[3] einige davon in Zusammenarbeit mit meiner Assistentin Sieghild Rehle, die hauptsächlich die Beneventana bearbeitet hat.[4]

Im folgenden werden einige kleinere, in verschiedenen Zeitschriften publizierte Aufsätze nochmals abgedruckt,[5] dazu ein neuer größerer Artikel über die ältesten Formulare von Mariä Verkündigung, wodurch ich Gelegenheit hatte, meine Anschauungen über die einzelnen Sakramentartypen und deren Heimat nochmals auf ihre Richtigkeit zu überprüfen und Korrekturen, soweit diese nötig waren, anzubringen.

An der Spitze steht ein Aufsatz über die Orationen des Rotulus von Ravenna, mit denen sich S. Benz in einer umfassenden Studie »Der Rotulus von Ravenna« ebenfalls befaßt hat. Ich sehe jedoch keinen Grund, meine Auffassung, daß es sich um Gebete für die Vigilfeier von Weihnachten und nicht um Advents-Orationen handelt, zu ändern. Gerade die Tatsache, daß diese auf einem eigenen Rotulus verzeichnet stehen, zeigt, daß es sich um eine Art Nachtrag handelt und daß sie für einen Gottesdienst bestimmt waren, der nicht im »Liber sacramentorum« vorgesehen war, was für die Feier der »Vigiliae« von Weihnachten zutrifft.

Die Orationen des Rotulus von Ravenna

Die Frage nach der ursprünglichen Bestimmung der 41 (erhaltenen) Orationen des Rotulus von Ravenna[1] hängt mit einer zweiten zusammen, ob zur Zeit des Petrus Chrysologus († 450) in Ravenna bereits ein Ansatz zu einer Feier des Advents vorhanden war. Einen solchen hat W. Croce in seiner Studie über die Geschichte der Adventsliturgie feststellen wollen:»Weder in Spanien noch in Rom bieten sich (zu Beginn des 6. Jh.) Anzeichen einer Adventsliturgie. Nur ein Gebiet gibt es, wo eine Ausnahme vorliegt: Ravenna. Den Beweis dafür liefern uns Predigten des langjährigen Bischofs dieser Stadt, Petrus Chrysologus. Wir besitzen von ihm mehrere Homilien über das 1. Kapitel des Lukasevangeliums, die er, wie gelegentliche Bemerkungen erkennen lassen, in der Zeit vor Weihnachten gehalten hat ... Es bestand ... um die Mitte des 5. Jh. in Ravenna der Brauch, an den Sonntagen vor Weihnachten in Lesung und Predigt jener Ereignisse zu gedenken, die der Geburt des Erlösers unmittelbar vorausgingen.«[2]

Croce führt dabei einige Stellen aus den Homilien des Chrysologus an, die dies zu rechtfertigen scheinen. Der Sermo 87 (wie auch die Sermonen 86, 88–92), der von der Ankündigung der Geburt des hl. Johannes d. T. handelt, wurde nicht, wie Croce meint, unmittelbar vor Weihnachten gehalten, sondern an der Vigil des Festes des hl. Johannes (am 23. Juni), wo in den bekannten gallikanischen und römischen Liturgiebüchern an diesem Tag das Evangelium Lk 1,5–17 verzeichnet ist.

Der Hinweis auf das Weihnachtsfest, den Croce in dem angeführten Sermo sehen will: »... quia totius anni metas temporum quadriga percurrit ac nobis domini nostri natalicia festa revocat et gaudia iam reducit« (PL 52,445 A), wie auch ein weiterer Hinweis in Sermo 92, den Croce nicht anführt: »... ut pervenire ad mysterium virginei conceptus, ad sacramentum partus virginei penetrare possimus« (PL 52,460 C), sagen nichts aus bezüglich einer Begehung des Johannesfestes bzw. der Verlesung des betreffenden Evangeliums unmittelbar vor Weihnachten.

Dadurch wird lediglich der Zusammenhang dargelegt, der zwischen dem Fest der Geburt des Vorläufers am 24. Juni und dem Fest der Geburt des Herrn am 25. Dezember gesehen wurde:[3] das eine zur

Zeit der Wintersonnenwende, das andere zur Sommersonnenwende, wenn die Tage kürzer zu werden beginnen.[4] Der Grund dieser Symbolik ist im Wort des hl. Johannes zu suchen:»Illum oportet crescere, me autem minui« (Joh 3,30). Croce führt weiterhin ein Wort des Chrysologus in Sermo 144 an, er werde seine Predigt über die Geburt Christi auf»übermorgen«, d. i. wie wir aus Sermo 146 erfahren, auf den Tag nach Weihnachten, verschieben müssen, weil ihn die Tiefe des Geschehens und die Größe des Ereignisses dazu zwinge (PL 52,585 B). Das bedeutet, daß Sermo 144, der von der Verkündigung des Engels an Maria handelt und die Perikope Lk 1,26 ff. zugrundelegt, am Tage vor Weihnachten, also am Vigiltag, gehalten wurde. Doch ist dies kein Beweis für eine bereits bestehende Feier des Advents in Ravenna, sondern besagt nur, daß es üblich war, an der Weihnachtsvigil das genannte Evangelium zu verlesen,[5] was anderswo, so in Mailand und Aquileja, am Sonntag vor Weihnachten geschah.[6] In Ravenna haben wir damit den analogen Fall zum Fest des hl. Johannes, wo ebenfalls am Vortag der Verkündigung des Engels gedacht wurde.

Am Weihnachtstag selbst war, wie wir aus den Sermonen 145 und 146 wissen, in Ravenna als Evangelienlesung die Perikope Mt 1,18–25 üblich, die mit den Worten beginnt:»Christi generatio sic erat«.[7] Gelegentlich hat der Redner jedoch am 25. Dezember das Thema des Vortags (Verkündigung durch den Engel) nochmals aufgegriffen, so in Sermo 143. Dies zeigt, daß beide Tage liturgisch eine Einheit gebildet haben.

Das Fest am 24./25. Dezember war nicht zuletzt auch ein Marienfest. Das Hauptthema bildete die jungfräuliche Empfängnis (incarnatio) und die Geburt (partus) Christi »ex Maria virgine«. Dieses Thema begegnet uns in hymnischer Form im Weihnachts-Sermo 143 (PL 52,584 A):

Vere benedicta virgo quae et virginitatis possidet deus, matris et pertulit dignitatem.
Vere benedicta quae et superni conceptus meruit gratiam et sustulit integritatis coronam.
Vere benedicta quae et divini germinis suscepit gloriam et regina totius extitit castitatis.
Vere benedicta quae fuit maior caelo, fortior terra, orbe latior, nam deum quem mundus non capit sola cepit.

Portavit eum qui portat orbem, genuit genitorem suum, nutrivit omnium viventium nutritorem.

Die Gedanken der Weihnachtspredigten des Chrysologus bilden auch weitgehend das Thema der Orationen des Rotulus, nämlich das »mysterium incarnationis« bzw. »nativitatis«; so schon in der ersten (vollständig) erhaltenen Formel 1333:

> Deus qui splendorem gloriae tuae *per sacrae uterum virginis* in mundi fine dignatus es revelare, quatenus densis errorum tenebris effugatis, veritas fulgeat perpetuae claritatis: tribue quaesumus, ut tantae *incarnationis mysterium* humiles famuli et fidei integritate colamus et devoto semper obsequio frequentemus.

So wird von hier aus schon die liturgische Bestimmung der Orationen des Rotulus deutlich, nämlich für das Fest des 24./25. Dezember. Dies bestätigt auch die am Schluß angebrachte Rubrik: »In vigiliis natalis domini«. Dabei ist zu berücksichtigen, daß die Schreiber im Altertum bei Codices den Buchtitel (meist nur) am Anfang, bei Rollen jedoch (nochmals) an das Ende gesetzt haben.[8] Die genannte Überschrift bezieht sich also nicht auf die letzte Oration, vor der er steht, da diese ein Nachtrag der Vorlage sein dürfte, sondern auf die vorausgehenden 40 Gebete.

Da der Verwendungstag, nämlich die Vigilfeier von Weihnachten – es heißt bezeichnenderweise »vigiliis« und nicht »vigilia«[9]– angegeben ist, fragt es sich, bei welcher Gelegenheit die Orationen gebraucht wurden. Weil jeder Hinweis auf eine Opferfeier fehlt, kommt nur der nächtliche Vigilgottesdienst (vigiliae) in Frage. Auf eine Nachtfeier weist deutlich die Oration 1350 hin:

> Oriatur quaesumus omnipotens deus in cordibus nostris splendor gloriae dominus noster Iesus Christus, ut *omne noctis obscuritate sublata* filios nos esse diei verae lucis manifestat adventus.[10]

Im gallikanischen Ritus, der bis ins 6. Jh. in Ravenna beobachtet wurde,[11] war eine solche Nachtfeier zur Vorbereitung auf das Fest der Geburt des Herrn üblich. Orationen zu den »vigiliae« sind im Missale Gallicanum Vetus erhalten.[12] Vorausgehen hier drei Gebete für den Vespergottesdienst, danach folgt der Titel: »Incipiunt orationes ad initium natalis domini« mit zwei Orationen. Die erste trägt die

Überschrift »Ista ad duodecimo« – was zu ergänzen ist (psalmo?, lectione?),[13] wird nicht ersichtlich –, die zweite: »Collectio sequitur«.

Im gallikanisch-irischen Palimpsest-Sakramentar in München finden wir zur Weihnachtsvigil nach einer »Praefatio« sechs mit »Collectio nunc« überschriebene (nicht mehr ganz lesbare) Orationen, worin u. a. gebetet wird, »ut *vigilias noctis* et te adiuvante custodire possimus et usque ad lucem (...)«,[14] was auf eine vollständige Nachtwache, eine »pernoctatio«, schließen läßt.

Bruchstückweise ist ferner die Ordnung der »vigiliae« von Weihnachten im Lektionar von Luxeuil erhalten und zwar die 7.–12. Lesung (7. Lesung: Is 41,26–42,12; 8. Lesung: Is 44,23–25 ... 45,14–46,13; 9. Lesung: Augustinus-Sermo; 10. Lesung: Is 54,1–56,7; 11. Lesung: Mal 3,1–4,6; 12. Lesung: Joh 1,1–14).[15]

Für uns wäre wichtig, den Ritus der »vigiliae« von Weihnachten in Ravenna zu kennen. Dauerte die Feier die ganze Nacht? Lag ihr die Pachomianische Ordnung mit 12 Psalmen und ebenso vielen Orationen zugrunde,[16] wie sie noch in der mozarabischen Matutin zu erkennen ist?[17] Wieviele Lesungen wurden vorgetragen, ebenfalls 12 wie im Lektionar von Luxeuil? Lauter Fragen, die sich wohl kaum einmal sicher beantworten lassen.

Was sagen diesbezüglich die Orationen des Rotulus aus? Hier finden wir in verschiedenen Gebeten Anspielungen auf eine vorausgegangene Lesung bzw. einen vorausgegangenen Psalm. Dabei ist gar nicht ausgeschlossen, daß die in der (ambrosianischen und) römischen Liturgie in der Weihnachtsmatutin verwendeten Psalmen 2, 18, 44, 47, 71, 84, 88, 95, 97 (in Mailand sind es einige mehr)[18] sowie die »Laudes«, das sind die Laudate-Psalmen 148–150, in Ravenna gesungen worden sind. Die Anklänge an den jeweils vorausgegangenen Psalm sind manchmal deutlich, manchmal schwächer.[19] So findet sich ein sicherer Hinweis auf Ps 71 in der Oration 1335:

Unigenitum, omnipotens pater, prophetarum oraculis declaratum, tota nunc gaudet ecclesia in mundum venturum *sicut pluvia super vellus:* oriatur quaesumus *abundantia pacis* per eius adventum, simulque exultet terra caelesti rore perfusa, ut redemptori sui laeta valeat *offerre* splendida vota.

Anspielungen auf Ps 44 weisen die Orationen 1370 und 1365 auf; die erstere lautet mit Beziehung auf die Verkündigung des Engels:

Domine deus, iam virginei thalami pulchritudo ornamentis insignibus praeparatur, ut regalibus nuptiis celebratis *procedat* exinde sponsus *prae filiis hominum speciosus*, qui *laetitiam* et pacem de sua plenitudine populis omnibus donet, et splendore praesentiae suae nostrarum inluminet tenebras animarum.

Zu Ps 97 paßt die Oration 1349, wo im 2. Teil der Gedanke der beiden Schlußverse »quoniam venit iudicare terram: iudicabit orbem terrarum in iustitia« aufgegriffen wird:

Domine aeterni dei filius, ante cuius inennarabile incarnationis mysterium *exultaverunt montes* et iucundati sunt colles: concede propitius, ut te *in secundo adventu* nullo modo formidemus, sed absoluti a vinculis delictorum redemptorem humani generis sentiamus, quem veraciter confitemur deum et dominum angelorum.

Eine Beziehung zu Ps 2 könnte man in der Formel 1357 oder 1359 finden (filius meus es tu ...); auf Ps 18 weisen die Orationen 1340 und 1368 (Caeli enarrant gloriam dei ...), 1369 (tamquam sponsus procedens ...); auf Ps 47 die Oration 1353 (in civitate domini virtutum ...); auf Ps 84 die Formeln 1339, 1342, 1345; auf Ps 88 die Oration 1355. Doch ist es nicht möglich, in jedem Fall mit Sicherheit die Zugehörigkeit zu einem bestimmten Psalm anzugeben, eher noch die von Formel 1371/1545 zu den »Laudes« (Ps 148–150):

Ineffabilem magni decretum consilii fideles populi humiliter veneremur, quia in virginis partu beatae stupendum videmus miraculum coruscare, dum humanae naturae deitas sociata gemina in Christo fulgit substantia, cui caelestia famulantur obsequia et cuncta mundi subiacent elementa: proinde tantae divinitatis (ortu iam) apparente, festinemus et (...) nostri salvatoris cunabula *cum hymnis et laudibus* sollemniter adorare.

Schwieriger ist es, Beziehungen zu den Lesungen herzustellen, doch dürfte auf eine prophetische Lektion z. B. die Formel 1343 (Deus quem olim divina praeconia cecinerunt in mundo venturum) hindeuten.

Ein sicherer Hinweis auf einen vorausgegangenen Psalm bzw. eine

Perikope scheitert meist daran, daß die einzelnen Gebete nur mit
»Alia« bzw. »Item alia« überschrieben sind und die ursprüngliche
Folge offensichtlich in Unordnung geraten ist, wie auch nicht alle
Orationen vom gleichen Verfasser und aus der gleichen Zeit stammen
dürften. Auch sind wahrscheinlich nicht jedesmal sämtliche Oratio-
nen bei der Vigilfeier gesungen worden.

Der Rotulus von Ravenna stellt eine relativ späte Abschrift dar. Er
ist erst zu Beginn des 8. Jh.s entstanden,[21] also in einer Zeit, in der in
Ravenna bereits der römische Ritus eingeführt war. Daß die Orationen trotzdem nochmals abgeschrieben wurden, muß damit zusammenhängen, weil man immer noch an den althergebrachten »vigiliae«
von Weihnachten festgehalten hat, wofür in den eingeführten römischen Liturgiebüchern keine Gebete vorgesehen waren.

Die Orationen des Rotulus sind also keine Advents-Orationen,
wie vielfach angenommen wird,[21] wenn auch nicht geleugnet werden
kann, daß der spätere Advent in dieser nächtlichen Feier bereits in
nuce enthalten war, wie u. a. die Orationen 1340, 1352, 1354, 1360,
1366 deutlich machen. Das eigentliche Geheimnis, das in der Weihnachtsvigil begangen wurde, war das »mysterium incarnationis«, was
sehr schön die Oration 1361 mit ihrem Hinweis auf die Botschaft des
Engels ausdrückt:

Deus aeterna maiestas, cuius ineffabile verbum angelo deferente
virginitas immaculata suscepit *(vgl. das Evangelium der Vigil),* et
domicilium deitatis effecta sancti spiritus luce repletur: quaesumus
ut fidelem populum ipsa suis orationibus protegat, quae deum et
hominem sacris castisque visceribus meruit baiulare.

Die Mutterschaft Mariens, um deren Fürbitte hier gebetet wird,
bildet neben der Geburt des Erlösers das Hauptthema des altravenna-
tischen Weihnachtsfestes. Es erscheint als solches sowohl in den
Homilien des Chrysologus als auch in den Orationen des Rotulus,
wenn auch der Terminus »Gottesgebärerin« hier noch nicht gebraucht wird, was an sich auf ein hohes Alter dieser Gebete hinweist.

Die ältesten Meßformulare für Mariä Verkündigung
Ein kleines Kapitel frühmittelalterlicher Sakramentargeschichte

Es hat relativ lange gedauert, bis die Feier der »Annuntiatio sanctae Mariae« (bei den Griechen εὐαγγελισμός genannt) ihren Platz am 25. März gefunden hat, obwohl dieses Datum bereits von Augustinus genannt wird.[1] Das liturgische Gedächtnis der Verkündigung durch den Engel Gabriel ist freilich wesentlich älter. In Spanien feierte man es als »dies sanctae Mariae« am 18. Dezember,[2] in Mailand am letzten (6.) Adventsonntag, ähnlich in Aquileja[3] und in Kampanien.[4] Dagegen wurde in Ravenna, wie wir aus Predigten des Petrus Chrysologus schließen dürfen, der Verkündigung durch den Engel an der Vigil von Weihnachten gedacht.[5] In Rom wiederum beging man dieses Heilsereignis in der »Missa aurea« des Quatembermittwochs im Advent.

Daneben wurde im Zusammenhang mit Weihnachten, dem Fest der Geburt des Herrn aus Maria, schon früh ein eigenes Marienfest gefeiert. Bei den Byzantinern folgt es als Begleitfest unmittelbar auf den 25. Dezember,[6] während im römischen Ritus der Oktavtag (1. Januar) dem Gedächtnis der Gottesmutter geweiht ist.[7] Durch Gregor von Tours († 594) wissen wir von einem in Gallien gefeierten Marienfest am 18. Januar.[8] Dieses stammt aus dem Orient[9] und erscheint in den gallikanischen Sakramentaren und Lektionaren unter der Überschrift »Depositio« bzw. »Adsumptio sanctae Mariae«.[10] Eine Feier der »Annuntiatio« findet sich in diesen Meßbüchern noch nicht.

Vom gallischen Marienfest am 18. Januar, das auch in einer altertümlichen Epistelliste in zwei bayrischen Handschriften des 8. Jahrhunderts vorkommt,[11] ist eine oberitalienische »Sollemnitas sanctae Mariae« zu unterscheiden, die im Bobbio-Missale, von dem noch eingehend zu reden sein wird, ohne nähere Datumsangabe nach dem Fest der »Cathedra sancti Petri« am 22. Februar[12] steht, unmittelbar gefolgt von einem Formular »In adsumptione sanctae Mariae« (beidesmal ohne Datumsangabe), und in einer oberitalienischen (ursprünglich wohl ravennatischen)[13] Epistelliste unter der Überschrift »In sanctae Mariae«, ebenfalls ohne nähere Datumsangabe, zwischen dem Agatha-Fest am 5. Februar und der Vorfastenzeit (hier beginnend mit dem Sonntag Sexagesima) eingetragen ist.[14]

Dieser allem Anschein nach typisch oberitalienische Marien-Gedenktag, dessen genauer Termin (Februar oder März), wie gesagt, aufgrund der zitierten Handschriften nicht ermittelt werden kann, ist für unsere Untersuchung von nicht geringer Bedeutung. Teile des Meßformulars, das im Bobbio-Missale für dieses Fest bestimmt ist, sind nämlich, wie gezeigt werden wird, in späteren Sakramentaren für ein Mariä-Verkündigungs-Formular am 25. März verwendet, obwohl in den betreffenden Orationen keine direkten Hinweise auf die Verkündigung durch den Engel Gabriel vorkommen.

Bevor wir uns mit den ältesten Meßformularen für dieses Marienfest befassen, dürften einige sakramentargeschichtliche Bemerkungen notwendig sein.

I

Feste Punkte in der frühen Sakramentargeschichte

In der frühen Sakramentargeschichte sind noch viele Fragen offen. Es ist aber kaum etwas so umstritten wie der Zeitpunkt und der Ort der Entstehung der Urgestalt des Sacramentarium Gelasianum mixtum, das (im Gegensatz zum Altgelasianum) auch Junggelasianum genannt wird und ein in verschiedenen Redaktionen teilweise bis ins 11. Jahrhundert hinein in weiten Teilen des Abendlands gebrauchtes Meßbuch darstellt.[15]

Das Gelasianum mixtum – soviel steht jedenfalls unumstritten fest – ist ein für die Verwendung vor allem in Kloster- und Pfarrkirchen aus verschiedenen Quellen redigiertes Sakramentar; es darf als eine hervorragende Leistung gelten, vor allem wenn man es mit den vorausgegangenen Meßbüchern vergleicht.

Die bisherigen Ansichten der Sakramentarforscher sind im »Handbuch der Liturgiewissenschaft« wie folgt zusammengefaßt:

»Der Urtyp entstand um 750, sehr wahrscheinlich in der Abtei Flavigny in Burgund, auf Veranlassung König Pippins, der die Liturgie seiner Länder schon damals reformieren wollte ... Auf dem Schreibpult des Mönches in Flavigny ... standen gallikanische Sakramentare, aber auch schon ein ›gregorianisches‹, wie es vor fünfzig Jahren aus Rom gekommen war. Er benützte jedoch als Grundlage für seine Arbeit vor allem das presbyterale römische Sakramentar, das sog. Altgelasianum ..., das gegen Ende des 7. Jahrhunderts nach Gallien gekommen war.«[16]

Die Vertreter der Flavigny-These bzw. der Entstehung des Gelasianum mixtum im Frankenreich, vor allem E. Bourque, A. Chavasse und J. Deshusses, stützen sich dabei nicht zuletzt auf das Vorhandensein des Festes des hl. Praeiectus am 25. Januar in einem Teil der junggelasianischen Handschriften.[17] Das Fest fehlt noch in den zum gleichen Typus gehörenden Sakramentaren von Rheinau und Monza, die deutlich eine ältere Tradition des Gelasianum mixtum widerspiegeln.[18] Man ging davon aus, daß mit diesem Praeiectus (franz. St. Prix) niemand anderer als der Märtyrer-Bischof von Clermont gemeint ist, der später (nach 755) im 742 von König Pippin gegründeten Kloster Flavigny (Burgund) seine Ruhestätte gefunden hat; wobei man in Kauf nimmt, daß der Heilige in diesem Formular nur Märtyrer genannt wird und die Bezeichnung Bischof fehlt.

Doch sah schon Kellner im Märtyrer gleichen Namens, der Diakon des Bischofs Evasius von Asti (südlich von Mailand) war, den ursprünglich im Gelasianum mixtum gefeierten Heiligen.[19] Wie wir wissen, hat der Langobardenkönig Luitprand (713–743) diesen von Arianern gemarteten Blutzeugen besonders verehrt – worauf die Wendung »semper fidelis patronus« in der Präfation des Praeiectus-Formulars hinweisen könnte – und ihm in Casale eine Kirche bauen lassen.[20]

Da es demnach zwei Heilige des gleichen Namens gibt und das Praeiectus-Formular außerdem in den Handschriften des älteren Typus fehlt, läßt sich mit diesem Argument allein also weder über den Zeitpunkt noch über den Ort der Entstehung des Urtypus der Junggelasiana etwas aussagen. Aus der Sicht des Praeiectus-Formulars ist demnach sowohl Oberitalien als auch Burgund möglich.

Der von französischen Forschern vorgetragenen Flavigny-These steht eine andere entgegen, die von mir in 30jährigem intensiven Studium aller alten Sakramentar-Handschriften, einschließlich der erhaltenen Fragmente, gewonnen wurde, daß nämlich der junggelasianische Meßbuchtypus in Oberitalien, näherhin in Ravenna, und zwar schon relativ früh, entstanden ist.[21]

Die Redaktion des Gelasianum mixtum geschah durch Verschmelzung des stadtrömischen Gregorianum mit verschiedenen in Ravenna gebrauchten Meßbüchern, in erster Linie dem sog. Gelasianum. Nur in einer Metropole, wie es Ravenna in der Zeit der byzantinischen Exarchen war, lag das notwendige Material an Liturgiebüchern vor, aus dem ein so bedeutendes Kunstwerk, wie es das Junggelasianum unbestritten ist, geschaffen werden konnte, nicht aber im neu gegründeten Kloster von Flavigny.

Ins Frankenreich kam dieser Sakramentar-Typus nachweisbar erst im 8. Jahrhundert – der älteste handschriftliche Zeuge ist ein in merowingischer Schrift geschriebenes Sakramentarfragment –,[22] zu einer Zeit, als in Italien, dem Ursprungsland der Gelasiana mixta, dieses Sakramentar schon längst zum Sakramentar-Lektionar, wie es um 700 in den Fragmenten eines derartigen Liturgiebuchs (jetzt in Monte Cassino) vorliegt,[23] und bereits gegen Ende dieses Jahrhunderts zum Voll-Missale, ähnlich dem späteren Missale Romanum, weiter entwickelt worden war.[24]

Da die handschriftliche Überlieferung der einzelnen Sakramentartypen erst relativ spät einsetzt, ist es notwendig, feste Punkte für die Erforschung der Ausbildung des Gelasianum und der Junggelasiana zu suchen.

Die älteste Nachricht über ein in Italien redigiertes Meßbuch findet sich bei Gennadius, der die Abfassung eines »(liber) sacramentorum« durch Paulinus von Nola († 431) erwähnt. Dieses Sakramentar dürfte lange Zeit das einzige Jahresmeßbuch im ganzen Erzbistum Rom, dem damals noch ganz Mittelitalien unterstand, gewesen sein. Es ist leider in seiner ursprünglichen Gestalt nicht erhalten.[25]

Eine weitere Nachricht von der Redaktion eines Meßbuches begegnet uns im Liber pontificalis der ravennatischen Bischöfe, wo von der Abfassung von »missales«, also von Büchern für die Meßfeier (wohl Sakramentar und Lektionar) durch Bischof Maximianus (546–556) berichtet wird. In einer eigenen Studie habe ich zu zeigen versucht, daß es sich dabei um das sog. Gelasianum handelt und daß Maximianus in der Hauptsache stadtrömische Meß-Libelli verwendet hat,[26] weshalb der Eindruck entstehen konnte, dieses Sakramentar sei als ganzes in den römischen Titel-Kirchen ausgebildet worden.[27]

Auch dieses Meßbuch ist nur in späteren (bayrischen und fränkischen) Handschriften, die erst 200 Jahre nach der Redaktion unseres Sakramentar-Typus einsetzen, überliefert. Dagegen ist vom Lektio-

71

nar des Maximianus, das zum Sakramentar gehört, ein kleines Fragment einer Handschrift erhalten, die nur wenige Jahre nach Maximianus, vielleicht sogar in Ravenna selbst, geschrieben ist.[28] Es handelt sich um den Rest eines Lectionarium plenarium, das mit oberitalienischen und bayrischen Handschriften des gleichen Typus aus der Zeit um 800 übereinstimmt.[29] Wir wissen ferner von der Redaktion eines Sakramentars durch Papst Gregor d. Gr. in Rom, die wohl i. J. 592 erfolgt ist.[30] Auch hier stammen die ältesten handschriftlichen Zeugnisse erst aus der Zeit um 800, doch finden wir es schon in dem erwähnten Sakramentar-Lektionar aus der Zeit um 700 benützt. In diesem wichtigen Liturgiebuch – einem festen Punkt in der frühen Sakramentargeschichte – sind die Sakramentartexte im allgemeinen aus dem Meßbuch Gregors entnommen. Wenn jedoch dort entsprechende Stücke, wie die Sonntagsmessen nach Pfingsten, fehlen, benützte der Redaktor zu Ergänzung ein Gelasianum mixtum[31] und nicht, wie Chavasse meint, ein Meßbuch im Typus des Paduanum,[32] von dem noch die Rede sein wird.

Die Tatsache, daß das Gelasianum mixtum bereits um 700 bei einer Meßbuch-Redaktion verwendet erscheint, kann allein schon die Unhaltbarkeit der These von der Entstehung der Junggelasiana erst im 8. Jahrhundert darlegen. Im folgenden soll jedoch an einem konkreten Beispiel, nämlich dem Formular für das Fest Mariä Verkündigung, nochmals die Probe aufs Exempel gemacht werden.

Mit der Frage des Meßformulars für den 25. März hat sich schon früher A. Chavasse eingehend befaßt, der hier jedoch von anderen Positionen, vor allem hinsichtlich der Heimat des Gelasianum, ausgeht als wir.[33]

Die verschiedenen Festformulare, wie sie uns in den einzelnen Sakramentaren des 8./9. Jahrhunderts begegnen, sind schon deshalb instruktiv, weil Maria Verkündigung, wie im folgenden dargelegt wird, im Urexemplar des Gelasianum mixtum offensichtlich gefehlt hat. Auch in den Vorlagen, die bei der Redaktion dieses Meßbuches verwendet worden sind, nämlich vor allem dem Gelasianum und dem Gregorianum, war das Fest am 25. März noch unbekannt.

Siglen-Übersicht der im folgenden genannten Sakramentare
(mit Nennung der CLLA-Nr.)[34]

A = junggelasianisches Sakramentar von Angoulême (CLLA
Nr. 860)
AmB = ambrosianisches Meßbuch von Bergamo (CLLA Nr. 505)
Ang = junggelas. Sakramentar in der Angelica (CLLA Nr. 833)
B = beneventanisches Plenarmissale (CLLA Nr. 430)
Ba = benev. Plenarmissale in Baltimore (CLLA Nr. 445)
Bo = gallikanisches Bobbio-Missale (CLLA Nr. 220)
G = junggelas. Sakramentar von Gellone (CLLA Nr. 855)
Go = gallikanisches Missale Gothicum (CLLA Nr. 210)
GrT = gregorianisches Sakramentar in Trient (CLLA Nr. 724)
H = hadrianisches Gregorianum von Cambrai (CLLA Nr. 720)
M = junggelas. Sakramentar von Monza (CLLA Nr. 801)
P = aquileisches Sakramentar in Padua (CLLA Nr. 880)
Ph = junggelas. Phillipps-Sakramentar (CLLA Nr. 853)
Pr = gelasianisches Sakramentar in Prag (CLLA Nr. 630)
Rh = junggelas. Sakramentar von Rheinau (CLLA Nr. 802)
S = junggelas. Sakramentar in St. Gallen (CLLA Nr. 830)
Sal = aquileisches Sakramentar in Salzburg (CLLA Nr. 883)
V = Altgelasianum in der Vaticana (CLLA Nr. 610)

Bevor wir mit den sakramentargeschichtlichen Untersuchungen beginnen, sind zuerst die einzelnen hier in Frage kommenden Handschriften kurz vorzustellen.

Das Bobbio-Missale (= Bo) wurde bereits erwähnt. Es handelt sich um ein stark mit »römischem« Orationsgut vermischtes spätgallikanisches (nicht, wie man früher annahm, irisches) Sakramentar-Lektionar, das in der 1. Hälfte des 8. Jahrhunderts in Oberitalien, vielleicht in (der Gegend von) Pavia abgeschrieben wurde und sich zuletzt im Kloster Bobbio befand.[35] Gegenüber den fränkischen Meßbüchern des gallikanischen Ritus, so dem Missale Gothicum (= Go), erweist sich unsere Handschrift als durchaus selbständig, wenn auch einige Formulare bzw. Formeln mit diesem gleich sind. Die Formulare in Bo setzen alle den römischen Canon missae voraus, der zu Beginn des Liturgiebuches seinen Platz hat; sie schließen deshalb alle bereits mit der Contestatio (Präfation) (vgl. auch den nachfolgenden Exkurs).

Das ältere Gelasianum (Altgelasianum), das den römischen Ritus voraussetzt, jedoch nicht, wie A. Chavasse meint, stadtrömischen Ursprungs ist,[36] ist in frühen oberitalienischen Handschriften leider nicht auf uns gekommen. Nur das dazugehörige Lektionar besitzen wir, wie bereits erwähnt, in einer in Monza geschriebenen Handschrift aus der Zeit um 800, dem sog. Comes Parisinus.[37] Vom Sakramentar selbst sind eine fränkische Abschrift, der Codex Vaticanus (= V) und eine nur wenig jüngere bayerische (nicht aus dem Frankenreich, sondern aus Oberitalien stammende) Redaktion im Tassilo-Sakramentar in Prag (= Pr) erhalten. Dazu kommen noch eine Reihe von gleichzeitigen Fragmenten, sowohl aus dem Frankenreich als auch aus Bayern. Erwähnenswert sind in unserem Zusammenhang nur die Fragmente von Valenciennes (CLLA Nr. 612) und der Sakramentar-Index von Saint-Thierry (CLLA Nr. 611).

Von den älteren beneventanischen Meßbüchern, die einen z. T. eigenständigen Ritus zeigen, werden hier herangezogen das Plenarmissale der Kathedrale von Benevent (= B)[38] aus dem Anfang des 11. Jahrhunderts und das etwas jüngere von Canosa in Apulien, jetzt in Baltimore (= Ba).[39] Noch ältere Handschriften sind leider nicht auf uns gekommen. In den altertümlichen Fragmenten von Zürich-Peterlingen[40] aus der Zeit um 1000 ist das Formular für Mariä Verkündigung nicht erhalten.

Durch Vermischung des Gelasianum mit dem Sakramentar Gregors d. Gr. (Gregorianum) und durch Verwendung weiterer (lokaler) Quellen ist, wie eingangs bereits angedeutet, das Gelasianum mixtum entstanden.[41] Aus Oberitalien stammt ein als Palimpsest teilweise erhaltenes Sakramentar in der Bibliotheca Angelica in Rom (= Ang), das noch vor 800, vielleicht im Kloster Nonantola, geschrieben ist, ferner (außer zahlreichen Fragmenten) eine in Bergamo entstandene, jetzt in Monza aufbewahrte Handschrift wohl aus dem ausgehenden 9. Jahrhundert (= M), die trotz ihrer relativ späten Niederschrift, was den Typus betrifft, Zeichen höchsten Alters verrät.[42]

Aus dem alpenländischen Raum stammen die Sakramentare von Rheinau (= Rh) und St. Gallen (= S), beide aus der Zeit um 800. Das von Rheinau ist dem Typus nach älter und mit dem oberitalienischen M verwandt. Aus dem fränkischen Raum sind das mit S verwandte Phillipps-Sakramentar (= Ph) und die eigene Untertypen bildenden

Meßbücher von Angoulême (= A) und Gellone (= G)[43], alle aus der Zeit kurz vor bzw. um 800, auf uns gekommen. Letztere stellen lokale Weiterentwicklungen des durch S vertretenden Typus dar. Die französischen Forscher wollen wegen des Reichtums seiner Formeln in G den Urtypus sehen. Doch darüber später!

Die einzelnen Zeugnisse des ambrosianischen Meßbuches von Mailand, bei dessen Redaktion (wohl kurz vor 800) ein oberitalienisches Gelasianum mixtum verwendet wurde,[44] zeigen untereinander relativ wenige Unterschiede. Wir ziehen den ältesten Vertreter, eine in Bergamo aufbewahrte Handschrift (= AmB) aus der 2. Hälfte des 9. Jahrhunderts zum Vergleich heran.

Das im Patriarchat von Aquileja gebrauchte Meßbuch des 8./ 9. Jahrhunderts ist u. a. in den Sakramentaren von Salzburg (= Sal) aus dem Anfang des 9. Jahrhunderts und von Padua (= P) aus der Mitte dieses Jahrhunderts auf uns gekommen.[45] Diese Sakramentare stellen eine noch stärkere Angleichung an das Gregorianum dar als dies in den Gelasiana mixta der Fall ist. Dadurch konnte der Eindruck entstehen, daß es sich bei P um einen direkten und zwar frühen Vertreter des Gregorianum handelt. Ich glaube diesen bis jetzt noch nicht ausgerotteten Irrtum in verschiedenen Arbeiten eingehend widerlegt zu haben.[46]

Das Gregorianum wird in folgenden nach dem »Hadrianum« (= H) zitiert. Bei dieser Redaktion handelt es sich um die Abschrift einer von Papst Hadrian I an Karl d. Gr. gesandten Handschrift[47], die gegenüber dem Urexemplar Gregors mehrere Hinzufügungen aufweist, daruter Formulare für Marienfeste. Nicht auf das Hadrianum zurück geht hingegen das Gregorianum in Trient (= GrT)[48] aus der Zeit um 825, dessen römischer Prototypus noch aus dem 7. Jahrhundert stammt. Die Formulare für die Marienfeste stimmen hier nicht mit denen in H überein.

Soweit der kurze Gang durch die frühe Sakramentargeschichte unter Nennung der wichtigsten Vertreter!

II

Das Formular für ein Marienfest im Bobbio-Missale
und dessen Quelle

Wir beginnen unsere Untersuchung über frühe abendländische Meß-
formulare für das Fest Mariä Verkündigung am 25. März mit der
»Missa in sanctae Mariae sollemnitate« im Bobbio-Missale (= Bo)[49]
und zeigen zuerst in einer tabellarischen Übersicht, welche von deren
Formeln in gelasianischen (V, Ang, S) und beneventanischen (Ba, B)[50]
Meßbüchern in der Messe des 25. März wiederkehren.

Da in Bo bekanntlich die einzelnen Formulare regelmäßig mit der
Contestatio (Präfation) schließen, die genannten Sakramente (außer
V) aber alle die Postcommunio »Adesto domine« aufweisen – sie ist
ähnlich im gallikanischen Missale Gothicum für das Marienfest am
18. Januar vorgesehen – dürfen wir dieses Gebet für das ursprüngliche (ungekürzte) Formular voraussetzen.

Bo		V	Ang	S	Ba
124	O.s.d qui terrenis	(994)	–	(1097)	–
125a	Exaudi nos dne	847	–	678	417
125b	Te qs dne fam.	cf. 848	–	–	–
126	Offerimus dne	–	–	(1355)	–
127	Altario tuo dne	cf. 849	144	679	422
128	U+D Qui nos mir.	–	145	681	423
–	Adesto dne (Go 104)	–	146	682	425

Die Übersicht macht deutlich, daß die erste Formel von Bo (124) in V
und S (Gelasiana und Junggelasiana) nicht für das Fest am 25. März,
sondern für Mariä Himmelfahrt am 15. August herangezogen wird.
Dies war deshalb möglich, weil es sich um eine Oration handelt, die
ihrer Thematik nach nicht auf ein bestimmtes Marienfest fixiert ist.
Dagegen haben die übrigen Formeln, außer der 2. Hälfte der Formel
Bo 125, die ursprünglich ein selbständiges Gebet gebildet hat, sowie
der (1.) Secreta Bo 126, die in S für das Fest des hl. Chrysogonus
(24. November) verwendet wird, in den Gelasiana mixta zur Bildung
des Formulars »Annuntiatio sanctae Mariae« gedient.

Da unsere Gebete in Bo nicht die typischen Züge gallikanischer
Orationen aufweisen – so vermissen wir die Gebetseinladung (Prae-

fatio missae) in der 1. Formel und trotz einer entsprechenden Überschrift in Bo ein typisches Gebet zum Friedenskuß (Ad pacem) – muß die »Missa in sanctae Mariae sollemnitate« aus einem anderen, nichtgallikanischen Liturgiebuch übernommen worden sein.

Die Quelle für Bo ist m. E. im bereits kurz genannten alten kampanischen Sakramentar zu suchen, das auf Paulinus von Nola zurückgeht und das erste Meßbuch aus Italien darstellt, von dem wir wissen. Es hatte vom 5. Jahrhundert an in ganz Italien, einschließlich der Stadt Rom, Verbreitung gefunden,[51] ist jedoch leider als solches nicht auf uns gekommen. Wir besitzen nur mehr spätere Redaktionen in beneventanischen und angelsächsischen Liturgiebüchern.[32] Auch ein großer Teil der Orationen und Präfationen des ambrosianischen Meßbuches von Mailand geht, wie sich zeigen läßt, auf das genannte Sakramentar zurück.[53] Ebenso hat dieses auf die gallikanischen Meßbücher, wie das Missale Gothicum, Einfluß ausgeübt, wie die zahlreichen darin vorkommenden, fälschlich als römisch angesehenen Orationen bezeugen.[54]

Direkt aus Kampanien besitzen wir noch die in den Jahren 546/47 geschriebene Epistelliste[55] und über angelsächsische Abschriften die Evangelienliste von Neapel. In letzterer begegnet uns bei dem Vers Joh 2,12 ohne Datumsangabe die Notiz »In dedicatione sanctae Mariae«.[56]

Der Umfang dieser für den Jahrestag der Weihe einer Marienkirche bestimmten Perikope war wohl Joh 2,12–22: »Post hoc descendit (Iesus) Capharnaum, ipse et mater eius et fratres eius et discipuli eius . . . ibi manserunt non multis diebus«, um dann zur Erzählung von der Tempelreinigung überzuleiten. In dieser Evangelienlesung wird das Wohnen Jesu mit seiner Mutter und seinen Jüngern in Kapharnaum zusammen mit einem Besuch im Tempel zu Jerusalem erwähnt, womit liturgisch (und durch Erwähnung des Eifers des Herrn für sein Heiligtum) die Verbindung zur Kirchweihe hergestellt wird.

Da es sich um das einzige in der Evangelienliste von Neapel angegebene Marienfest handelt, dürfte es in der frühen Liturgie Kampaniens auch nur dieses eine, mit dem Jahrtag der Weihe einer Marienkirche verbundene Fest zu Ehren der Mutter des Herrn gegeben haben. Vielleicht hat das Meßformular in Bo dem nämlichen Zweck gedient.

Daß nicht in Oberitalien oder in Gallien, sondern in Kampanien die Heimat dieses Formulars zu suchen ist, zeigen nicht zuletzt die genannten, die liturgische Tradition Kampaniens weiterführenden beneventanischen Meßbücher. In diesen finden wir an Mariä Verkündigung nur solche Formeln verzeichnet, die auch in Bo erscheinen, wenn auch in diesen relativ jungen Handschriften nicht mehr alle, die dort angegeben sind, vorkommen.

Die Übereinstimmung in den Formeln zwischen dem oberitalienischen Bo und den Beneventana läßt sich dadurch erklären, daß man annimmt, daß die Heimat des Marien-Formulars in Bo in einem kampanischen Meßbuch zu suchen ist, das wiederum in den Liturgiebüchern des in der unmittelbaren Nachbarschaft von Kampanien gelegenen Benevent teilweise weiterlebt.[57]

Daß man ursprünglich den Tag der Weihe einer bestimmten Marienkirche und nicht den Todestag der Gottesmutter begangen hat, mag damit zusammenhängen, daß dieser nicht bekannt war. Beim Termin am 15. August handelt es sich vermutlich ebenfalls um ein Kirchweihdatum, vielleicht das der Marienkirche von Gethsemane, dem legendären Ort des Grabes der Gottesmutter. Die Kirche wurde unter Kaiser Maurikios (582–602) vergrößert. Derselbe Kaiser hat das Fest der »Entschlafung Mariens« dann allgemein auf den 15. August gelegt.[58]

Es ist demnach durchaus möglich, daß das Formular in Bo ebenfalls für einen solchen Kirchweihtag bestimmt war und zwar im Februar oder März, da es unmittelbar nach dem Fest der Cathedra sancti Petri (22. Februar) seinen Platz hat. Wo diese Marienkirche zu suchen ist, wissen wir nicht; vielleicht handelt es sich um das von der Langobardenkönigin Rodelinde 691 in ihrer Hauptstadt Pavia errichtete Gotteshaus.[59]

Das aus dem alten kampanischen Meßbuch, wie wir annehmen, entnommene Formular bricht in Bo, wie stets in diesem Liturgiebuch, bereits mit der Contestatio ab. Alle sonst in den gallikanischen Sakramentaren sich danach findenden Formeln fehlen. Bei der Übernahme in Oberitalien sind außerdem kleine Änderungen vorgenommen worden; so hat der Redaktor aus der 2. und 3. Oration eine einzige gemacht.

Das kampanische Marien-Formular hat ursprünglich, wie die meisten Formulare im Sakramentar des Paulinus von Nola, zweifellos 3 Orationen, 2 »Super oblata«-Gebete, 1 Präfation, 1 Oration »ad communionem« sowie eine solche »ad populum« aufgewiesen.⁶⁰ Da aber dem Redaktor (der Vorlage) von Bo insgesamt 5 Orationen vor der Contestatio zur Verfügung standen, er jedoch an das durch den gallikanischen Ritus gegebene Schema von nur 4 Gebeten gebunden war und er, wie es scheint, keine Oration seiner Vorlage auslassen wollte, machte er, wie gesagt, aus den Formeln 2 und 3 eine einzige und gab ihr den in den gallikanischen Meßbüchern üblichen Titel »Collectio«; die beiden folgenden bezeichnete er entsprechend mit »Post nomina« und »Ad pacem«.

Während sich die in Bo fehlende Oration »ad communionem« mit Sicherheit aus der diesbezüglichen Übereinstimmung der beneventanischen Meßbücher B und Ba mit den Gelasiana mixta erschließen läßt, ist dies bei der Formel »ad populum« wegen des Fehlens in B und Ba nicht so leicht möglich. Doch dürfte die sowohl in den Gelasiana mixta (S 683) als auch in P (389) überlieferte Formel ebenfalls aus dem kampanischen Sakramentar stammen; sie findet sich nämlich in einem anderen, wie P. Siffrin gezeigt hat, auch auf diesem beruhenden Missale Francorum aus dem 8. Jahrhundert⁶¹ ebenfalls (Formel 78), wenngleich hier ohne Bezug auf Maria.

Das alte kampanische Formular für ein Marienfest, wie es nach unserer Auffassung im oberitalienischen Bo, in den Beneventana und Gelasiana jeweils nur zum Teil vorliegt (vgl. die obige Tabelle), wird im folgenden nach dem Wortlaut in Bo, unter Berücksichtigung der Varianten in den anderen Zeugen, wiedergegeben. Diese älteste erreichbare Fassung, die nicht immer den Wortlaut der Urfassung wiedergeben, sondern geringfügig überarbeitet sein dürfte, weist gegenüber dem Text in den Gelasiana nur wenige Beifügungen zum Namen Mariens auf.

Missa ⟨in⟩ sanctae Mariae sollemnitate

1. Omnipotens sempiterne deus, qui terrenis corporibus verbi tui veritatem¹ per venerabilem² Mariam³ coniungi⁴ voluisti: petimus inmensam clementiam tuam, ut quod eius veneratione deposcimus te propitiante mereamur consequi.⁵ per (Bo 124, V 994, S 1097)

> 1 Bo] veritatis filii unigeniti V S – 2 Bo] + ac gloriosam semperque virginem V S – 3 Bo] + ineffabile mysterium V S 4 Bo] coniungere V S – 5 m. c. Bo] adipisci mereamur

79

2. Exaudi nos domine sancta pater omnipotens ⟨aeterne⟩[1] deus, qui[2] beatae Mariae[3] uteri[4] obumbratione[5] cunctum[6] mundum inluminare dignatus est:[7] maiestatem tuam supplices[8] exoramus, ut quod nostris meritis non valemus,[9] eius adipisci praesidiis mereamur. per (Bo 125a, V 847, S 678, G 851, Ba 417)

    1 Ba V S G] – Bo – 2 Bo B G] + per V S – 3 Bo] + sacri V S G Ba – 4 Bo] + divinae gratiae V S G Ba – 5 Bo Va] obumbrationem V S G – 6 Bo] universum V S G Ba – 7 Bo] es V S G Ba – 8 Bo V G Ba] suppliciter S AmB – 9 Bo + obtinere V S G Ba

3. Te quaesumus domine famulantes[1] auxilium implorantes, ut beatae[2] Mariae nos gaudia comitentur, cuius[3] meritis nostra deleantur chirographa peccatorum.[4] per (Bo 125b, V 848)

    1 Bo] + prece humili V – 2 Bo] + semper virginis V – 3 Bo] + praeconia ac V – 4 Bo] + adque rubiginem scelerum moliviciorum igne conpunctionis tui amore mundemur incursu V

4. ⟨SUPER OBLATA.⟩[1] Offerimus domine[2] preces et munera in honore sanctae Mariae[3] gaudentes. praesta quaesumus ut et convenienter[4] haec agere et remedium sempiternum valeamus adquirere. per (Bo 126, S 1355)

    1 S] Post nomina Bo – 2 S] domino Bo – 3 Bo] sanctorum tuorum S – 4 S] convenitur Bo

5. Altario[1] tuo domine proposita[2] munera spiritus sanctus benignus adsumat, qui beatae Mariae viscera[3] splendoris[4] sui veritate[5] replevit. per (Bo 127, S 679, G 852, Ba 422)

    1 Bo Ba] altari S Ba 2 altare G – 2 Bo] superposita S G Ba – 3 Bo] + hodie S G Ba – 4 Bo] splendoribus S G Ba – 5 Bo] suae virtutis S Ba suae virtute G

6. Vere dignum: omnipotens deus. Qui nos mirabile mysterium et inennarabile sacramentum per venerabilem Mariam servare docuisti, in qua manet intacta castitas, pudor integer, firma conscientia.[1] Nam in hoc[2] matrem domini sui Iesu[3] esse[4] cognovit, quia plus gaudii[5] contulit quam pudoris. Laetatur ergo[6] quod virgo concepit, quod caeli dominum clausis portavit visceribus, quod virgo edidit partum.[7] O magna clementia deitatis, quae virum non novit[8] et mater est,[9] et

post filium virgo est. Duobus enim gavisa est muneribus: miratur quod virgo[10] peperit, laetatur quod edidit redemptorem dominum nostrum.[11] per quem (Bo 128, S 681, M 351, G 855, Ba 423)

1 Bo] constantia S M G Ba – 2 Bo] + se S M G Ba – 3 s. I. Bo] – S M G Ba – 4 se esse Bo] fuisse S M G Ba – 5 Bo Ba] gaudio S M G – 6 Bo AmB] – S G Ba enim M – 7 quod caeli … partem Bo S M G] et post partum virgo permansit Ba – 8 Bo G M] cognovit S Ba – 9 est S M G Ba] es Bo – 10 Bo P:] – S M G Ba – 11 Bo Ba G] + ihm xpm S AmB

Folgende Formeln finden sich nicht in Bo:

6. POST COMMUNIONEM. Adesto domine populo tuo, ut quae sumpsit fideliter et mente sibi et corpore beatae[1] Mariae intercessione custodiat. per (Go 104, S 682, G 856, Ba 425)

1 Go] + semper virginis S G Ba

7. AD POPULUM. Protege domine famulos tuos subsidiis pacis. et beatae Mariae patrociniis confidentes, a cunctis hostibus redde securos. per (cf. MFr 78, S 683, G 857, P 389)

Unsere Vermutung, daß es sich ursprünglich um ein Formular für den Weihetag einer (kampanischen) Marienkirche und nicht für ein bestimmtes Marienfest gehandelt hat, erfährt durch den Wortlaut der Gebete eine gewisse Bestätigung. So wird in der Formel 1 von der Verehrung Mariens gesprochen, durch die unsere Bitten bei Gott angenehm werden mögen. In den Formeln 2 und 3 wird um ihren Schutz bzw. ihre Hilfe gebeten (ähnlich in Formel 6), während die Formel 7 (in Bo nicht erhalten) direkt von ihrem Patronat (»patrociniis«) spricht.

Daß als Ehrentitel für Maria nur »venerabilis«, »beata« und »sancta« erscheinen, läßt auf ein hohes Alter des Meßformulars, vielleicht noch aus der Zeit des Paulinus von Nola, jedenfalls noch vor dem Konzil von Ephesus (431) schließen.

Aus dieser frühen Zeit sind mehrere Marienkirchen bezeugt. Eine der ältesten – abgesehen von der um 360 von Papst Liberius in Rom erbauten Kirche »ad praesepe«, der späteren Basilika S. Maria Maggiore, befand sich im Dorf al-Hāzimé östlich von Homs (Syrien); sie war im Jahr 390 erbaut worden. Auf einem Fenstersturz lesen wir die Inschrift »Heiligtum der heiligen Maria«.[62]

Aus vorephesinischer Zeit stammt außerdem das alte orientalische Marienfest am 18. Januar, das vermutlich durch Hilarius von Poitiers († 376), der mehrere Jahre in Kleinasien verbannt war, in die gallikanische Liturgie Eingang gefunden hat.[63] Der Patriarch Proklus von Konstantinopel hat im Jahr 429 wohl am gleichen Tag[64] eine Marien-Predigt gehalten, die mit den Worten beginnt:[65]

»Ein Jungfrauenfest ruft heute, ihr Brüder, unsere Zunge zu andächtiger Rede auf, ein Fest, das den Versammelten Nutzen bringen soll, und zwar mit vollem Recht, denn dieses Fest hat zum Gegenstand die Keuschheit, den Preis der Frauenwelt, den Ruhm des ganzen weiblichen Geschlechtes, und zwar ihretwegen, die zugleich Mutter und Jungfrau ist.«

Im Hinblick auf diese Worte des Patriarchen Proklus ist der Hinweis wichtig, daß auch in den Texten unseres Formulars vor allem von der Jungfrauenschaft Mariens die Rede ist[66] und daß die Bezeichnung »dei genitrix«, die das Konzil von Ephesus als verbindlich erklärt hat, noch fehlt.

III

Die Entwicklung des Annuntiatio-Formulars in den verschiedenen Gelasiana-Handschriften

Verfolgen wir nun die weiteren Wege, die unser Marienformular, wie es in Bo vorliegt, als Meßformular für das Fest am 25. März genommen hat!

1. *Im Altgelasianum:* Gegenüber den beneventanischen und junggelasianischen Sakramentaren hat das Altgelasianum in der Handschrift V am Formular in Bo in starkem Maße Redaktionsarbeit geleistet. Es wurde praktisch nur eine einzige Oration (V 847) ganz übernommen sowie Teile von zwei weiteren benützt (V 848 und 849). Daß die Präfation von Bo, die auch in den Junggelasiana und in den Beneventana zu finden ist, in V fehlt, kann sekundär sein.

Auffällig ist im Formular von V gegenüber dem in Bo vor allem die in 5 Orationen in gleicher Weise wiederkehrende Wendung »beatae et gloriosae semperque virginis dei genetricis Mariae«, die deutlich in die Zeit nach dem Konzil von Ephesus weist.

Wir bringen nun eine weitere Tabellenübersicht; in ihr wird das Formular im Gelasianum (= V) mit dem im ebenfalls gelasianischen Pr und in den Junggelasiana (Vertreter: S) sowie in den ambrosianischen Meßbüchern (Vertreter: AmB)[67] verglichen. Die Formularüberschrift lautet in V, im altgelasianischen Fragment von Valenciennes[68] sowie im zum gleichen Typus gehörenden Index von Saint-Thierry:[69] »In adnunciatione (sanctae) Mariae (matris domini nostri Iesu Christi)«, in Pr (ähnlich wie in den Junggelasiana): »In adnuntiatio sanctae Mariae«. In Rom trug hingegen nach Ausweis des Liber pontificalis (I 376 ed. Duchesne) das Fest ursprünglich die Bezeichnung »Adnuntiationis domini«.

V		Pr	S	AmB	Rh/P
847	Exaudi nos dne	108,1	678	887	–
848	Te qs dne fam.	–	–	–	–
849	Oblationes nostras	108,2	680	888	–
850	Quos caelesti	108,3	–	–	–
851	Beatae . . . imploret	–	684	892	–
852	Beatae . . . aeternam	–	685	893	–
853	Porrige nobis	–	686	894	–

Die Tabelle zeigt, daß allein in Pr das Formular von V zugrundeliegt, wenn auch hier unter Auslassung der »Alia« und weiterer Orationen (»Ad vesperum«) auf das gregorianische Schema von nur drei Formeln gekürzt. Die »Alia« fehlt auch im Fragment von Valenciennes, das in den übrigen Formularen, soweit ersichtlich, vollständig mit V zusammengeht.

Die Junggelasiana im Typus von S und das hier davon abhängige ambrosianische AmB benützen nicht alle Orationen von V zur Bildung des Festformulars; sie übernehmen vielmehr aus diesem nur 5 ihrer insgesamt 10 Formeln. Dagegen weisen die Sakramentare Rh und P – auch das ist aus obiger Tabelle zu entnehmen – in diesem Fall keine einzige Formel aus V auf.

Ähnlich wie das Formular in Bo könnte auch das in V ursprünglich für den Weihetag einer Marienkirche bestimmt gewesen sein. So erhielt Ravenna bald nach 512, also etwa 80 Jahre nach dem Konzil von Ephesus, unter Bischof Ecclesius die erste (größere) Marienkirche. Diese war, wie wir durch Agnellus wissen, zu Ehren der »Sanctae semper virginis intemeratae Mariae« errichtet worden.[70] Auf diesen Titel könnte die stereotype Wendung der Orationen von V »beatae et gloriosae semperque virginis dei genitricis Mariae« hinweisen.

Unter dem Bild der Gottesmutter in der Apsis dieser Kirche des Ecclesius stand eine Inschrift, in der zu Beginn die Verkündigung durch den Engel Gabriel erwähnt wird:

Virginis aula micat, Christum quae cepit ab astris,
nuntius e caelis angelus ante fuit.[71]

In den Orationen von V geht es, wie der regelmäßig vorkommende Titel »dei genitrix« zeigt, primär um die Mutterschaft Mariens, wie sie auf dem Konzil von Ephesus definiert worden war; desweiteren um den Schutz, den man sich durch die »annua sollemnitate« (V 849) von Maria erhoffte.[72] In keiner Oration wird jedoch die Verkündigung durch den Engel Gabriel direkt angesprochen, sondern lediglich die Empfängnis durch den Heiligen Geist; so in der in Bo nicht erscheinenden Secreta von V (849), die auch in die Gelasiana mixta (S 680) Aufnahme gefunden hat:

Oblationes nostras quaesumus domine propitiatus intende, quas in honore beatae et gloriosae semper virginis dei genetricis Mariae annua sollemnitate deferimus, et coaeternus spiritus sanctus tuus, qui illius viscera splendore suae gratiae veritatis replevit, nos ab omni facinore delictorum emundet benignus. per

Wegen des Fehlens des eigentlichen Festgedankens in den Orationen von V hat A. Chavasse die Vermutung geäußert, das Formular sei ursprünglich für das römische Marienfest am 1. Januar bestimmt gewesen,[73] während wir an ein altes Kirchweihformular einer Marienkirche von Ravenna denken.

2. *In den Gelasiana mixta des S-Typus:* Im folgenden befassen wir uns mit dem Formular für den 25. März in den Gelasiana mixta und zwar erst mit den Vertretern des S-Typus, wo uns als Überschrift »Adnuntiatio sanctae Mariae« begegnet. Das Formular hat in allen Zeugen gleich nach »Pascha annotina« bzw. der Osteroktav seinen Platz.

S		Ph	A	AmB	»Quellen«
677	O.s.d. qui nos	=	880	886	–
678	Exaudi nos	=	883	887	V 847
679	Altari tuo	=	884	–	Bo 127
680	Oblationes	=	885	888	V 849
681	U+D Qui nos m.	=	886	889	Bo 128
682	Adesto dne p.	=	887	–	Go 104
683	Protege dne	=	888	891	–
684	Beatae . . . impl.	=	889	892	V 851
685	Beatae . . . aet.	=	890	893	V 852
686	Porrige nobis	=	891	894	V 853

Unser Formular begegnet uns in gleicher Weise sowohl in S als auch in Ph. Im fränkischen A ist dieses zu Beginn um 2 Orationen erweitert, während im mailändischen AmB anstelle der Postcommunio »Adesto domine« die Formel »Gratiam tuam« (= P 385, H 31.4) erscheint; es fehlt hier außerdem die Oration »Altari tuo«.

Zwei Formeln sind aus den bisher genannten »Quellen« Bo und V nicht abzuleiten. Von diesen dürfte die »Ad populum«-Formel »Protege domine«, wie oben schon gezeigt, dem (kampanischen) Urformular angehört haben; die erste Oration ist dagegen offensichtlich eine Neuschöpfung. In ihr wird, im Gegensatz zu den Gebeten in Bo und V konkret auf das Festgeheimnis Bezug genommen; sie lautet:

> Omnipotens sempiterne deus, qui coaeternum tibi filium hodie pro mundi salute secundum carnem spiritu sancto concipiendum, angelico ministerio beatae Mariae semper virgini declarasti: adesto propitius populo tuo, ut ad eius nativitatem pace concessa liberioribus animis occurramus. per

In diesem in kriegerischen Zeiten abgefaßten Gebet (vgl. »pace concessa«) finden wir außerdem einen Hinweis auf das 9 Monate später gefeierte Fest der Geburt des Herrn. Ähnlich meint Petrus Chrysologus von Ravenna in einer Predigt zum Fest des hl. Johannes d. T.: ». . . ut pervenire ad mysterium virginei conceptus, ad sacramentum partus virginei penetrare possimus«.[74]

3. *In weiteren Gelasiana-mixta-Handschriften:* Die gleiche Oration wie in den Sakramentaren des S-Typus findet sich auch in dem nun zu

behandelnden Festformular, wie es uns in einem Junggelasianum aus
Oberitalien, jetzt in der Angelica in Rom (= Ang), begegnet, sowie
fast gleich im Sakramentar von Trient (= GrT), einem vor-hadriani-
schen Gregorianum, das zahlreiche Formulare aus anderen Quellen
aufweist, wozu auch das von Mariä Verkündigung gehört.

Ang		GrT	S	M	V	»Quellen«
143	O.s.d. . . . occ.	–	677	–	–	–
144	Altari tuo	=	679	–	–	Bo 127
145	U+D Qui nos	(=)	681	351	–	Bo 128
146	Adesto dne	=	682	352	–	Go 104

In diesem Formular, das trotz der Verwendung älterer Orationen als
Ganzes durchaus eigenständig ist, fehlt jeder Einfluß vonseiten des
Gelasianum (V); vielleicht deshalb, weil bei dessen Redaktion das
betreffende Festformular als Formular für den 25. März in diesem
noch nicht eingetragen war. Außer der ersten, sich auf das Heilsge-
schehen der Verkündigung durch den Engel beziehenden Oration
lassen sich die restlichen Formeln alle im (hypothetischen) Urformular nachweisen, das nach unseren Untersuchungen in Bo bzw. (was
die Postcommunio betrifft) in Go in Erscheinung tritt.

Wie die tabellarische Übersicht deutlich macht, kehren die For-
meln von Ang in S wieder, während in M nur ein Teil der Gebete mit
Ang gleich ist. M zeigt hier eine eigenständige Tradition, indem zu
Beginn eine Verschmelzung der Formeln Bo 124 und 125 zu beob-
achten ist, während die Secreta mit P 386 zusammengeht. Im Trienter
GrT ist die 1. Oration (wohl sekundär) dem Formular für das
Muttergottesfest am 1. Januar im Gegorianum (H 14,1) entnommen.
Eine »Alia« ist hier, wie in Ang, ausgefallen.

Die genannten Unterschiede in den Gelasiana mixta weisen darauf
hin, daß in der Urfassung, ähnlich wie im Gelasianum, noch kein
Formular für das Fest am 25. März vorhanden war. Dies läßt vermuten, daß dieser Sakramentar-Typus schon früh, näherhin vor dem
7. Jahrhundert, dem Zeitpunkt der Einführung des Festes Mariä
Verkündigung im Abendland, ausgebildet wurde.[75] Dabei läßt sich
das Formular im S-Typus, wenn man es nicht als das ursprüngliche
ansehen will, als eine Verschmelzung von Gebeten im (ravennatischen) Gelasianum und dem in Ang vorhandenen oberitalienischen

Formular für den 25. März verstehen. Daß das Formular in Ang vom S-Typus abhängig ist, scheint weniger wahrscheinlich zu sein.

4. *Im P-Typus:* Um ein weiteres eigenständiges Formular für das Fest Mariä Verkündigung handelt es sich in den aquileischen Sakramentaren P und Sal. Hier lesen wir als Überschrift:»Adnuntiatio sanctae dei genitricis et passio eiusdem domini«. Die zeitliche Verbindung der Verkündigung durch den Engel und der Kreuzigung Christi findet sich bereits bei Augustinus, wenn er schreibt:»... sicut a maioribus traditum suscipiens ecclesiae custodit auctoritas: octavo enim Kalendas Aprilis conceptus creditur quo et passus.«[76]

P		Sal	Rh	A	M	GrT	H
385	Gratiam tuam	159	541	879	–	–	31,4
386	Accepta sit	160	542	881	350	–	–
387	U+D Qui per m.	161	–	–	(351)	=	–
388	Ds qui divinis	162	543	882	–	–	–
389	Protege dne	–	–	(888)	–	=	–

Ohne die von der Fassung in den Gelasiana mixta strark abweichende Präfation, über die gleich zu reden sein wird, und ohne die »Alia« (die sekundär auch in Sal fehlt) am Schluß findet sich das Formular, wie aus der obigen Tabelle ersichtlich ist, auch in Rh und A; im letzteren Sakramentar als eigenes Meßformular zusätzlich zu dem in den Junggelasiana des S-Typus üblichen. Die 1. Oration begegnet uns auch im Hadrianum (H), wobei kaum eine gegenseitige Abhängigkeit vorliegen dürfte, da beide Meßbücher aus einer dritten Quelle schöpfen können. Die Secreta erscheint, wie bereits gesagt, ebenso in M, die (typische) Präfation sowie die »Alia« auch in GrT.

Daß unser Meßformular in P und Sal, wie in den Junggelasiana nach der Dominica in Albis seinen Platz hat und nicht, wie im Hadrianum, vor dem Sonntag Septuagesima, weist erneut auf die Abhängigkeit des P-Typus von den Junggelasiana hin. Es ist jedoch falsch, deshalb auf eine umgekehrte Abhängigkeit schließen zu wollen, wie es A. Chavasse tut (obwohl dies auf den ersten Blick einleuchtend zu sein scheint), da der P-Typus ganz deutlich eine Weiterbildung der Gelasiana mixta durch eine stärkere Einbeziehung des Gregorianums darstellt. Ich habe darüber eingehend gehandelt.[77]

Nun ein Wort zu den beiden Fassungen unserer Präfation: die

Präfation von Bo, die nur wenig verändert in den meisten Junggelasiana sowie in den Beneventana erscheint, und eine andere, die in verschiedenen oberitalienischen Sakramentaren (Sal, P, GrT) zu finden ist; diese stellt eine Überarbeitung des Textes in der Junggelasiana dar, womit abermals deutlich wird, daß der P-Typus auf dem S-Typus aufbaut und nicht umgekehrt.[78]

Wir bringen links den S und G gemeinsamen Text und rechts den P und Sal, ohne kleinere Varianten zu berücksichtigen:

S681/G855	P 487/Sal 161
Qui nos mirabile mysterium et inennarabile sacramentum per venerabilem Mariam servare docuisti, in qua manet intacta castitas, pudor integer, firma conscientia. Nam in hoc se matrem domini fuisse cognovit quia plus gaudio contulit quam pudoris. Laetatur quod virgo concepit, quod caeli dominum clausis portavit visceribus, quod virgo edidit partum. O magna clementia deitatis: quae virum non cognovit et mater est et post filium virgo est. Duobus enim gavisa est muneribus: miratur quod peperit, laetatur quod edidit redemptorem dominum nostrum Iesum Christum.	*Quia per* mirabile mysterium et inennarabile sacramentum *hodie unigenitum tuum* *virgo sacra* concepit et caeli dominum clausis portavit visceribus. O magna clementia deitatis: quae virum non cognovit et mater est et post filium virgo est. Duobus enim gavisa est muneribus: miratur quod virgo *concepit,* laetatur quod edidit redemptorem.

Der gekürzte Text hat gegenüber dem in den Gelasiana mixta eine deutlichere Beziehung zum Fest der »conceptio« am 15. März (vgl. die zweimalige Wendung »virgo concepit«); er läßt hingegen die Erwähnung der Geburt Christi aus der Jungfrau weithin aus, wie sie im längeren Text, der nach unseren Untersuchungen noch nicht für das Fest Mariä Verkündigung, sondern für ein allgemeines Marienfest bestimmt war, vorkommt (»quod virgo edidit partum« bzw. »quod virgo peperit«), ebenso alle weiteren darauf hinweisenden Gedanken (»in qua manet ... quam pudoris«). Im ursprünglichen

Text steht allgemein die Mutterschaft Mariens im Vordergrund, wobei in diesem Zusammenhang auch der Empfängnis gedacht wird.

5. *Im Sakramentar von Gellone:* Während das Sakramentar A, wie gesagt, die Formeln von P und S nacheinander aufführt, vermischt das fränkische G beide zu einem einzigen Formular. Als Überschrift finden wir hier, ähnlich wie in P: »Denuntiatio sanctae Mariae et passio domini nostri Iesu Christi«:

G		S	P	A
849	O.s.d. qui	677	–	–
850	Gratiam tuam	–	385	–
851	Exaudi nos	678	–	883
852	Altari tuo	679	–	884
853	Accepta sit	–	386	–
854	Oblationes n.	680	–	885
855	U+D Qui nos	681	–	886
856	Adesto dne	682	–	887
857	Protege dne	683	–	888
858	Ds qui divinis	–	388	–
859	Beatae et glor.	684	–	889
860	Porrige nobis	686	–	891

Das Sakramentar von Gellone ist, ähnlich wie das bekannte von Fulda (CLLA Nr. 970), ein typisch klösterliches Liturgiebuch, in dessen Formulare alle dem Redaktor zur Verfügung stehenden Orationen Aufnahme gefunden haben. Als Quellen hat er in unserem Fall das Formular von S sowie das von P (bzw. Rh) benützt; dabei hat er die zweite »Beatae et gloriosae . . .«-Formel (S 885, A 890) wohl nur versehentlich ausgelassen.

Im fränkischen G wegen des Formelreichtums und der häufigen Übernahme zusätzlicher Orationen aus dem Altgelasianum jedoch den Urtypus der Gelasiana mixta sehen zu wollen, liegt nicht die geringste Veranlassung vor.

Nach den Sakramentaren werfen wir noch einen kurzen Blick auf die ältesten Lektionare, wobei wir das römische Epistelbuch (liber comitis)[79] von den oberitalienischen Lectionaria plenaria unterscheiden müssen.[80] Letztere haben von Anfang an als Ergänzung zu den gelasianischen bzw. junggelasianischen Sakramentaren gedient, wie sie auch verschiedentlich den betreffenden Handschriften als 2. Teil beigefügt waren.[81] Sie wurden auch schon früh, nachweisbar seit 700, mit deren Orationen zu einem »Formular« vereinigt, womit die Entwicklung zum Vollmeßbuch eingeleitet war. Außer der erwähnten Handschrift in Montecassino (CLLA Nr. 701) ist hier nochmals das Fragment von Zadra aus der 1. Hälfte des 8. Jahrhunderts (CLLA Nr. 1280) zu nennen, da es im Sakramentarteil ein Junggelasianum im Typus von S darstellt.

Wie das Fest Mariä Verkündigung in den ältesten Handschriften des Liber comitis fehlt – u. a. in einem aus dem Kloster Corbie stammenden Exemplar in Leningrad aus dem Ende des 8. Jahrhunderts (CLLA Nr. 1005) –, so fehlt es auch in der ältesten Vollhandschrift eines Lectionarium plenarium, das in Oberitalien, vermutlich in Monza, geschrieben ist (CLLA Nr. 1210). Während es hier (als Nachtrag der Vorlage) wenigstens im Anhang erscheint, fehlt es im Lektionar von Verona aus dem 9. Jahrhundert (CLLA Nr. 1253)[82] und im Palimpsest-Lektionar in der Vaticana aus dem Ende des 8. Jahrhundert (CLLA Nr. 1225) noch ganz.

Dies alles läßt abermals darauf schließen, daß weder das Altgelasianum, zu dem das Monzaer Lektionar, noch die Junggelasiana, zu denen die beiden anderen genannten Zeugen zu rechnen sind, das Fest am 25. März ursprünglich gekannt haben.

Während man im Orient Mariä Verkündigung, wie gesagt, am 25. März sicher schon vor 624 feierte, wurde das Fest in Rom wohl erst durch den in griechischer Tradition aufgewachsenen Papst Sergius (687–701) in das stadtrömische Sacramentarium Gregorianum eingefügt. Etwa zur gleichen Zeit – vielleicht auch schon etwas früher – dürfte das Fest in Ravenna sowie in den übrigen Kirchen Oberitaliens allmählich Eingang gefunden haben. Im oberitalienischen Bo aus der 1. Hälfte des 8. Jahrhunderts findet sich wohl das Formular für ein Marienfest im Februar/März, das Fest am 25. März findet sich jedenfalls noch nicht.

Aus diesen manchmal etwas umständlichen, für den Nichtfachmann jedenfalls schwierigen Vergleichen zwischen den einzelnen Formularen für das Fest Mariä Verkündigung gewinnen wir folgende Erkenntnisse:

1. Das Urformular, das im (gallikanischen) Bobbio-Missale ge-

nauso wie im (ravennatischen) Altgelasianum, in den Junggelasiana und den Beneventana Verwendung gefunden hat, könnte noch aus der Zeit vor dem Konzil von Ephesus (431) stammen. Dies legt die Fassung der Gebete, die keine besonderen Ehrentitel für die Gottesmutter aufweisen, nahe.

2. Unser Formular trägt im Bobbio-Missale die Überschrift »In sanctae Mariae sollemnitate« und war hier für ein (allgemeines) Marienfest (im Februar oder März) bestimmt. Die Orationen des Urformulars wurden zum Teil vom Redaktor des Gelasianum zur Bildung eines eigenen Formulars übernommen, das noch keine Beziehung zum späteren Fest am 25. März hatte. Vielleicht war es für den Weihetag einer Muttergottes-Kirche zusammengestellt worden. Zu denken ist an die unter Bischof Ecclesius um 530 in Ravenna errichtete Marien-Basilika.

3. Das Fest Mariä Verkündigung hat in der Urgestalt des Gelasianum – wenn auch das Formular, wie gesagt, als solches bereits vorhanden war – sowie des Gelasianum mixtum noch gefehlt. Dies beweist, neben dem Fehlen des Festes in den dazu gehörenden Lektionaren, die verschiedene Ausbildung in den einzelnen Lokal-Typen.

4. Wäre das Gelasianum mixtum, wie vielfach behauptet wird, erst um 750, also nach Einführung des Festes Mariä Verkündigung, entstanden, bliebe es unverständlich, warum in den einzelnen Handschriften kein einheitliches Meßformular für diesen Tag vorhanden ist, zumal sonst auffallende Übereinstimmung besteht.

Exkurs

Das »Missale Gallicanum Vetus«:
Fragmente dreier gallikanischer Sakramentare, darunter eines
aus Oberitalien

Das »Missale Gallicanum Vetus« (= GV) liegt seit 1958 in einer
kritischen Neuausgabe vor, an der die inzwischen verstorbenen
Benediktiner C. Mohlberg, L. Eizenhöfer und P. Siffrin beteiligt
waren.[1] Es wurde dabei deutlich, daß es sich nicht um Teile eines
einzigen Meßbuches handelt, sondern um umfangreiche Fragmente
dreier gallikanischer Sakramentare. Dazu nun über die Untersuchungen der Herausgeber hinaus einige Bemerkungen, die auf das von
P. Siffrin vorgelegte reiche Vergleichsmaterial aufbauen.

Fragment I stellt einen Libellus dar mit der Propriumsmesse des
heiligen Germanus und nachfolgender »Benedictio uirginis« bzw.
»uiduae« der nach Schluß der 1. Lage unvollständig abbricht (Formeln 1–16).

Fragment II ist das Bruchstück eines gallikanischen Meßbuchs mit
Teilen der »Missa in traditione symboli« und der »Expositio symboli« (Formeln 17–28). Diese beiden Fragmente stammen auf Grund
des paläographischen Befundes aus der Gegend von Luxeuil. Auch
innere Kriterien weisen dorthin, so die Beziehungen der genannten
Missa zum Missale Gothicum und der Wortlaut des Symbolum
selbst, das eine Erweiterung desjenigen Textes darstellt, wie ihn
Faustus von Reji († 490) überliefert.[2] Besonders hingewiesen sei auf
die Lageziffer II, die sich auf der letzten Seite dieses Fragmentes
findet. Daraus folgt nämlich, daß das ehemalige Meßbuch – vielleicht
handelt es sich lediglich um einen Libellus – mit der Messe am
Palmsonntag, wo die »Traditio symboli« stattfand, begonnen hat.
Auf dem vorausgehenden verlorengegangenen Quaternio I hat nämlich nur mehr der Anfang der »Missa in symboli traditione« Platz
(Praefatio, Collectio, Post nomina, Ad pacem, der 1. Teil der Contestatio).

Fragment III, das den weitaus größten Teil des sog. Missale
Gallicanum Vetus ausmacht (Formel 29–266), stammt nach B. Bischoff »aus dem nordöstlichen Quadranten Frankreichs (von Paris
aus gezogen)«. Als Entstehungszeit nimmt E. H. Zimmermann die

Zeit um 770 an. Auf Grund eines Nachtrags auf den letzten Blättern ist zu schließen, daß sich das Meßbuch im 9. Jahrhundert im Nazarius-Kloster in Lorsch (oder in Murbach) befand.

Von diesem Sakramentar sind die ehemaligen Quaternionen XXVIII, XXVIIII, XXXII–XXXVIII und Teile von zwei diesen vorausgehenden Lagen erhalten. Eine Reihe von Indizien ermöglicht es, die Heimat der Vorlage dieses Missale näher zu bestimmen. Wir gehen wieder aus vom Symbolum, das einen wesentlich anderen Wortlaut aufweist als das in Fragment II. Während dieses deutlich gallischen Ursprung verriet, weist jenes auf Oberitalien. Es stimmt, von geringfügigen Varianten abgesehen, wörtlich mit dem im Bobbio-Missale überein und stellt eine Weiterbildung desjenigen Textes dar, wie ihn Rufinus von Aquileja († 410) überliefert.[3] Besondere Beachtung verdient die in beiden genannten Fassungen in gleicher Weise vorkommende Wendung: »descendit ad inferna«, von der Rufinus sagt: »Sciendum sane est, quod in ecclesiae Romanae symbolo non habetur additum ›descendit ad inferna‹, sed neque in Orientalis ecclesiis habetur hic sermo«.

Für einen oberitalienischen Ursprung der Vorlage des GV sprechen weiterhin folgende Tatsachen: die Verwendung des Kommentars des genannten Rufinus bei der Traditio symboli (Formel 65), die innigen Beziehungen im Formelbestand zum Bobbio-Missale, ferner zum ambrosianischen Meßbuch von Bergamo, wie die Übersichtstabellen von P. Siffrin S. 112 ff. deutlich machen, und schließlich der starke Einfluß des Gelasianums, auf den ebenfalls P. Siffrin S. 129 ff. ausführlich hingewiesen hat.

Wie ist dieser Einfluß des Gelasianums bzw. des noch älteren kampanischen Sakramentars, der sich auch im Bobbio-Missale bemerkbar macht, zu erklären? Schon E. Bishop hat darauf hingewiesen, daß das als »Gelasianum« gezeichnete Sakramentar vermutlich in Ravenna unter Bischof Maximian (546–553) aus römischen Libelli zusammengestellt worden ist.[4] Daß es von Ravenna aus schon früh weiter nach Norden gewirkt hat, ist sehr verständlich; ebenso aber auch die Tatsache, daß man sich nicht sofort von den alten bisher gewohnten Texten trennen wollte, zumal, wie es scheint, der immer noch gebrauchte gallikanische Ritus eine völlige Übernahme des neuen Meßbuch-Typus nicht erlaubt hat. So hat man, so gut es ging, Formeln aus diesem in das bisher verwendete Meßbuch eingebaut, ähnlich wie man später gregorianische Formeln in das Gelasianum übernahm (Gelasiana saec. VIII). Standen jedoch keine entsprechenden zur Verfügung, so beließ man die gallikanischen Gebete (z. B. Missa in symboli traditione, Collectiones in Rogationibus u. a.). Einige kleinere Hinweise sollen noch den oberitalienischen Ursprung des Typus von GV beweisen, so der sog. Exorzismus S. Ambrosii (Formel 61), die Überschriften einzelner Orationen und nicht zuletzt die Formel 29 »Ds qui creaturae« zu Beginn des Fragments, die wohl zu einer »Missa cottidiana« gehört hat und die sich nur in oberitalienischen bzw. von diesen abhängigen Sakramentaren findet, so in Bergamo, Padua, den Kiewer Fragmenten und im Pragense; in letzterem mit der gleichen fehlerhaften Lesart wie in GV »gratie« statt »gratia« (232,1).

Interessant ist die Notiz in Fragment III (Nr. 35): »POST HAEC: Hanc igitur oblationem«, die eine allmähliche Übernahme des römischen Canon Missae verrät, der im Bobbio-Missale bereits vollständig eingeführt erscheint. Dies ist in unserem Fragment auch in der Gründonnerstags-Messe der Fall (vgl. die Formeln 83–86). Die »Collectio ante orationem dominicam« zeigt jedoch bereits wieder gallikanischen Ursprung.

Zusammenfassend können wir das Fragment III als den Rest eines gallikanischen Sakramentars mit zahlreichen nicht-gallikanischen (römischen) Elementen bezeichnen, wie es um das Jahr 700 in Oberitalien gebraucht worden ist. Es ist am nächsten mit dem Bobbio-Missale aus der gleichen Gegend verwandt.

Irische Liturgiebücher
und ihre Verbreitung auf dem Kontinent

Unter den frühen Liturgiebüchern des Abendlandes sind die aus Irland stammenden zweifellos die interessantesten und zwar deshalb, weil sich hier, vermutlich wegen der Insellage am Rand des Kontinents und des konservativen Charakters der Bewohner, Typen erhalten konnten, die anderswo längst ausgestorben waren oder sich dort im Laufe der Zeit stark verändert haben.[1] Dazu kommt, daß die Hauptmasse der aus dem Abendland stammenden Liturgiebücher erst im 8. Jahrhundert allmählich einsetzt und daher die ältesten Handschriften mit den Urtypen verloren gegangen sind.[2]

Leider sind auch die irischen Liturgiebücher nur aus relativ später Zeit und dazu noch lückenhaft überliefert, sodaß die erhaltenen Zeugen keinen vollständigen Einblick in die Gestalt der Liturgie auf der Insel in der Frühzeit vermitteln. Was uns vor allem fehlt, ist eine eingehende Beschreibung des Meßritus, ein sogenannter »Ordo«.

1. *Die irischen Meßlibelli.* Wir beginnen mit den Büchern, die der Priester bei der Feier der Messe benützt hat, den Sakramentaren (Liber sancramentorum), so genannt, weil sie die Formulare bei der Spendung der einzelnen Sakramente, zu denen auch die Feier der Eucharistie gehört, enthalten.[3]

Aus Irland sind zwei grundsätzlich verschiedene Typen auf uns gekommen. Der eine Typus stellt einen Libellus dar, in dem, ähnlich wie noch jetzt im »Hieratikon« der östlichen Riten, eine »Missa canonica« mit nur ganz wenigen veränderlichen Texten für bestimmte Tage zu finden ist.[4] Der andere Typus entspricht den bekannten abendländischen Meßbüchern. In ihm begegnet uns eine größere Reihe von Formularen, die für einige besondere Tage und die Feste des Kirchenjahres abgefaßt und thematisch ganz auf diese ausgerichtet sind.[5] Die wenigen Gebete, die in der Messe unveränderlich waren, wurden hier meist dem ersten Formular eingefügt. In den römischen Sakramentaren sind sie später als »Canon missae« dem Buch vorangestellt.[6]

Den Hauptvertreter des zuerst genannten Typus und zugleich die einzige Vollhandschrift stellt das sogenannte *Stowe-Missale* dar. Es wird angenommen, daß die Handschrift nach 792 entstanden ist.

Durch den Priester Móel cáich wurden später Hinzufügungen vorgenommen.[7] Dieses in Irland geschriebene Buch wurde im 18. Jahrhundert von dem Iren John Grace († 1789) in Deutschland (der Ort ist unbekannt) gefunden;[8] es besteht aus 57 Blättern, deren ursprüngliche Folge beim Binden durcheinander geraten ist. Vorausgehen 11 Blätter mit dem Text des Johannes-Evangeliums.

Das eigentliche Meßbuch beginnt mit einer »Apologia sacerdotis«, einem Vorbereitungsgebet des Zelebranten, wonach die »Missa canonica« als gleichbleibendes Meßformular einsetzt (fol. 12). Diese trägt an der Spitze eine altertümliche, kurze Allerheiligenlitanei mit vorausgehender Antiphon »Peccavimus domine . . .«; fol. 15 begegnet uns die Überschrift:

Orationes et preces missae ecclesiae romanae.

Was folgt, ist im wesentlichen der Ritus der römischen Messe mit einigen wenigen gallikanischen Zusätzen, darunter fol. 16 die »Deprecatio sancti Martini pro populo«, eine Litanei, die den Ektenien in den orientalischen Riten sehr ähnlich ist, sowie das nachträglich eingefügte »Post sanctus«-Gebet: »Benedictus qui venit de caelis . . .«, womit im gallikanischen Ritus, ähnlich wie in den Riten des Ostens, zum Einsetzungsbericht übergeleitet wird.[9] Der Canon, der in den beiden Memento-Gebeten Erweiterungen zeigt, trägt den sonst nicht bezeugten Titel:

Canon dominicus papae gilasi

und entspricht seinem Wortlaut nach der auch in einigen anderen Handschriften überlieferten vorgregorianischen Fassung.[10] Die Fractio panis, das Brotbrechen, findet noch vor dem Paternoster statt.[11]

Unser Libellus enthält außerdem ein Formular mit den veränderlichen Texten für Heiligenfeste (»Missa apostolorum et martirum et sanctorum et sanctarum virginum«), eine Messe für die Büßer (»Missa pro penitentibus vivis«) und eine für die Verstorbenen (»Missa pro mortuis pluribus«). Wir finden ferner (fol. 47–60) den Ritus der Taufe (»Ordo baptismi«) mit anschließender Kommunionspendung sowie (foll. 60–65) die Gebete beim Versehgang (»Ordo ad infirmum visitandum«), wie er auch in anderen irischen Quellen, so dem Book of Dimma, dem Book of Mulling und dem Book of Deer zu finden ist. Den Schluß (foll. 65–67) bildet ein Traktat über die heilige Messe in irischer Sprache.[12]

Eine Schwesterhandschrift zum Stowe-Missale befand sich einst in der Klosterbibliothek von Fulda. Sie ist jetzt verloren. Aus ihr hat 1555 G. Witzel einige Stücke ediert, die mit den entsprechenden im Stowe-Missale übereinstimmen.[13]

Etwas älter als die beiden genannten Handschriften sind *Fragmente* von irischen Meßbüchern in der Stiftsbibliothek von St. Gallen. Sie stammen aus dem 8. Jahrhundert und sind vermutlich ebenfalls in Irland geschrieben, vielleicht aber auch von einem irischen Schreiber auf dem Festland.

Von der ersten Handschrift sind nur die beiden Schmuckseiten erhalten (mit liturgischem Text jeweils auf der Rückseite).[14] Die in diesem Fragment zu erkennende künstlerische Ausstattung darf als typisch für die älteren irischen Sakramentare angesehen werden. Auf dem Blatt finden wir ein durch Bandverschlingungen verziertes Kreuz, ähnlich wie es noch heute in orientalischen Meßbüchern, besonders in solchen des koptischen Ritus,[15] zu Beginn der Anaphora vorkommt. Die andere Zierseite stellt eine reich ausgeschmückte P-Initiale zur Eingangs-Litanei der »Missa canonica« dar.

Das 2. St. Galler Fragment enthält Teile einer Messe für die Verstorbenen.[16] Als Evangelium ist die lange Perikope von der Auferweckung des Lazarus (Jo 11,14–45) gewählt. Obwohl die Schrift etwas von der im vorausgenannten Fragment verschieden ist, könnte unser Doppelblatt trotzdem aus der gleichen Handschrift stammen.

Das 3. Fragment beinhaltet Teile des »Ordo ad infirmum visitandum«, wie er uns auch im Stowe-Missale begegnet.[17]

Das 4. Fragment zeigt Gebete bei der Einkleidung einer Jungfrau und ein Totengebet. Auch hier wieder fragt man sich, ob nicht diese Blätter ebenfalls aus der gleichen Handschrift stammen.[18]

Das letzte St. Galler-Fragment enthält Teile der Missa canonica und entspricht weitgehend den entsprechenden Stücken im Stowe-Missale.[19] Besondere Beachtung verdienen die in etwas kleinerer Schrift geschriebenen Kommuniongesänge.[20] Unser Fragment stammt sicher aus einem anderen Libellus als die voraus genannten.

Zuletzt im Kloster Murbach befand sich eine Handschrift, aus der nur mehr ein einziges Blatt erhalten blieb. Es zeigt gepflegte irische

Schrift sowie ausgezeichnete Initialen und beinhaltet den Schluß der Weihe einer Jungfrau und den Beginn der Segnung einer Witwe (»Benedictio viduae«). Die Rubriken sind in kleiner Schrift gehalten.[21]

Drei verschiedene Fragmente aus dem Kloster Reichenau sind alle palimpsestiert und nicht mehr vollständig zu lesen. Doch dürfte es sich ebenfalls um Reste irischer Meß-Libelli handeln.[22]

Während alle bisher genannten Handschriften einspaltig geschrieben sind, ist ein weiteres Doppelblatt aus der Reichenau zweispaltig angelegt; es enthält Teile einer Messe zum Gedächtnis der Märtyrer (»in commemoratione beatissimorum martirum«). Der Text nach dem Einsetzungsbericht geht weitgehend mit der entsprechenden Partie im Stowe-Missale zusammen.[23]

Als erster hat J. Hennig die Bedeutung dieser liturgischen Zeugnisse erkannt und darauf hingewiesen, daß in ihnen nur wenige Meß-Formulare vorhanden sind, die im Gegensatz zu den übrigen abendländischen Sakramentaren auf das Kirchenjahr überhaupt keinen Bezug haben.[24]

Hier scheint alter römischer Brauch vorzuliegen. In Rom hat es bis ins 6. Jahrhundert hinein und zwar bis in die Zeit Gregors d. Gr. (590–604) überhaupt kein offizielles Jahres-Sakramentar gegeben. So hat noch Papst Vigilius (538–555) an den Metropoliten von Braga (in Galläcien) Profuturus auf dessen Bitte um ein stadtrömisches Meßbuch lediglich einen Meß-Libellus mit der »Canonica prex« (Eucharistiegebet) und einen Tauf-Ordo übersandt, wie wir aus einem Brief des Papstes an Profuturus wissen.[25]

Es ist naheliegend anzunehmen, daß die oben genannten irischen Meß-Libelli von einem Exemplar abstammen, das der erste Bischof Irlands, von dem wir wissen, aus Rom mitgebracht hat. Es war der Römer Palladius, der i. J. 431 von Papst Coelestinus (422–432) zum Bischof geweiht und zusammen mit vier Priestern mit der Betreuung der bereits damals zahlreich in Irland lebenden Christen betraut worden ist.[26]

Ein Bischof bringt für seine Missionsarbeit in der Regel die in seiner Heimat gebräuchlichen Liturgiebücher mit. Ein bekanntes Beispiel stellt das Evangeliar dar, das Papst Gregor d. Gr. i. J. 597 seinem Legaten Augustinus nach England mitgegeben hat und das noch erhalten ist.[27]

Typisch für die römische Liturgie ist die zu Beginn der genannten irischen Libelli stehende Allerheiligenlitanei, ebenso die vorausgehende Antiphon »Peccavimus domine«. Es handelt sich bei letzterer um den Gesang in der Collecta-Kirche, bevor sich die Prozession zur Stationskirche in Bewegung setzte. Bei dieser Prozession durch die Straßen Roms wurde die genannte Litanei (»Letania«) gesungen, wobei die einzelnen Bitten öfters (bis zu siebenmal) wiederholt wurden.[28]

Als zur frühen Liturgie Roms zugehörig hat auch die umfangreiche Präfation zu gelten, wie sie im Stowe-Missale vorkommt (in den Fragmenten ist die betreffende Partie nicht erhalten). Wie gezeigt werden konnte,[29] stammt dieses Eucharistiegebet noch aus der Zeit vor 400. Es begegnet uns außer hier und einem späten irisch beeinflußten Sakramentar nur mehr in einer mittelitalienischen Handschrift aus der Zeit um das Jahr 1000.[30] Wir sprachen oben bereits darüber.

Wenn man sich daher ein Bild von der Frühgestalt der römischen Meßfeier machen will, muß man die irischen Libelli des 8. und 9. Jahrhunderts eingehend studieren. Doch ist es notwendig, die späteren (gallikanischen) Zusätze von den primären (römischen) Partien zu trennen. Letztere dürften, wie gesagt, auf ein Meßbuch zurückgehen, das der heilige Palladius aus Rom mitgebracht hat und das fast 400 Jahre in Irland in Gebrauch geblieben ist, also noch in einer Zeit, als sich auf dem Festland bereits das Sakramentar des Papstes Gregor (Gregorianum) durchgesetzt hatte und in Italien die ersten Plenarmissalien entstanden sind.[31]

2. *Die irischen Jahres-Sakramentare.* Wir kommen nun zu einer weiteren Gruppe irischer Meßbücher, den gallikanischen Jahres-Sakramentaren. Auch hier ist die handschriftliche Überlieferung lückenhaft, ja noch lückenhafter als bei den Meß-Libelli.

Das wichtigste Dokument ist eine *Palimpsest-Handschrift*, die wahrscheinlich im 7. Jahrhundert, spätestens aber um 700, und zwar, wie die typisch irische Majuskel zeigt, in Irland entstanden ist.[32] Das Meßbuch beginnt mit Weihnachten und enthält Formulare für die Feste, die im 4./5. Jahrhundert gefeiert worden sind, d. h. ganz wenige Heiligenfeste (außer den Aposteln nur die Macchabäer, Johannes d. T., Stephanus, Cyprian und Martin).

Die Erstbeschriftung der Pergamentblätter unseres Codex wurde in der Mitte des 9. Jahrhunderts abgeschabt und von einem Mönch aus dem Kloster St. Emmeram in Regensburg mit einem »Liber glossarum« neu beschrieben. Eine liturgische Verwendung der Erstschrift in Regensburg läßt sich nicht nachweisen.

Von dem alten Codex sind relativ viele, nämlich 82 Blätter erhalten, was mehr als die Hälfte des ehemaligen Liturgiebuches ausmacht. Bei ihrer Wiederbeschriftung sind die einzelnen Blätter verständlicherweise nicht mehr in der ursprünglichen Ordnung in den Codex eingereiht worden. Trotzdem ist es den Herausgebern, Alban Dold und Leo Eizenhöfer, in mühevoller Arbeit gelungen, die ehemalige Folge wieder herzustellen. Doch konnten wegen der teilweise starken Schabung und der eng geschriebenen Zweitschrift, trotz Verwendung der modernen Palimpsest-Photographie, nicht mehr alle Seiten vollständig entziffert werden.[33]

Unser Liturgiebuch gehört zur älteren Gruppe der gallikanischen Sakramentare, eines noch im 4. Jahrhundert, wie angenommen werden darf, ausgebildeten Meßbuchtypus, der auf Hilarius von Poitiers († 367) zurückgeht und sich schon bald über die Grenzen Galliens hinaus ausgebreitet hat.[34]

Dieser sogenannte gallikanische Ritus unterscheidet sich wesentlich vom römischen und ähnelt mehr dem byzantinischen Ritus. Wir finden ihn bereits um 400 in Oberitalien und später auch in Spanien und im bairischen Raum. Er wurde in Frankreich um 750 durch königlichen Erlaß abgeschafft.[35]

Besonders reich war in der Messe der Wortgottesdienst gestaltet. Wir finden hier den Gesang des »Aius« in lateinischer und griechischer Sprache, wie in den orientalischen Liturgien, und im Gegensatz zum römischen Ritus regelmäßig drei Lesungen. Der Einzug mit den Opfergaben war ähnlich gestaltet wie der »Große Einzug« in der byzantinischen Liturgie, während es hingegen in Rom üblich war, daß der Papst zusammen mit seiner Begleitung die Opfergaben direkt von den Gläubigen entgegennahm.[36]

Daß unser Palimpsest-Meßbuch in Irland abgeschrieben worden ist, zeigt, daß hier zum mindesten in einigen Kirchen der gallikanische Ritus Fuß fassen konnte, ohne jedoch den ursprünglichen (römischen) zu verdrängen. Er hat jedoch auf diesen eingewirkt, wie gallikanische Formeln im Stowe-Missale deutlich machen.[37]

Außer der St. Emmeramer Palimpsest-Handschrift wird in der Universitätsbibliothek von Würzburg das Doppelblatt einer Handschrift des gleichen Typus aufbewahrt. Das Fragment zeigt Teile des Martinus-Formulars und entspricht fast genau dem Text des besprochenen Codex. Das ehemalige Meßbuch, aus dem es stammt, war ebenfalls palimpsestiert und stammte aus dem 8. Jahrhundert. Geschrieben war das Meßbuch in Irland. Wann es auf das Festland gekommen ist, wissen wir nicht.[38] Einen etwas anderen Typus stellt ein Sakramentar-Fragment in Piacenza dar. Es wurde im 9. Jahrhundert auf dem Kontinent geschrieben und war zuletzt im Kloster Bobbio.[39] Wir finden hier Teile von zwei Sonntagsmessen (»Missae cottidianae«) und den Anfang eines »Ordo missae sanctae Mariae«. Die Rubriken sind in irischer Sprache gehalten (z. B. lándiunach = eine volle Waschung). Eine der Präfationen begegnet uns auch im sog. Bobbio-Missale. Letzteres wurde früher ebenfalls zur irischen Liturgiefamilie gerechnet; es gehört jedoch mit Sicherheit zur Gruppe der oberitalienischen gallikanischen Sakramentare.[40]

Aus der vom Diakon vorgelesenen Diptychon-Formel der gallikanischen Liturgie dürfte auch der Einschub in den römischen Canon (nach dem Memento mortuorum) im oben genannten Stowe-Missale stammen, den wir hier in Übersetzung, gekürzt, anführen möchten:

Mit allen heiligen und ehrwürdigen Priestern, die in der ganzen Welt das geistliche Opfer Gott dem Vater und dem Sohn und dem Heiligen Geist darbringen, opfert unser Ältester (senior noster), der Presbyter N., für sich und die Seinen und für die Versammlung der ganzen katholischen Kirche und für das Gedächtnis der Gottesstreiter aller Stufen: der ehrwürdigen Patriarchen, Propheten, Apostel und Märtyrer und aller Heiligen, daß sie für uns vor Gott, unserm Herrn, Fürsprache einlegen möchten: des Abel, Seth, Henoch, Melchisedech, Abraham, Isaak *(es folgen zahlreiche weitere Namen)*, des Paulus, Antonius und der übrigen Väter der sketischen Wüste, ebenso der Bischöfe Martin, Gregor, Maximus, Felix *(weitere Namen irischer Bischöfe)*, desgleichen der Priester Finnian, Ciaran, Oengus, Enda ... und aller Entschlafenen (omnium pausantium), die uns im Frieden des Herrn vorangegangen sind von Adam bis zum heutigen Tage, deren Namen Gott (allein) kennt.

Das in dieser Form uralte Totengedächtnis hat, worauf erstmals Friedrich Heiler aufmerksam macht, eine nicht zu übersehende Ähnlichkeit mit einer entsprechenden Formel in der nestorianischen Liturgie unmittelbar vor der Anaphora.[41]

Zu den Zeugen der jüngeren irischen Meß-Liturgie gehören das Missale Drumondiense aus dem 11., das Corpus-Missal aus dem 12. und das Rosslyn-Missal aus dem 13./14. Jahrhundert. In diesen Liturgiebüchern sind nur noch Reste des ursprünglichen irischen Ritus vorhanden.[42]

Nicht dazuzurechnen sind, trotz der inselländischen Schrift, alle liturgischen Handschriften, die zur angelsächsischen Liturgie gehören, so das Sakramentar des heiligen Bonifatius aus der Zeit um 739, das zuletzt in Regensburg aufbewahrt wurde und von dem bis jetzt aus Beständen des Bischöflichen Archivs drei Doppelblätter aufgetaucht sind.[43] Unsicher ist noch die liturgische Zugehörigkeit eines Einzelblattes mit Gebeten aus dem Beerdigungsritus, das in irischer Schrift geschrieben ist. Das ehemalige Liturgiebuch, vielleicht eine Art Rituale, befand sich zuletzt ebenfalls in Regensburg.[44] Es könnte auch der angelsächsischen Liturgie zuzurechnen sein.

3. *Bücher für das Stundengebet.* Bis jetzt war nur von Handschriften die Rede, wie sie bei der Feier der Messe sowie bei der Sakramentenspendung und bei sonstigen rituellen Verrichtungen Verwendung gefunden haben. Weiterhin sind irische Liturgiebücher aufzuzählen, die beim Stundengebet gebraucht wurden.

Das Officium divinum der irischen Mönche wird in der Klosterregel des heiligen Columban († 615) kurz umrissen,[45] ebenso in den verwandten Klosterregeln späterer Zeit, so im »Ordo monasticus« von Kil-ros und in der »Regula ad virgines« des Bischofs Donatus († nach 656).[46] Aufschlußreich sind weiterhin die Angaben, die eine »Ratio decursus« des 8. Jahrhunderts über den »Cursus scottorum« macht.[47]

Uns interessieren hier die einzelnen Handschriften für das Chorgebet. Es sind nur wenige.

Die einzige (fast) vollständig erhaltene Handschrift eines *Antipho-*

nale befindet sich heute in der Biblioteca Ambrosiana von Mailand. Der Codex wurde zwischen 680 und 691 in irischer Halbunziale im Kloster *Bangor* geschrieben und befand sich später (bis 1606) im Kloster Bobbio.[48]

In diesem Liturgiebuch finden sich vor allem Gesangsstücke, wie sie bei der Feier des Stundengebets, besonders des Morgengottesdienstes (»Ad matutinum«) gebraucht worden sind, neben einigen Gesängen für die Meßfeier, so der »Hymnus quando communicant sacerdotes«. Für das Officium bestimmt sind: sechs Cantica, eine Sammlung von zwölf Hymnen sowie zahlreiche Kollekten und Antiphonen. Der erste Hymnus trägt den Namen des Hilarius (Hymmus sancti Hilarii de Christo) an der Spitze. Bei anderen werden irische Namen wie Patrick, Comgall und Camelacus als Verfasser genannt.

Neben dem Antiphonar von Bangor sind Reste eines weiteren derartigen Liturgiebuches erhalten, die sich jetzt in Turin befinden. Die ehemalige Handschrift war Anfang des 8. Jahrhunderts in Irland entstanden und befand sich ebenfalls zuletzt im Kloster Bobbio.[49] Es sind drei Doppelblätter auf uns gekommen, die erkennen lassen, daß es sich um eine Schwesterhandschrift des Antiphonars von Bangor handelt.

Zu einem anderen Typus vermutlich gehört der Rest einer *Hymnen-Sammlung*, die in der 2. Hälfte des 8. Jahrhunderts wahrscheinlich in Irland geschrieben ist, jedenfalls aber irische Majuskel (in 23 Langzeilen) zeigt.[50] Das aus zwei Blättern bestehende Fragment enthält Hymnen, wie sie auch im Antiphonar von Bagor vorkommen, so den ersten: »Hymnum dicat turba fratrum« und den Hymnus »Spiritus divinae lucis gloriae«, ferner das »Te Deum«. Möglicherweise handelt es sich aber um kein Antiphonar, sondern um eine reine Hymnensammlung (des Niceta von Remesiana?).[51]

Es sind noch palimpsestierte Einzelblätter aus weiteren sechs Antiphonale-Handschriften erhalten geblieben, die jedoch nur zum Teil entzifferbar sind. So konnte Alban Dold von einem Fragment in Karlsruhe, das aus der Reichenau stammt, zwei Seiten entziffern. Petrus Siffrin hat auf die Gleichheit zweier Formeln mit Texten im Antiphonar von Bangor hingewiesen.[52]

In irischer Schrift geschrieben sind auch größere Fragmente eines Responsoriale; doch dürfte das ehemalige Liturgiebuch eher dem angelsächsischen Bereich zuzuweisen sein.[53] Hierher gehören jedoch wieder die »Benedictiones Bobienses«, die A. Wilmart herausgegeben hat.[54] Den Geist byzantinischer Liturgie atmet das erste dieser Gebete (»Oratio de absida« überschrieben):

Gott, du ewiges Licht, du ewige Herrlichkeit, wahres Licht, das jeden Menschen erleuchtet, der in die Welt kommt: Deine lichtdurchflutete Herrlichkeit erfüllt Himmel und Erde; sie erstrahlt den Engeln, und ihr ewiger Glanz zeigt machtvoll den Menschen deine Gerechtigkeit. Licht, das in der Finsternis aufgeht und dem die Finsternis nichts anhaben kann. Erhöre, erhöre, erhöre uns. Schaffe uns Recht, erleuchte uns, entzünde in uns das Feuer deiner Liebe, damit wir uns nach dem erquickenden Schlaf zu guten Taten erheben, im Licht dieses Tages recht leben und bei Tag und bei Nacht mit all unserem Sinnen zu unserem Heil dein Gesetz erwägen.[55]

Ob als Vorlage ein Morgengebet aus irgend einer östlichen Liturgie gedient hat?

Zum Stundengebet werden weiterhin *Psalterien* benötigt. In Irland war die Verteilung der Psalmen auf die einzelnen Horen anders als in der römischen Kirche. Es wurden wesentlich mehr Psalmen rezitiert, so in der Vesper zwölf, ebenso in der ersten Nokturn (»initium noctis«) und in der zweiten (»medium noctis«). In der dritten Nokturn (»matutina«) wurden in der Winterzeit 36, an Samstagen und Sonntagen sogar 75 Psalmen gebetet.

Im folgenden können wir nur die älteren und bedeutenderen Psalterien aufführen. Die älteste derartige Handschrift stammt aus der 2. Hälfte des 6. Jahrhunderts.[56] Die Tradition bringt sie in Beziehung zum heiligen Columban. Interessant sind die »Tituli«, die an der Spitze der einzelnen Psalmen stehen, so z. B. bei Psalm 1: »De Ioseph dicit qui corpus Christi sepelitur«, und die Intention des christlichen Sängers wiedergeben.

Weitere Handschriften befinden sich in London (British Museum) aus dem 9./10. Jahrhundert, in Dublin (»Psalter of St. Caimin«) aus dem 11. und in der Biblioteca Vaticana aus dem 12. Jahrhundert.[57] Typisch für die irischen Psalterien (mit Ausnahme des »Psalters of St. Caimin«) ist die Ordnung der Cantica, die in Gruppen nach jeweils 50 Psalmen ihren Platz haben, sowie die Psalterkollekten.[58]

Neben die Hymnodie des Stundengebets tritt als halb private halb liturgische Andachtsform das *Litaneigebet*. Es wurde von den Iren auf dem Festland verbreitet und in Sonderheit im Kloster St. Gallen gepflegt. Als Beispiel sei der Anfang einer Jesus-Litanei angeführt:

O heiliger Jesus
o edler Freund
o Morgenstern
o herrliche Mittagssonne
o leuchtende Flamme der Gerechtigkeit und des ewigen Lebens
o immer neuer, immer lebendiger, immerwährender Quell
o Herzenssehnsucht der Patriarchen
o Verlangen der Propheten
o Meister der Apostel und Jünger
o Gesetzgeber
o Fürst des neuen Bundes
o Weltenrichter ...[59]

Eine reiche Bildersprache weisen auch die Litaneien zur Gottesmutter auf, die auf östliche Marien-Hymnen, vor allem den Akathistos-Hymnus, zurückgehen dürften.

Diese Litaneien sind zusammen mit Hymnen und weiteren Gebeten in mehreren Handschriften überliefert. Die älteste stammt aus der 2. Hälfte des 8. Jahrhundert und ist in England (Mercia) geschrieben.[60] Berühmt sind weiterhin der »Book of Nunnaminster« und der »Book of Cernes«. Letzterer ist geschrieben von einem Bischof Aethelwald und zwar, wie die vorausgenannte Handschrift, in angelsächsischer Schrift.[61]

Aus Irland wiederum stammt der »Liber hymnorum« in Dublin (11. Jahrhundert).[62] Er enthält eine Sammlung von 40 Hymnen in lateinischer und irischer Sprache, die in ihrer Gesamtheit wohl kaum für den Gottesdienst bestimmt waren.[63] Eine weitere derartige Handschrift stammt aus dem 12. Jahrhundert und befindet sich jetzt in Killiney (früher in Dublin).[64]

Im Kloster St. Emmeram in Regensburg wurde zu Beginn des 9. Jahrhunderts der Clm 14 248 geschrieben, der die Sermonen des Bischofs Augustinus zu Psalm 118 enthält. Hier begegnen uns am Schluß (nach fol. 159) verschiedene Cantica und Hymnen (»Te

Deum« und »Gloria«), danach (foll. 162–172) eine Sammlung privater Gebete, die deutlich irischen Einfluß erkennen lassen.[65]

Die Bedeutung der irischen Liturgiebücher für die Geschichte des Gottesdienstes liegt vor allem darin, daß in ihnen ältestes stadtrömisches und gallikanisches Liturgiegut erhalten blieb. Auch hier bestätigt sich die Beobachtung, die immer wieder zu machen ist, daß sich in der »Provinz« ältere Formen weit länger halten als in dem jeweiligen Zentrum.

So können wir uns nur anhand der irischen Meß-Libelli ein Bild von der Gestalt der frühen römischen Meßbücher machen. Auch das Sakramentar des Hilarius von Poitiers ist nur in irischen Zeugen deutlich zu erkennen, während die fränkischen und oberitalienischen Handschriften weiterentwickelte Formen zeigen.

Ein wesentlicher Einfluß der irischen Liturgie auf die gottesdienstliche Entwicklung im Abendland ist trotz der »irischen Mission« nicht sichtbar. Mit der Einführung des römischen Ritus im Frankenreich gegen 750 sind die bisher auf dem Festland verwendeten irischen Liturgiebücher samt den gallikanischen unbrauchbar geworden. Daß sie bis dahin vielerorts benützt wurden, zeigt eine Oration (»Ascendat oratio nostra . . .«) aus dem Stowe-Missale, die noch im 9. Jahrhundert mitten in einem Salzburger Formelbuch auftaucht.[66]

Den irischen Wandermönchen scheint es in erster Linie um die Durchdringung der bekehrten Christen mit monastischen Idealen gegangen zu sein. Wieweit jene selbst einer direkten liturgischen Beeinflussung vom byzantinischen Osten oder von Ägypten her unterlegen waren, wäre noch zu untersuchen. Einige Hinweise wurden von uns gebracht.

Die Plenarmissalien des römischen Ritus
bis zur Jahrtausendwende

Im »Handbuch der Liturgiewissenschaft« aus dem Jahr 1963 ist zu lesen: »Erst das 11. Jh. kann als das Jahrhundert des eigentlichen Vollmissale bezeichnet werden.«[1] Daß dies nicht zutrifft, werden die folgenden Ausführungen deutlich machen.

In den frühen Zeiten der römischen Liturgie waren bekanntlich, wie noch heute in den orientalischen Riten, die bei der Feier der heiligen Messe benötigen »Rollenbücher« noch nicht in einem »Missale« zusammengefaßt. Es gab folgende Einzelbücher: das Sakramentar mit dem Canon (auch dieser war anfänglich auf einer eigenen Tafel verzeichnet), den Orationen und Präfationen, mit Gebetstexten also, die der Zelebrant zu singen hatte,[2] dann das Evangeliar (Vierevangelienbuch) bzw. das Evangelistar (Perikopenbuch) für den Vortrag des Evangeliums durch den Diakon oder Priester,[3] außerdem den »Comes« (Epistelbuch)[4] und das Antiphonale mit den wechselnden Meßgesängen, von dem es wiederum einen Auszug gab, das Cantatorium oder Graduale, das ehedem nur die Gesänge (Responsorium graduale und Alleluia) enthielt, deren Vortrag an den Stufen (»gradus«) des Ambo erfolgte – daher sein Name – und Aufgabe des Cantors war.[5]

Schon früh wurden Comes und Evangelistar, also Epistel- und Evangelienbuch, miteinander vereinigt; doch blieben auch die getrennten Bücher bis ins hohe Mittelalter weiter in Verwendung, vor allem in der Missa solemnis.[6] Wir besitzen ein handschriftliches Zeugnis eines solchen »Comes duplex« bereits aus dem Ende des 6. Jhs.: einen Teil eines Doppelblatts mit Perikopen der Karwoche, wie sie genauso in den späteren Lektionaren bzw. Plenarmissalien zu finden sind.[7]

Als Redaktor dieses Meß-Lektionars können wir Bischof Maximian von Ravenna (546–556) vermuten, da von ihm gesagt wird, er habe »missales«, d. h. Bücher für die Messe redigiert,[8] und weil außerdem unser ehemaliger Codex nicht lange nach dem Tod des Bischofs in (der Gegend von) Ravenna abgeschrieben ist. Wie die erhaltenen Zeugnisse aus späterer Zeit deutlich machen, hat Maximian dabei neben lokalen Quellen vor allem stadtrömische benützt.[9]

Dieses in Ravenna ausgebildete Plenar-Lektionar war mehrere

Jahrhunderte hindurch, teilweise bis ins 13. Jh., in der Liturgie der abendländischen Kirche – wenn auch erweitert, so doch im wesentlichen unverändert – in Gebrauch. Es gab letztlich, schon vom Umfang her, die Grundlage für das Plenar-Missale ab, wie dieses auch verschiedentlich den Titel »Comes« trägt, so ein Meßbuch des 11. Jh. in Monte Cassino:

IN XPI NOMINE INCIPIT LIBER COMITE COMPOSITO A BEATO PAPA GREGORIO ET PAPA DAMASO ET IERONIMO PRESBITERO.[10]

Die hier genannten Verfasser galten im Mittelalter als die Urheber des Sakramentars (Gregorius),[11] bzw. des Antiphonale (Damasus)[12] und des Lektionars (Hieronymus).[13]

Die weitere Entwicklung zum Plenarmissale verlief stufenweise. Zuerst wurde der Doppel-Comes mit dem Sakramentar zu einem Buch vereinigt. Diese Stufe läßt sich handschriftlich schon früh, nämlich in einem um das Jahr 700 geschriebenen Liturgiebuch nachweisen, von dem umfangreiche Palimpsestblätter jetzt in Monte Cassino aufbewahrt werden, das aber, wie der ihm zugrundeliegende Doppel-Comes, in Ravenna entstanden sein dürfte. Dies legt nicht zuletzt auch die Schrift, in der das Buch geschrieben ist, nahe.[14]

Ein weiterer früher Zeuge einer ähnlichen Vereinigung von Perikopenbuch und Sakramentar stellen Fragmentblätter aus der 1. Hälfte des 8. Jh.s dar, die aus einem ebenfalls in Oberitalien geschriebenen Codex stammen und die heute in Zadar (Jugoslawien) aufbewahrt werden.[15]

Während damals in Gallien und im Raum nördlich der Alpen noch allgemein der gallikanische Ritus in Gebrauch war und hier erst im weiteren Verlauf des 8. Jh. stadtrömische Liturgiebücher Eingang gefunden haben,[16] ging die Entwicklung in Oberitalien seit dem 6. Jh. rapid weiter. Hier begegnet uns schon im 8. Jh. ein voll ausgebildetes Missale – genauso angelegt wie das spätere Missale Romanum –, das alle für die jeweilie Meßfeier benötigten Texte, »Formular« genannt, zusammengefügt enthielt: Introitus, Oration, Epistel, Graduale, Alleluja, Evangelium, Offertorium, Secret, Präfation, Communio, Postcommunio.[17]

Leider handelt es sich auch bei dem erhaltenen Zeugnis aus dem 8. Jh. nur um ein kleines Fragment – ein in Unziale geschriebenes

Doppelblatt –, doch zeigt dies bereits eine Stufe in der Entwicklung zum Vollmissale, wie sie in unserem Bereich (nördlich der Alpen) erst viel später erreicht wurde:

1. Plenarmissale-Fragment in der Vaticana aus Ober- oder Mittelitalien (8. Jh.); vgl. CLLA Nr. 1401.

Die Gesangstexte weisen noch keine Neumen auf. Sie sind, wie in den späteren Handschriften und den ältesten Drucken, in etwas kleinerer Schrift als die Gebets- und Lesetexte gehalten. Dies dürfte damit zusammenhängen, daß sie normalerweise nicht vom zelebrierenden Priester, sondern von einem Cantor vorgetragen worden sind.[18]

Wir können mit Sicherheit annehmen, daß es sich bei diesem Vollmissale nicht um das einzige Exemplar seiner Art gehandelt hat, wenn auch keine weiteren Zeugen aus dem 8. Jh. auf uns gekommen sind. Aus so früher Zeit hat bekanntlich nicht einmal ein Promille des ehemaligen Bestandes an liturgischen Handschriften die Stürme der Zeit, Krieg und Feuersbrunst, überdauert. Die wenigen Exemplare, die nicht untergegangen sind, wurden, nachdem sie veraltet waren, nicht aufgehoben; z. T. hat man deren Pergamentblätter abgeschabt und als »Palimpsest« neu beschriftet.

Im 9. Jh. werden die Zeugnisse bereits zahlreicher; es finden sich nun auch die ersten mehr oder weniger vollständig auf uns gekommenen Handschriften. Sie sind ausnahmslos in Ober- oder Mittelitalien geschrieben:

2. Plenarmissale in München (Clm 23 281) aus Oberitalien, zuletzt in Regensburg (9. Jh.); vgl. CLLA Nr. 1450.

Die Handschrift ist weithin vollständig. Das verhältnismäßig kleine Format und die Auswahl der Meßformulare – so fehlen z. B. einige Werktage der Fastenzeit und die meisten Heiligenfeste lassen seine Bestimmung als Reise-Missale vermuten. Einige Gesänge sind von etwas jüngerer Hand nachträglich mit Neumen versehen.[19]

3. Plenarmissale-Fragment in Pistoia, aus Mittelitalien (1. Hälfte des 9. Jh.); CLLA Nr. 1406.

Das kleine Fragment (1 Blatt) ist in Unziale geschrieben (die Gesangstexte in Minuskel).

4. Plenarmissale (unvollständig) von Lodi (bei Mailand), später im Kloster Wessobrunn (dort im 13./14. Jh. Hinzufügungen), jetzt in München (B. Hauptstaatsarchiv) (Mitte des 9. Jh.); vgl. CLLA Nr. 1460.

5. Plenarmissale-Fragment aus Oberitalien, später im Kloster Meschede, dann im Kloster Grafschaft, jetzt in Darmstadt (Hs. 752) (Ende des 9. Jh.); CLLA Nr. 1455.

6. Plenarmissale-Fragment in Heidelberg aus Oberitalien (Mitte oder Ende des 9. Jh.s); vgl. CLLA Nr. 1457.

7. Plenarmissale-Fragment aus Oberitalien, jetzt in Dublin (MS 2291); vgl. CLLA Nr. 1462.

Das um 900 geschriebene Liturgiebuch weist bereits Neumen von erster Hand auf.

8. Plenarmissale von Andechs, aus Mittelitalien (um oder nach 900); vgl. CLLA Nr. 1410.

Die älteste Vollhandschrift eines mittelitalienischen Plenarmissale (noch nicht ediert). Das Meßbuch hat in den späteren Jahrhunderten, so noch im 13. Jh., Anpassungen an den damals gültigen Ritus erfahren. Keine Neumen.

Die genannten Zeugen stammen nicht, wie man meinen könnte, alle vom gleichen Typus ab, sondern stellen meist selbständige Formen dar, je nachdem welcher Sakramentar-Typus dem Meßbuch zugrundeliegt: die verschiedenen Formen des Gelasianum mixtum (aus dem 7. Jh.)[20] oder des Gregorianum mixtum (aus dem 8. Jh.),[21] also Misch-Sakramentare, in denen Formulare entweder aus der Mitte des 6. Jh.s in Ravenna entstandenen sog. Gelasianum oder aus dem Ende des gleichen Jahrhunderts durch Papst Gregor d. Gr. ausgebildeten Gregorianum überwiegen.[22]

Im 9. Jh. wurde ein weiterer Plenarmissale-Typus ausgebildet, der später noch vereinzelt anzutreffen ist. In ihm sind die Gesangstexte nicht, wie bereits in den ältesten Handschriften, jeweils an ihrer Stelle ins Meßformular eingefügt, sie stehen vielmehr als eine in sich geschlossene Gruppe zu Beginn der jeweiligen Formulare vor der Oration. Aus dem 9. Jh. ist nur ein einziger Zeuge fragmentarisch erhalten geblieben:[23]

9. Plenarmissale-Fragment in London, vielleicht aus Mittelitalien, zuletzt in Stavelot (B. M., Add. 16606), aus dem 4. Viertel des 9. Jh.; vgl. CLLA Nr. 529.

Die Gesangstexte zeigen auch hier noch keine Neumen.

Wie die große Zahl der erhaltenen Handschriften beweist, konnte sich in Italien das Plenarmissale bereits im 10. Jh. weitgehend durchsetzen und die bisherigen Sakramentare mitsamt den Lektionaren und Antiphonalien fast ganz verdrängen. Während die vorgenannten Liturgiebücher noch keine Neumen aufweisen oder solche erst nachträglich in diese eingeschrieben worden sind, finden wir die meisten Plenarmissalien des 10. Jh.s mit Gesangsnoten versehen. Dies hat aber letzlich nur dann einen Sinn, wenn der Zelebrant selbst alle Gesänge vorgetragen hat.

Gegen das gewohnte, die anderen Priester bei ihrer Meßfeier jedoch störende laute Singen der Gesangstexte in der Privatmesse wenden sich im 11. Jh. die Vorschriften des Klosters Cluny sowie die Konstitutionen des Wilhelm von Hirsau.[24] Damit ist die »missa privata« zur »stillen Messe« geworden, welche in der Folgezeit, die »missa cantata« verdrängend, immer mehr zur Norm der Meßfeier in der abendländischen Kirche wird. Das gesungene Amt bleibt die Ausnahme. In der orthodoxen Ostkirche ist hingegen die »stille Messe« unbekannt.

Aus dem 10. Jh. sind folgende Handschriften bzw. Fragmente von Plenarmissalien auf uns gekommen:

10. Plenarmissale in Baltimore (Walters Art Gallery, MS W 11) aus Oberitalien, vielleicht S. Ambrogio in Ranchio (Diözesse Ravenna); vgl. CLLA 1465.

Die älteste vollständig erhaltene Plenarmissale-Handschrift aus Oberitalien mit Neumen![25] Edition ist vorbereitet.

11. Plenarmissale-Fragment in München Clm 17022) aus Oberitalien, Anfang des 10. Jh.s; vgl. CLLA Nr. 1471.

Das aus einem einzigen Blatt bestehende Fragment zeigt ebenfalls neumierte Gesangstexte.

12. Plenarmissale in der Ambrosiana (Cod. L 77 sup.) aus Oberitalien; vgl. CLLA Nr. 1466.

Der neumierte Codex ist am Anfang und Schluß defekt und weist auch sonst Lücken auf.

13. Plenarmissale-Fragment in Novara (Bibl. Capitolare, s. n.), gefunden in Boccioletto (Oberitalien); vgl. CLLA Nr. 1467.

Die Gesangstexte in dem kleinen Fragment sind gleichfalls neumiert.

14. Plenarmissale-Fragment in Darmstadt (Hs 344) aus der 2. Hälfte des 10. Jh.s, zuletzt in St. Jakob in Lüttich; vgl. CLLA Nr. 1468.
15. Plenarmissale-Fragment in Pavia (Seminario vescovile, s. n.); vgl. CLLA Nr. 1469.

Die Neumen sind verwandt mit denen des Graduale in Ivrea (Cod. 60), das ebenfalls aus Pavia stammt.

16. Plenarmissale von Civate, jetzt in Mailand (Bibl. Trivulziana, Cod. D 127), aus Civate; vgl. CLLA Nr. 1470.

Die Gesangsstücke des Meßbuches sind durchweg mit feinen Neumen versehen.

17. Plenarmissale-Fragment in Stuttgart (Cod. fragm. 5) aus Mittelitalien; vgl. CLLA Nr. 1416.

Ein Doppelblatt mit Messen aus der Fastenzeit, das einen frühen Typus zu erkennen gibt. Die Gesangstexte sind noch nicht neumiert.[26]

18. Plenarmissale aus Mittelitalien jetzt in der Vaticana (Cod. lat. 4770) aus einem Benediktinerkloster vermutlich in den Abruzzen, 10./11. Jh.; vgl. CLLA Nr. 1413.

Auch diese Handschrift zeigt einen sehr frühen Typus; die Gesangstexte sind alle neumiert. Einige Gesänge in griechischer Sprache.[27]

19. Plenarmissale in der Vaticana (Cod. Barb. lat. 560) aus Mittelitalien, 10./11. Jh.; vgl. CLLA Nr. 1414.

Die defekte Handschrift ist mit der vorausgenannten nahe verwandt.

Im gleichen Jahrhundert hat man auch nördlich der Alpen mit der

Ausbildung von Plenarmissalien begonnen. Zuerst wurden, wie in der folgenden Handschrift, die Votivmessen zu vollständigen Formularen zusammengefaßt:

20. Libellus Missae von Worms, jetzt in Paris (B. de l'Arsenal, ms. 610) aus der Reichenau, später in Worms, 10. Jh.; vgl. CLLA Nr. 1474.

Die Gesangsstücke zeigen deutsche Neumen.

Aus der Reihe der bisher genannten Meßbücher fallen die folgenden aus dem Herzogtum *Benevent* heraus. Obwohl diese weitgehend römischen Ritus aufweisen, hat sich in ihnen dennoch eine ältere Lokaltradition stärker als anderswo durchsetzen können,[28] wie auch die Melodien der Gesangstexte von den römischen stark abweichen und denen im Mailänder Antiphonale verwandt sind.[29]

Die ältesten Zeugnisse stammen bereits aus der Wende zum 11. Jh.; sie sind alle neumiert. Die wichtigste, leider nur fragmentarisch erhaltene Handschrift ist die folgende:

21. Plenarmissale-Fragment aus Bari, Blätter jetzt in verschiedenen Bibliotheken in der Schweiz; vgl. CLLA Nr. 431.

Eine weitere, fast vollständig erhalten gebliebene Handschrift stammt direkt aus Benevent:

22. Plenarmissale im Erzbischöflichen Archiv von Benevent (Cod. VI 33);[30] vgl. CLLA Nr. 430.

Außerdem sind noch folgende frühe Fragmente erwähnenswert:

23. Plenarmissale-Fragment in der Vaticana (Cod. lat. 10645) aus Süditalien; Vgl. CLLA Nr. 432.
24. Plenarmissale-Fragment im Escorial (Cod. R III 1, Einband) aus Süditalien; vgl. CLLA Nr. 433.
25. Plenarmissale-Fragment in Wolfenbüttel (Palimpsest im Cod. Gudianus graecus 112) aus Süditalien oder Dalmatien, vielleicht noch 10. Jh.; vgl. CLLA Nr. 434.

Unverfälschten beneventanischen Ritus zeigt auch noch das Ende des 11. Jh. geschriebene Missale in Baltimore; vgl. CLLA Nr. 445. Es handelt sich um einen Auszug aus einer Vollhandschrift, der nur die Feste und zahlreiche Votivmessen aufweist.[31]

Die Frage ist noch zu beantworten, warum es überhaupt im römischen Ritus zur Ausbildung von Plenarmissalien gekommen ist, wogegen, wie eingangs erwähnt, die orientalischen Liturgien keine ähnlichen Liturgiebücher kennen. Hier werden die Evangelien-Perikopen noch heute, wie in der Frühkirche, direkt aus einem kostbar ausgestatteten Evangeliar gesungen; der Lektor benützt zum Vortrag der Epistel den »Apostel« (wie das Lektionar im byzantinischen Ritus heißt) und der Cantor bzw. die Sänger singen die wechselnden Teile aus den entsprechenden Liturgiebüchern. Es gibt, wie gesagt, auch keine »Privatmesse« des Priesters, auch nicht an Werktagen.

Den genauen Zeitpunkt, wann es im Abendland zur Zelebration nur mit einem Ministranten, ohne Lektor und Cantor, gekommen ist, kennen wir nicht,[32] doch dürfte die Ausbildung von Plenarmissalien damit zusammenhängen. Bezeichnend ist, daß man in der ersten Stufe (vor 700) nur die Priestergebete und die Lesungen in einem Buch zusammengefaßt hat, weil die Chorgesänge, auch bei einer Zelebration im kleinsten Kreise, wohl noch von einem eigenen Sänger vorgetragen wurden. Sein Amt scheint vielerorts, vor allem in Italien, jedoch schon ab dem 8. Jh. an Bedeutung verloren zu haben, stattdessen blühte der Chorgesang auf, der sich aber auf feierliche Gottesdienste beschränkte.

Seit dem hohen Mittelalter ist die »stille Messe« im lateinischen Ritus weithin zur Norm und die bisherige »missa cantata« zur Ausnahme geworden. Anstatt zur choraliter gesungenen Messe zurückzukehren, hat die liturgische Bewegung der zwanziger und dreißiger Jahre aus der »stillen Messe« eine »missa recitata« gemacht. In dieser neuen Form der Meßfeier wurden vom Priester fast alle Gebete sowie die Lesungen mit vernehmlicher Stimme vorgetragen, jedoch nicht gesungen, und die dem Ministranten zukommenden Responsorien, vielfach auch einige der Priestergebete von den anwesenden Gläubigen zusammen mit dem Zelebranten rezitiert.

Die Tatsache, daß die »stille Messe« vom Mittelalter an bis zum 2. Vatikanischen Konzil weithin zur Norm geworden war und man weder vor noch nach der Liturgiereform der sechziger Jahre den Weg zurück zur choraliter gesungenen Meßfeier gefunden hat, stellt eine der Ursachen heutiger Fehlentwicklungen auf liturgischem Gebiet dar. Dabei wird vor allem das Fehlen der Feierlichkeit, wie sie einst durch den Chorgesang gegeben war, beklagt. Viele vermissen aber auch die Norm der (im Missale) genau festgelegten »Formulare«, ohne die ein Ritus auf die Dauer nicht existieren kann.

Frühe Salzburger Meßbücher

Direkte Quellen zur Kirchengeschichte Salzburgs sowie des bairischen Herzogtums aus dem frühen Mittelalter sind, wie man weiß, recht spärlich. So ist es umso unverständlicher, daß von den Historikern den liturgischen Handschriften aus dieser Zeit und diesem Gebiet bis jetzt nur wenig Beachtung geschenkt wurde.[1] Doch können auch sie uns wichtige Hinweise auf die damaligen kirchlichen Verhältnisse geben.[2]

So weisen die ältesten Sakramentare, die aus dem Gebiet des Herzogtums der Agilolfinger erhalten geblieben sind, wie ein jetzt in Prag aufbewahrtes, noch zu Zeiten Tassilos III (abgesetzt 788) in Regensburg geschriebenes und verwendetes Meßbuch[3] sowie eine Reihe von Meßbuch-Fragmenten, die alle aus dem südostdeutschen Raum stammen,[4] einen Typus auf, der nachweisbar aus Oberitalien, näherhin aus Ravenna stammt[5] und die engen kulturellen Beziehungen dorthin deutlich machen.

Eine ravennatische Vorlage ist auch für die Evangelien-Handschriften anzunehmen, die in prächtiger Ausstattung an der Wende vom 8. zum 9. Jahrhundert ebenfalls auf dem Gebiet des bairischen Herzogtums angefertigt wurden, von denen der Salzburger Cutbercht-Codex und der Codex Millenarius in Kremsmünster wegen der sich darin findenden Miniaturen am bekanntesten sind.[6]

Dem Typus nach jünger als das eben genannte Prager Sakramentar sind Fragmente bairischer Meßbücher des beginnenden 9. Jahrhunderts, die alle auf ein Sakramentar zurückgehen, das aus dem Patriarchat Aquileja stammt, zu dem bekanntlich die bairischen Diözesen bis auf die Zeit des Bischofs Arn (785–821) gehört haben.[7] Am umfangreichsten sind die Blätter des »Salzburger Sakramentars«, so genannt, weil es zuletzt in Salzburg aufbewahrt wurde;[8] es dürfte jedoch für die Justina-Kirche in Eppan (bei Bozen) geschrieben und dort auch verwendet worden sein.[9]

Mit der Person Arns, der 798 zum Erzbischof der neuen bairischen Kirchenprovinz mit den Bistümern Salzburg, Regensburg, Freising, Passau, Neuburg und Säben ernannt worden war, ist ein weiteres Sakramentar verbunden, von dem zahlreiche Blätter heute in der Bayerischen Staatsbibliothek in München aufbewahrt werden, einige Stücke sich aber auch in verschiedenen Bibliotheken der USA befinden.[10] Die erhaltenen Teile aus dem Sakramentar- und dem Lektionarteil dieses Meßbuches – ursprünglich zwei getrennte Codices – sind von Sieghild Rehle in Zusammenarbeit mit mir herausgegeben und samt der Fundgeschichte eingehend beschrieben worden.[11] Nach den Forschungen von Professor Bernhard Bischoff (München) stellt das ehemalige Meßbuch eine der 150 Handschriften dar, deren Redaktion dem Erzbischof Arn nachgerühmt werden.[12] In einem dieser Codices liest man: A(RNO) EPCS FIERI IUSSIT (Bischof Arn ließ ihn machen). Arn war 746 im Isengau geboren und in Freising ausgebildet worden. Dort wurde er 775 zum Diakon und ein Jahr später zum Priester geweiht. Nachdem er 782 Abt des Klosters Saint-Amand in Flandern geworden war, ernannte ihn Herzog Tassilo 785 zum Bischof von Salzburg.

Wir sind in der glücklichen Lage, aus Saint-Amand, wo Arn drei Jahre Abt war, ein mit dem genannten Meßbuch fast gleichzeitiges Sakramentar zu besitzen, das sogenannte Colbert-Fragment.[13] Die beiden Codices sind sich sowohl der Schrift als auch dem Inhalt nach so ähnlich, daß die eine die Vorlage der anderen gewesen sein dürfe und sie außerdem in der gleichen Schreibschule entstanden sein müssen.[14] Arn hat demnach bei seiner Übersiedlung von Saint-Amand nach Salzburg neben anderen Handschriften auch dieses Meßbuch mitgebracht. Vermutlich sind auch einige Schreiber mitgekommen.

Das Salzburger Arn-Sakramentar gehört dem Typus nach zu den sogenannten Gelasiana mixta, das sind Mischsakramentare, die aus Orationen und Präfationen des gelasianischen und gregorianischen Meßbuches bestehen. Dieser Sakramentar-Typus wurde, wie oben gezeigt, nach 600 in Oberitalien ausgebildet und hat in der Folgezeit weite Verbreitung bis ins nördliche Frankenreich erfahren.[15] Die wichtigste Handschrift ist das Sakramentar von Monza.[16] In mehreren Fällen finden wir neben dem Sakramentarteil einen Lektionarteil.[17] Dies gilt auch für das Salzburger Meßbuch.

Einige Jahrzehnte jünger sind Bruchstücke eines Meßbuches, das unter Bischof Adalram, dem Nachfolger Arns, geschrieben wurde.[18] Der damalige Wechsel auf dem Stuhl der Salzburger Erzbischöfe hat zugleich einen Wechsel im Schriftcharakter bedeutet. Es kam zu einer, wie Professor Bischoff sich ausdrückte, »neuen Kalligraphie«, die einen Höhepunkt in der Salzburger Schriftkunst bedeutet und, im

Gegensatz zur vorausgegangenen Arn-Zeit, auf einer Stiltradition aus der Umgebung Salzburgs basiert.[19]

So stellt auch das genannte Meßbuch einen anderen Typus als die bisher im Herzogtum gebrauchten Sakramentare, einschließlich des Arn-Sakramentars, dar. Es handelt sich um ein Sacramentarium Gregorianum, also ein Meßbuch, das auf der Redaktion des Papstes Gregor I (590–604) beruht. Im übrigen bairischen Gebiet, so in Regensburg und im Kloster Benediktbeuren, läßt es sich schon um das Jahr 800 nachweisen und zwar in einer Redaktion, die älter ist als das unter Karl d. Gr. von Papst Hadrian I (772–795) nach Aachen übermittelte sogenannte Sacramentarium Hadrianum, eine Weiterbildung des Gregorianum.[20]

Die Bruchstücke unseres Meßbuches zeigen Meßformulare vom 2. Februar bis Aschermittwoch. Unterschiedlich zum Gegorianum ist die Tatsache, daß die Sonntagsmessen nach Epiphanie nicht im Anhang stehen, sondern an die entsprechende Stelle ins Temporale eingefügt erscheinen. Wir müssen auch hier, wie so oft bedauern, daß nicht die volle Handschrift auf uns gekommen ist.

Für die nächsten 150 Jahre verlassen uns die Quellen, was die Salzburger Meßbücher betrifft, vollständig. Keine einzige liturgische Handschrift, nicht einmal ein Fragmentblatt, ist auf uns gekommen. Erst aus dem Ende des 10. Jahrhunderts ist wieder ein Sakramentar erhalten geblieben. Es befand sich zuletzt im Kloster Tegernsee, ist jedoch, wie der Vergleich mit einer nur wenig jüngeren Voll-Handschrift, die jetzt in Venedig liegt,[21] zeigt, in Salzburg geschrieben.

Vom ehemaligen Meßbuch sind 10 Doppel- und 2 Einzelblätter übrig; sie haben als Vorsatzblätter für Tegernseer Handschriften und Inkunabeln gedient. Nach ihrer Ablösung liegen sie jetzt in der B. Staatsbibliothek in München.[22] Einige dieser Blätter mit zwei Rupertus-Messen, wie sie auch in der Handschrift in Venedig vorliegen, sind bereits vor Jahren von mir ediert und von Professor Schellhorn kirchengeschichtlich untersucht worden.[23]

Bei der neuerdings erfolgten vollständigen Edition der Blätter wurden weitere Zusammenhänge deutlich.[24] Ein Teil der Formulare unseres ehemaligen Meßbuches weist nämlich Ordnungsziffern auf, die genau mit den entsprechenden Formularzahlen im Codex Tridentinus aus der 1. Hälfte des 9. Jahrhunderts[25] übereinstimmen. Dieses jetzt in Trient aufbewahrte und einst auch hier oder im Dom zu Säben liturgisch verwendete Sakramentar – ein Gregorianum wie unsere Handschrift – enthält zudem eine Rupertus-Messe, die fast genau mit dem Formular bei uns übereinstimmt.[26] Dies alles läßt Beziehungen zu Salzburg vermuten.[27]

Damit wollen wir unseren kurzen Gang durch die frühe Salzburger Meßbuchgeschichte beenden. Was uns an Zeugnissen auf diesem Weg begegnet ist, war nicht sehr viel. Die Fragen, die sie aufwerfen, lassen sich wohl kaum jemals beantworten. Zu viel ist verloren gegangen. Doch sind auch die wenigen erhaltenen Dokumente für die frühe Kirchengeschichte Salzburgs von Bedeutung, da sie Beziehungen deutlich machen, die durch literarische Quellen allein nicht genügend aufscheinen, wie die Beziehungen zu Oberitalien und vor allem zum Patriarchat Aquileja, während ab dem 9. Jahrhundert der Einfluß Salzburgs über die Alpen bis ins Tal der Etsch gereicht hat.

Aus der Frühkirche

Mit der Erfassung und Edition der frühen abendländischen Liturgiebücher muß notwendigerweise die Erforschung der Sekundärquellen einhergehen, wie sie vor allem die patristischen Schriften darstellen. Eine der wichtigsten derartigen Quellen aus der Frühkirche sind die 6 Sermonen »De sacramentis«, die seit einiger Zeit erneut Ambrosius von Mailand zugewiesen werden, während früher namhafte Liturgiker eine solche Zuweisung aus liturgiegeschichtlichen Gründen strikt abgelehnt haben. Nach meinen Untersuchungen ist in Niceta von Remesiana der Autor dieser mystagogischen Katechesen zu suchen. Mit dieser Frage und allgemein mit den an liturgischen Hinweisen reichen Werken dieses Bischofs habe ich mich in den vergangenen 20 Jahren in zahlreichen Studien befaßt.[1] Ein ausführlicher Rechenschafts- und Forschungsbericht wird im folgenden vorgelegt.

Aus dem gleichen Grund hat mich die Vita des heiligen Severin beschäftigt. Auch hier eine Zusammenfassung meiner einschlägigen Studien.[2] Als Regensburger Diözesanpriester interessierte mich dabei auch die Frage, ob die Stadt schon zur Zeit Severins Bischofsitz war. Ich konnte dies, wie mein Beitrag zeigt, als in hohem Maße wahrscheinlich hinstellen.[3]

Eine letzte Frage, über die ich ebenfalls mehrere Arbeiten, nicht zuletzt im Hinblick auf die eingehende Studie von O. Nußbaum »Der Standort des Liturgen am christlichen Altar vor dem Jahre 1000«, geschrieben habe, ist die nach der Ausrichtung des Priesters am Altar, nachdem Nußbaum den Nachweis erbracht zu haben glaubte, daß die Zelebration »versus populum« die ursprüngliche Art der Meßfeier war.[4] Im folgenden der Nachdruck eines kleinen Aufsatzes über dieses Problem, das jetzt kaum mehr ein solches sein dürfte.[5]

Aus meinen Forschungen zur byzantinischen Liturgie und Ikonographie – letztere zusammen mit meiner Assistentin Christa Schaffer – wird ein Beitrag zur Echtheitsfrage des heiligen Sindons angefügt.[6]

Niceta von Remesiana als Katechet und Hymnendichter
Ein Rechenschafts- und Forschungsbericht

In den letzten 20 Jahren habe ich mich, vor allem aus liturgiegeschichtlichen Gründen immer wieder eingehend mit der Person und den Schriften des Bischofs Niceta von Remesiana befaßt,[1] wobei der Ausgangspunkt die umstrittene Autorschaft der 6 Sermonen »De sacramentis« mit ihren so zahlreichen Hinweisen auf die Liturgie abgegeben hat. Eine Zusammenfassung sowie Ergänzungen und Korrekturen erweisen sich nun als dringend notwendig.

Seit den Untersuchungen von O. Faller[2] werden die genannten Katechesen für die Neugetauften von den Patrologen fast einhellig Bischof Ambrosius von Mailand († 397) zugeschrieben, während früher mit den Maurinern sich vor allem Liturgiker wie Th. Schermann und A. Baumstark[3] dagegen gewandt haben. G. Morin, der vor Faller die Frage erneut ins Rollen gebracht hat, dachte anfänglich an Niceta von Remesiana als Verfasser.[4] Dies hat mich schließlich dazu bewogen, der Frage abermals nachzugehen. Dabei kam ich zur Überzeugung, daß Niceta – und nur er – der Verfasser sein kann.[5]

J. Daniélou meint zu meiner diesbezüglichen Studie: »Le livre de Gamber sera contesté; mais il marque une étape dans l'histoire de la liturgie antique.«[6]

I
Person und Werk des Niceta von Remesiana

Kein zeitgenössischer Biograph hat seine Lebensgeschichte aufgeschrieben, auch kein späterer sie mit frommen Legenden ausgeschmückt. Und doch steht die Gestalt des Niceta deutlich vor uns durch seine zahlreichen Predigten und Katechesen sowie durch die Hymnen, die auf uns gekommen sind.[7] Ja seine Werke offenbaren uns mehr von seiner Persönlichkeit als es die Angaben eines Biographen vermocht hätten.[8]

1. Bis zur Jahrhundertwende mußte man nur wenig Sicheres über ihn. Man verwechselte ihn manchmal mit Nicetius von Trier († 566), vor allem jedoch mit Niceta von Aquileia († 485). Erst E. A. Burn

konnte in seiner Ausgabe der Werke des Niceta (1905) den sicheren Nachweis erbringen, daß der in verschiedenen Handschriften als Verfasser kleiner Abhandlungen genannte Autor niemand anderer als der Bischof von Remesiana (Romatiana)[9] und Freund des Paulinus von Nola ist.[10]

In dessen Gedichten und Briefen ist wiederholt von Niceta die Rede. Danach war dieser 398 und dann abermals 402 von Dacien nach Italien gekommen, wobei er jedesmal das Grab des hl. Felix in Nola besucht hat. Anläßlich der Heimreise unseres Bischofs 398 besingt Paulinus in einem eigenen Gedicht die hervorragenden Eigenschaften seines Freundes; das Gedicht bildet die wichtigste Quelle über ihn.[11]

Die Bischofsstadt des Niceta lag in der römischen Provinz Dacia mediterranea. Hier wurde in der Hauptsache Latein gesprochen. Die griechische Sprachgrenze verlief östlich von Remesiana in der Nähe von Serdica. In kirchlicher Hinsicht gehörte Dacien, wie die meisten Balkanprovinzen, damals zum lateinischen Patriarchat von Rom. Dies zeigen Schreiben der Päpste, so eines des Papstes Innocenz I (401–417) aus dem Jahr 414, in dem unter den Adressaten auch unser Niceta angeführt ist.[12]

Wir wissen nicht, wann und wo Niceta geboren wurde. Da er bei seinem zweimaligen Besuch in Italien in den Jahren 398 und 402 nach dem Zeugnis des Paulinus in den besten Jahren war,[13] dürfte er um 350 geboren sein. Auch das Jahr seines Todes ist nicht bekannt. Er ist wohl um 420 gestorben.

Aus den Akten der Räubersynode von Ephesus (449) erfahren wir noch den Namen des (oder eines) Nachfolgers des Niceta, nämlich des Bischofs Diogenianus.[14] Dann wird es still um Remesiana. Die Wirren der Völkerwanderung haben mit dazu beigetragen, daß in den folgenden Jahrhunderten Niceta nicht mehr die Beachtung gefunden hat, die er wegen seiner Schriften und als Hymnendichter verdient.[15]

Von der Missionstätigkeit unseres Bischofs berichtet Paulinus in Carmen XVII (427 ff.):

... ad tuos fatus Scytha mitigatur
et sui discors fera te magistro pectora ponit.
Et Getae currunt et uterque Dacus,

qui colit terrae medio vel ille
divitis multo bove pilleatus accola ripae.
De lupis hoc est vitulos creare
et bovi iunctum palea leonem
pascere et tutis viperarum pandere parvis.

Niceta, der vor allem Bischof der in Dacien wohnenden Romanen
war, hat sich nach diesen Worten auch bei den Skythen und Geten
sowie bei den Dakern um die Ausbreitung der christlichen Lehre
bemüht.[16]

2. Hinsichtlich des literarischen Werkes des Niceta schreibt Gennadius, der Verfasser der Fortsetzung der Hieronymus-Schrift »De
viris illustribus« (c. 22):

> Nicetae Romatianae civitatis episcopus edidit simplici et nitido
> sermone sex competentibus ad baptismum instructionis libellos.
> In quibus primus continet qualiter se debeant agere competentes
> qui ad baptismi gratiam cupiunt pervenire. Secundus de gentilitatis
> erroribus ... Tertius liber de fide unicae maiestatis. Quartus ad-
> versus genethliologiam. Quintus de symbolo. Sextus de agni pa-
> schalis victima. Dedit et ad lapsam virginem libellum omnibus
> laudibus emendationis incentivum.

Gennadius erwähnt nicht alle Schriften unseres Bischofs, sondern
nur diejenigen, die ihm bekannt waren; es sind nämlich weitere
Werke unter dem Namen des Niceta überliefert, die da sind:

»De ratione fidei« (Burn 10–18; Gamber III 1)
»De diversis appelationibus Christi« (Burn 1–5; Gamber II 2)
»De vigiliis servorum dei« (Burn 55–67; Gamber IV 3)[17]
»De psalmorum bono« (Burn 67–82; Gamber IV 4)[18]

Der von Gennadius erwähnte Libellus »Ad lapsam virginem« liegt
nach dem Zeugnis dreier Codices, wozu auch der älteste (7./8. Jh.)
gehört, in der Schrift »De lapsu Susannae« vor (Burn 112–136). Da
die Mehrzahl der späteren Zeugen Ambrosius als Verfasser nennen,
wollen einige Patrologen dem Bischof von Remesiana die Autorschaft absprechen,[19] doch zu Unrecht, wie sich zeigen läßt.[20]
Es begegnen uns weiterhin eine Reihe von Werken, die deutlich

den Stil des Niceta zeigen, die jedoch entweder anonym oder unter anderem Namen, vor allem des Ambrosius, manchmal auch des Augustinus sowie eines »Iohannes episcopus«, überliefert sind. Daß es sich hier bei letzterem nicht um Johannes Chrysostomus handelt, obwohl diese Schriften in der Erstausgabe dessen Werke von Erasmus (1549) aufgenommen sind, kann heute nicht mehr bezweifelt werden.

Nun erscheint in einer sicher dem Niceta zugehörigen Schrift, nämlich einem Exzerpt aus dessen »Instructio ad competentes« (Burn 18–38; Gamber III 2–3), in einem der Zeugen, nämlich dem Coloniensis 33 (9. Jh.), eben dieser »Iohannes episcopus« als Verfasser.[21]

Unter weiteren Schriften, für die ebenfalls Niceta als Autor in Frage kommt, finden wir den gleichen Namen im Titel, so in 2 Sermonen in einem verloren gegangenen Corbeiensis: »Incipit sermo sancti Iohannis de consolatione mortis« (Gamber A 16–17). Interessanterweise begegnet uns darin ein Satz, der in einem neu aufgefundenen Exzerpt der »Instructio« ebenfalls vorkommt, nämlich: »Deus ergo qui te creavit ex nihilo, nonne facilius poterit reparare de aliquo?«[22]

Eine weitere Beobachtung gehört hierher. Im Rituale von St. Florian (12. Jh.), in dem beim Taufritus einige katechetische Erklärungen aus der »Instructio« unseres Bischofs eingefügt sind,[23] finden wir folgende Notiz: »Iohannes. Exorcizatur quidem, ut effugato diabolo domini praeparetur introitus, et reliqua«,[24] eine Notiz, die ebenfalls aus der »Instructio« stammen könnte, jedoch hier einem Johannes zugewiesen wird.

Dies alles läßt bis zu einem gewissen Grad den Schluß zu, daß Niceta und der in einigen Handschriften genannte »Iohannes episcopus« identisch sind. Vermutlich war »Iohannes« sein ursprünglicher (Tauf-)Name, während er sich »Niceta« als weiteren Namen erst nach seiner Ernennung zum Bischof von Remesiana zugelegt haben dürfte, wohl aus Verehrung für den um 372 in der Verfolgung des Gotenkönigs Athanerich als Märtyrer gestorbenen Heiligen gleichen Namens.

Diese Annahme erklärt zugleich, warum Gennadius nicht alle Schriften unseres Bischofs erwähnt, sondern nur einige seiner späten Werke, die in den Handschriften den Namen des Niceta tragen. So

dürfen vor allem folgende Schriften aufgrund des Stils ihm zuzu-
schreiben sein:

»De consolatione mortis« (Gamber A 16–17)
»De spiritu sancto« (Gamber III 4)[25]
»Le praedestinatione dei« (Gamber I 4)[26]
»In Iohannem evangelistam (Gamber A 26)[27]

sowie eine Reihe kleinerer, meist exegetischer Stücke, die von mir in
den beiden Bändchen weitere Sermonen ad competentes« gesammelt
sind. Sie dürfen in der Mehrzahl jedoch nicht zur Schrift »Instructio
ad competentes« gehört haben.[28] Über ihre Authentizität über die
von mir gebrachten Argumente hinaus wäre noch zu handeln.
Doch damit nicht genug! Wie später im Zusammenhang mit den
Hymnen unseres Bischofs zu zeigen sein wird, ist in den Handschriften« beim Hymnus »Te Deum«, statt des Namens unseres Niceta
bzw. später des Ambrosius, gelegentlich auch ein »sanctus Helarius«
als Verfasser angegeben.

Wer war dieser Hilarius? Jedenfalls ist er nicht identisch mit dem
Bischof von Poitiers († 367), obgleich Hieronymus letzeren als
Verfasser eines »Liber hymnorum« bezeichnet (De vir. ill. c. 100).
Außer ihm und dem später lebenden Bischof gleichen Namens von
Arles († 440) ist ein »sanctus Hilarius« zu unterscheiden, den Augu-
stinus um 420 als Verfasser eines schon im Altertum viel beachteten
(in zwei Fassungen überlieferten) Kommentars der paulinischen
Briefe nennt,[23] der sogenannte Ambrosiaster.[30]

Dieser stammt, wie wir aus seinen Schriften entnehmen können,
aus vornehmem Haus; er war juristisch gebildet und hat sein Werk
unter Papst Damasus I (366–384) geschrieben. Auf ihn gehen weitere
Schriften zurück, so u. a. das umfangreiche Werk »Quaestiones
veteris et novi testamenti« das ebenfalls, wie der genannte Paulus-
Kommentar, in zwei Fassungen,[31] und zwar unter dem Namen des
Augustinus, überliefert ist.[32]

Es gilt nun zu untersuchen, ob grundsätzlich die Möglichkeit
besteht, daß Niceta mit dem »sanctus Hilarius«, wie Augustinus den
Ambrosiaster nennt, identisch ist.

Wenn man das Todesjahr des Bischofs von Remesiana um 420 und
das seiner Geburt um 350 ansetzt, hätte dieser als junger Mann unter
Papst Damasus sehr wohl seinen Kommentar der paulinischen Briefe

schreiben können, ein Werk, das sich deutlich als eine Schreibtischarbeit und nicht als Niederschlag einer längeren Predigttätigkeit erweist, wie es die übrigen bekannten Schriften des Niceta sind. Vielleicht hat unser Bischof näherhin als ein Verwandter des Decius Hilarianus Hilarius zu gelten. Dieser vornehme Römer war 377 Prokonsul in Afrika, dann 396 Praefectus praetorio und schließlich 408 Präfekt von Rom geworden. In ihm wollte G. Morin den Ambrosiaster sehen.[33]

Die Ernennung dieses Hilarius zum Praefectus praetorio könnte sogar den Ausschlag für die zwei Reisen des Niceta 398 und 402 nach Italien gegeben haben. So weite Fahrten waren damals beschwerlich und wegen der Unruhen in den Balkanprovinzen nicht ungefährlich. Der Besuch des Felix-Grabes in Nola kann allein nicht der Grund gewesen sein. Jedenfalls dürfte Niceta aus Italien, vielleicht sogar aus Rom selbst stammen.

Mit der noch näher zu begründenden Hypothese, daß der Ambrosiaster mit dem Bischof von Remesiana identisch ist,[34] wäre ein wichtiges Problem der Patristik gelöst. Zweifelsohne war Niceta in der frühen Kirche eine bekannte Persönlichkeit. Noch vierhundert Jahre nach seinem Tod zählt ihn Arn von Salzburg unter die »sanctae ecclesiae doctores« und zwar an dritter Stelle nach »Athanasius, Hilarius« vor »Hieronymus, Ambrosius, Augustinus, Gennadius, Fulgentius, Isidorus.«[35]

II
Die erhaltenen Sermonen der »Instructio ad competentes«

Das neben den Taufkatechesen des Kyrill von Jerusalem († 386) umfangreichste katechetische Werk der Frühkirche stellte zweifellos die »Instructio ad competentes« des Niceta von Remesiana dar. Sie ist jedoch als Ganzes leider nicht auf uns gekommen; man hat sie später nicht mehr abgeschrieben, weil es kaum mehr einen eingehenden, gemeinsamen Unterricht für erwachsene Katechumenen gab und sich die Kindertaufe allgemein durchgesetzt hatte. Das Werk wurde nur mehr exzerpiert und ist lediglich in solchen Auszügen teilweise auf uns gekommen.

Wie ein Katalog der Klosterbibliothek von Bobbio aus dem 10. Jh. zeigt, war hier damals noch ein Exemplar der ganzen Schrift vorhanden.[36] Auch dem Bischof von Salzburg († 821) lag bei der Abfassung seines »Ordo de catechizandis rudibus« eine Abschrift der »Instructio« vor, woraus er einige Stellen wörtlich zitiert hat.[37] Es handelt sich dabei um die einzigen sicher bezeugten Stücke des Werkes, wodurch es z. B. erst möglich wurde, die unter dem Namen des Niceta bzw. des Origenes überlieferte »Expositio symboli« als ein Exzerpt aus dem 5. Buch sicher zu identifizieren.

Nach der oben wiedergegebenen Angabe des Gennadius hat das katechetische Werk aus 6 »libelli« bestanden, von denen Gennadius jeweils eine kurze Inhaltsangabe gibt. Da aber die einzelnen Bücher offensichtlich keinen eigenen Titel trugen, kann es sich nur um die Inhaltsangabe einiger Stellen handeln, die diesem beim Überfliegen des Inhalts, vor allem jeweils des Sermo I der einzelnen Bücher, zu Gesicht gekommen sind.

In den Faszikeln 1, 2 und 5 der Reihe »Textus patristici et liturgici« wurde von mir ein erster Versuch der Rekonstruktion des Gesamtwerks über die Edition von Burn hinaus gemacht, wobei es notwendig erschien, zuerst einmal Stücke zu finden, die als Werk des Niceta in Frage kommen. Es wurde dabei ausdrücklich vermerkt, daß es sich nicht um eine endgültige Ausgabe der »Instructio« handeln kann, sondern nur um eine Sammlung von Sermonen, die mit einem verschieden großen Maß an Sicherheit auf Niceta zurückgehen. Mittlerweile ist mir auch klar geworden, daß die Mehrzahl der hier vorgelegten Fragmente und Schriften nicht zu diesem katechetischen Werk gehören, sondern weitere selbständige Schriften (bzw. Teile daraus) unseres Bischofs darstellen. Wir versuchen nun abermals eine Zusammenstellung und Einordnung der erhaltenen Stücke der »Instructio ad competentes«:

Liber I. Gennadius gibt als Inhalt an: »Qualiter se debeant habere competentes, qui ad baptismi gratiam cupiunt pervenire.« Mit Sicherheit gehören hierher 3 kleine Fragmente, die Bischof Arn in seiner oben zitierten Schrift wörtlich anführt (Gamber I 1,2–5; I 1,7; I 1,12).

Mit großer Wahrscheinlichkeit ist auch die Pro-Katechese, die anläßlich des »nomen dare« gehalten wurde, auf uns gekommen. Sie findet sich in einigen frühen Tauf-Ordines und beginnt fragmentarisch mit: »(Tu enim es) homo ille[38] quem deus bona voluntate condidit . . .« und wurde von mir nach Auffindung weiterer Zeugen neu herausgegeben (alter Text: Gamber I 2).[39] Zum Liber I gehörte allem Anschein nach auch eine Katechese über die wichtigsten Glaubensgeheimnisse. Der Anfang fehlt auch hier; der erhaltene Auszug beginnt: »Necessarium est enim . . .« (Gamber IIa im Anhang).[40]

Liber II. Gennadius schreibt: »Secundus de gentilitatis erroribus, in quo dicit suo paene tempore Melodium quendam patremfamilias ob liberalitatem et Gadarium rusticum ob fortitudinem ab ethnicis esse inter deos relatos.« Damit ist keineswegs der Gesamtinhalt dieses Buches wiedergegeben, sondern nur ein Abschnitt, den Gennadius zufällig gelesen hat. Burn hat in seiner Ausgabe ein kurzes Fragment dem 2. Buch zugewiesen (a.a.O. 8), ein weiteres gehört nicht diesem, sondern dem 5. Buch an (Gamber V 2,8–9.12).

Wenn nicht alles täuscht, stellt jedoch die Schrift, die unter der Bezeichnung »Apologia David altera« bekannt ist, ein Exzerpt aus dem Liber II dar. Daß es sich nicht um ein eigenes Werk, sondern um einen Auszug aus einer größeren Schrift handelt, beweist der abrupte Beginn und Schluß (Gamber A 9–A 13).[41] Am Schluß eines Abschnittes sagt der Verfasser: »Haec adversus gentiles«, was der Inhaltsangabe des Gennadius »De gentilitatis erroribus« entspricht.

Die sogenannte »Apologia David altera« geht offensichtlich auf den gleichen Autor zurück, von dem auch die Sermonen »De sacramentis« stammen. Während Connolly, der dies erkannt hat, beide Schriften dem Ambrosius von Mailand zuweist,[42] stellt nach meinen Untersuchungen »De sacramentis« einen Teil des Liber VI der »Instructio« dar. In beiden Fällen handelt es sich um Katechesen, in denen immer wieder auf zuvor gehörte Lesungen hingewiesen wird. Auch dient jeweils eine entsprechende Schrift des Ambrosius als Vorlage; in unserem Fall ist dies seine »Apologia David«. In einigen Handschriften erscheint daher wegen seines ähnlichen Inhalts unser Exzerpt, anfänglich anonym, später unter dem Namen des Ambrosius, beigefügt.[43]

Liber III. Gennadius sagt kurz: »Tertius liber de fide unicae maiestatis«. Es ist nicht sehr wahrscheinlich, daß beide von Burn (10–38) als hierher gehörig angesehen Stücke zur »Instructio« gehört haben. Das erste der beiden gibt sich durch die in der Ich-Form gehaltene Nachschrift: »Haec pauca ad vicem commentarioli . . .« als ein selbständiges Werk aus. Dagegen erweist sich das zweite (Gamber III 2–3), in dem eingehend von der 3. Person in der Dreifaltigkeit (»de tertia persona«) gesprochen wird, deutlich als Auszug aus einem größeren Werk. Es paßt recht gut in den Rahmen der »Instructio«.[44] *Liber IV.* Gennadius gibt als Inhalt an: »Quartus adversus genethliologiam«. Danach hat Niceta im Sermo I dieses Buches sich gegen den Aberglauben der Astrologie gewandt.[45] Es ist jedoch weder dieser Sermo auf uns gekommen, noch können wir, wegen der Ungenauigkeit der Angabe des Gennadius, ein anderes zum Liber IV gehörendes Stück feststellen.

Die in meiner vorläufigen Ausgabe unter »Liber IV« zu findenden 3 Sermonen gehören sicher nicht zur »Instructio«, sondern stellen selbständige Traktate des Niceta dar. Im 4. oder 5. Buch stand jedoch die Erklärung des Psalmes 22, die als offizielle »Traditio psalmi« in einigen Gegenden, so nachweisbar in Kampanien, im Gottesdienst üblich war.[46] Es ist die von mir als Sermo A 19 herausgegebene Katechese »Psalmum vobis . . . tradimus«, die deutlich die Sprache des Niceta zeigt.[47]

Liber V. Gennadius sagt kurz: »Quintus de symbolo«. Wie ich zeigen konnte, gehört hierher nicht nur die von Burn (38–54) aufgeführte »Explanatio symboli«, sondern auch die mit den Sermonen »De sacramentis« in einigen Handschriften verbundene kurze Symbolum-Erklärung »Celebrata hactenus mysteria scrutaminum«, die bei der liturgischen »Traditio symboli« am Sonntag vor Ostern gehalten wurde, während es sich bei der »Explanatio symboli« um eine ausführliche, auf mehrere Tage ausgedehnte Katechese über das Glaubensbekenntnis[48] handelt.[49]

Die kleinen Stücke, die Bischof Arn aus dem 5. Buch exzerpiert hat, lassen erkennen, daß die »Explanatio symboli«, wie sie in den Handschriften überliefert wird, eine etwas gekürzte Überarbeitung darstellt.[50] Ich habe versucht, die ursprüngliche Fassung des Textes zu Beginn wieder herzustellen.[51]

Liber VI. Bei Gennadius lesen wir: »Sextus de agni paschalis victima«. Gemeint ist damit allem Anschein nach der Inhalt des Sermo I dieses Buches. Wie ich zeigen konnte, ist die hier angesprochene Katechese im Sermo »Hodie populus Israel« (Gamber A 22)[52] erhalten; es handelt sich um eine Erklärung der Lesung aus Ex 12

(Einsetzung des jüdischen Osterlamms), wie sie in fast allen Liturgien zu Beginn der Osternachtfeier vorgetragen wurde.[53] Zum gleichen Buch gehörte sehr wahrscheinlich auch der in der gleichen Handschrift damit unmittelbar verbundene Sermo »Omne psalterium sagaci mente perlustrans« (Gamber A 23), eine Erklärung von Ps 41, der auf dem Zug der Täuflinge zum Taufbrunnen gesungen wurde.[54] Der Titel im Sessorianus 55 (7./8. Jh.) lautet: »ad neophytos in die sancto paschae«. Hier wird Augustinus als Autor genannt.

Die Katechesen des Kyrill von Jerusalem, die Niceta bei der Abfassung seines großen katechetischen Werkes neben Ambrosius-Schriften benützt hat, schließen mit mystagogischen Katechesen, in denen den Neophyten die in der Osternacht empfangenen Sakramente erklärt werden. Solche müssen wir auch für die »Instructio« voraussetzen. Daß sie in den später unter den Namen des Ambrosius von Mailand überlieferten 6 Sermonen »De sacramentis« (so genannt nach den Anfangsworten) vorliegen, wurde von mir in einer eigenen Studie ausführlich nachgewiesen.[55] Auch wenn sich die Patrologen diese These bis jetzt noch nicht allgemein zu eigen gemacht haben,[56] bin ich persönlich nach wie vor von deren Richtigkeit überzeugt. Es genügt hier, nochmals auf einige wichtige Punkte hinzuweisen:

1. Die in den ältesten Handschriften, so im Sangallensis 188 (8. Jh.) anonym überlieferten Sermonen »De sacramentis« können nicht auf Ambrosius zurückgehen, weil die ihnen zugrunde liegende Liturgie von der Mailänder abweicht, wie sie Ambrosius in seiner Schrift »De mysteriis« beschreibt.[57] Dies wurde von mir in einem eigenen Aufsatz, im Zusammenhang mit der Besprechung des Buches von J. Schmitz »Gottesdienst im altchristlichen Mailand« abermals dargelegt.[58]

2. Der von O. Faller herangezogene, angeblich für eine Autorschaft des Ambrosius sprechende Titel im genannten Sangallensis 188: »excepto alterius«, wobei »excepto« als Stenogramm-Nachschrift verstanden wird,[59] bedeutet nichts anderes als »Auszug (exceptum ist P.P.P. von »excipere« = entnehmen) aus einem anderen (Werk)«. Richtig ist, daß die betreffenden Sermonen die Nachschrift eines Hörers darstellen.[60] Dies geschah vermutlich sogar im Auftrag des Redners. Die getreue Nachschrift liegt jedoch allein in der Handschriftenfamilie φ (nach der Edition von Faller)[61] vor, während

die übrigen Handschriften-Gruppen, denen die Mehrzahl der Zeugen angehören, eine Überarbeitung aufweisen.[62] Eine ähnliche Überarbeitung zeigen auch andere Schriften des Niceta auf, so vor allem »De lapsu Susannae« sowie »De vigiliis« und »De psalmodiae bono«.[63] Die kürzere Fassung stellt auch hier das gesprochene Wort dar.

3. Die Nähe unserer Sermonen zum Traktat »De mysteriis« des Ambrosius (die zur Annahme führte, dieser Traktat sei die literarische Ausarbeitung des in »De sacramentis« gesprochenen Wortes) erklärt sich aus der Tatsache, daß Niceta diesen Traktat benützt hat, wie er auch in anderen Arbeiten deutlich von entsprechenden Schriften des Mailänders abhängig ist.[64] Doch hat Niceta daneben, wie gesagt, auch andere Autoren eingesehen.

4. Daß in späteren Handschriften Ambrosius als Autor unserer Katechesen genannt wird, ist durch die bereits von Cassiodor († 590) bezeugte Sitte bedingt, den Ambrosius-Schriften Traktate ähnlichen Inhalts anderer Autoren beizufügen.[65] In den ältesten Verbindungen von »De mysteriis« und »De sacramentis« weisen letztere noch keinen eigenen Titel mit Nennung eines Verfassers auf.[66]

5. Der oben genannte Sermo »Hactenus celebrata mysteria«, in dem m. E. die 1. Katechese des 5. Buches der »Instructio« vorliegt – er erscheint in einer kleinen Gruppe von Handschriften den Sermonen »De sacramentis« vorangestellt – und der von R. H. Connolly und O. Faller ebenfalls Ambrosius zugeschrieben wird,[67] kann unmöglich auf diesen zurückgehen. Darin wird nämlich, wie sich zeigen läßt, die erst nach dem Tod des Ambrosius, etwa um 400 entstandene Symbolum-Erklärung des Rufinus von Aquileia als Vorlage genommen, was auch für die sicher auf Niceta zurückgehende »Explanatio symboli«, die auf den Sermo »Hactenus celebrata mysteria« folgende Katechese, gilt.[68]

6. In den erhaltenen Stücken der »Instructio« ist eine Abhängigkeit von den Katechesen des Kyrill von Jerusalem festzustellen, worüber bereits Platin ausführlich gehandelt hat.[69] Die gleiche Abhängigkeit liegt in den Sermonen »De sacramentis« vor.[70] Auch dies spricht gegen eine Autorschaft des Ambrosius, da nach dem Zeugnis mehrerer Handschriften die mystagogischen Katechesen erst vom Nachfolger des Kyrill, Bischof Johannes (386–417) herausgegeben wurden und sie deshalb Ambrosius kaum mehr gekannt haben kann.[71]

7. Gemeinsam zwischen den bisher schon dem Niceta zugewiesenen Werken und einigen von mir dazu genommenen, darunter »De sacramentis«, ist der tadelnde Hinweis auf die Praxis der »graeci in oriente«. Gemeint ist die Nachbar-Metropole Byzanz. Mitten durch Remesiana zog die große Heer- und Handelsstraße, die vom Westen des Reiches über Sirmium nach Konstantinopel führte.[72] Eine Berührung mit den »Griechen« war deshalb ständig gegeben, weshalb Niceta seine Taufschüler auf einige zu tadelnde Sitten der Byzantiner hinweisen zu müssen glaubte.[73]

Zum Abschluß eine Übersicht über die erhaltenen Stücke nach der Zählweise meiner Niceta-Ausgabe:

Liber I   [...] I 2,1–17 [...] I 1,2–5 [...] I 1,7 [...]
            I 1,12 [...] I 2a, 2–24 [...]
Liber II: [...] A 9–A 13 [...]
Liber III: [...] III,2–III,3 [...]
Liber IV: [...] A 19,1–39 [...]
Liber V: V 1,1–32 (mit Titelangabe »De die dominicae ascensionis«
            = Palmsonntag)[74] [...] V 3,1; 2,2–6 (unter Einfügung von
            V 3,2: »Haec sunt ... ducunt« nach: »esse intellegimus«)
            3,2; 2,9; V 3,3–36 [...]
Liber VI: A 22 (mit Titelangabe: »In vigilia paschae«); A 23 [...]
            VI 1–VI 6.

III

Niceta als Hymnendichter

In seiner Schrift »De psalmodiae bono«, in der er sich zugleich gegen die Ablehnung des Hymnengesangs »in orientalibus partibus« des Reiches wendet (Gamber IV 4,3), spricht Niceta engagiert vom kirchlichen Gesang, der nach damaligem Brauch vor allem im Vortrag von Psalmen und Cantica bestand.[75] Seit jedoch die Hymnen des Ambrosius von Mailand begeisterte Zustimmung bei den Gläubigen gefunden hatten,[76] wurden diese schon bald auch außerhalb von Mailand gesungen. Ausdrücklich bezeugt werden durch Niceta die Hymnen »Splendor paternae gloriae« und »Intende qui regis Israel«, letzteren bezeugt für Nordafrika auch Augustinus (Sermo 372,3).[77]

Die von ihm in der genannten Schrift aufgezählten »Cantica quae dei canit ecclesia« (Gamber IV, 4, 19) entsprechen, wie G. Morin gezeigt hat,[78] fast genau dem Brauch von Konstantinopel und weichen in der Ordnung und Anzahl gegenüber einigen anderen Kirchen, so der von Mailand, ab. Auffällig ist, daß das 9. Canticum (Magnificat) nicht der Gottesmutter, sondern Elisabeth in den Mund gelegt wird.[79]

Daß Niceta Hymnen gedichtet hat, erfahren wir durch Gennadius nicht; wir wissen dies jedoch durch Paulinus von Nola, der von der »lingua Nicetae modulata Christum« spricht und seinem Freund zuruft:

Ingredere haec psalmis recinens, antistes, et hymnis.

Er schildert in schönen Worten, wie die Bessen und Skythen sich von Niceta unterweisen lassen, Christus in Liedern zu verherrlichen (Carmen XVII 90–92):

Ut choris illis citus interessem
qui deum Christum duce te canentes sidera pulsant,

und an anderer Stelle (261 f.):

Orbis in muta regione per te
barbari discunt resonare Christum.

Die Kunde von den frommen Liedern der einst so wilden Bessen war auch zu Hieronymus gedrungen, der um 396 in Ep. 60,4 schreibt: »Bessorum feritas et bellitorum (sc. Getorum et Dacorum) turba populorum, qui mortuorum quondam inferis homines immolabant, stridorem suum in dulce crucis fregerunt melos et totius mundi una vox Christus est.«[80]

In der bisherigen Forschung wurde Niceta vor allem als Autor des Morgenhymnus »Te Deum« gesehen,[81] wenn dieser Zuweisung auch nicht von allen Hymnologen zugestimmt wird.[82] Ein starkes Gewicht haben hier neben zwei festländischen Handschriften[83] vor allem 10 irische, die Niceta als Urheber angeben.[84] Da die irische Kirche während der Völkerwanderungszeit vom übrigen Abendland weithin abgeschnitten war und daher eine ältere Tradition getreuer bewahrt hat als dies anderswo geschah, kommt dem Zeugnis dieser Handschriften besonderes Gewicht zu. Dabei macht es kaum etwas aus, daß hier Niceta als Papst bezeichnet wird, was durch die Beifügung »de Romatiana« (= Remesiana) zu dessen Namen irrtümlich geschlossen wurde.

Als frühes abendländisches Gegenstück zum morgenländischen »Gloria in excelsis deo« ist das »Te Deum« jedoch wesentlich älter als Niceta. Es spielen bereits Tertullian und Cyprian deutlich auf diesen Hymnus an.[85] Doch scheint der Bischof von Remesiana den Text in die Fassung gebracht zu haben, wie er von den späteren Handschriften, vor allem den irischen, überliefert wird. In erster Linie dürfte auf ihn die trinitarische Formel:

Patrem immensae maiestatis,
venerandum tuum verum et unicum filium,
sanctum quoque paraclitum spiritum

zurückgehen,[86] vielleicht auch die Anfügung bestimmter Psalmverse, wie sie ähnlich in der morgenländischen Fassung des Gloria zu finden sind.[87]

Im Gegensatz zu den genannten Handschriften nennt ein Codex aus dem Kloster St. Emmeram in Regensburg (Clm 14 248) aus dem 9. Jh. nicht Niceta, sondern einen »sanctus Helarius« als Verfasser des »Te Deum«: »Hymnum quae(!) sanctus Helarius primum composuit.« Eine ähnliche Angabe finden wir in den »Quaestiones grammaticae« des Abbo Floriacensis.[88] Nach den obigen Ausführungen hinsichtlich der verschiedenen Namen des Bischofs von Remesiana ist dies nicht weiter verwunderlich und umgekehrt eine Bestätigung der dort aufgestellten Hypothesen.

Das »Te Deum« begegnet uns auch im Antiphonar von Bangor (7. Jh.), einem irischen Chorbuch mit mehreren Cantica, Hymnen und Orationen,[89] wobei der erste Hymnus »Hymnum dicat turba fratrum« ebenfalls einem »sanctus Helarius« zugewiesen wird. Diese Zuweisung könnte auch für die übrigen Hymnen in diesem Liturgiebuch gelten, soweit nicht eigens ein Autor, wie Patricius oder Comgillus, genannt ist. Der Hilarius-Kenner A. L. Feder hat gezeigt, daß der Bischof gleichen Namens von Poitiers als Verfasser dieser Hymnen jedenfalls nicht in Frage kommt.[90]

Wir besitzen neben dem genannten irischen Antiphonar, von dem es eine Schwester-Handschrift gibt, die in Turin aufbewahrt wird,[91] ein bis jetzt wenig beachtetes Fragment einer Hymnensammlung, die im 8. Jh. in Irland abgeschrieben wurde.[92] Das Fragment beginnt defekt im eben genannten Hymnus »Hymnum dicat turba fratrum«, enthält dann den responsorialen Gesang »Spiritus divinae luscis«, der ebenfalls im Antiphonar von Bangor erscheint, und schließlich das »Te Deum«, womit es defekt abbricht.

Es ist nicht auszuschließen, daß dieses Fragment den Rest einer Sammlung von Hymnen unseres Bischofs darstellt. Schon früh nach Irland gekommen, hat die Sammlung hier im späteren Antiphonar einen festen Platz erhalten. Die vollständige Hymnen-Handschrift hat vielleicht alle Niceta-Hymnen beinhaltet.

Auf der Suche nach weiteren Hymnen des Niceta fällt der Blick auf den Hymnus »Rex sanctorum angelorum« eine Umdichtung der Allerheiligen-Litanei, wie sie im römischen Ritus, dem Niceta bekanntlich gefolgt ist,[93] innerhalb der Osternachtliturgie vor der Taufe gesungen wurde.[94] Das Lied ist, wie das erwähnte »Spiritus divinae gloriae«, für einen responsorialen Vortrag bestimmt, d. h. ein Vorsänger oder der Chor trug die einzelnen Verse vor, das Volk wiederholte jeweils den Kehrvers. Es hat mit dem genannten Hymnus »Hymnum dicat turba fratrum« das Versmaß gemeinsam. Dabei bestehen in der Strophe:

Et laetetur mater sancta   tota nunc ecclesia
ex profectu renascentis   tantae multitudinis

auffällige Beziehungen zur Stelle in »De sacramentis« (Gamber VI 5,14): »Gaudet ecclesia redemptione multorum«.

Zur Zeit des Niceta haben sich bekanntlich nach den Bewohnern der großen Städte auch die »pagani«, die Landbewohner, in verstärktem Maß (daher: »tantae multitudinis«) dem Christentum zugewandt, was in Remesiana und in ganz Dacien, wie wir hörten, durch die rege Missionstätigkeit unseres Bischofs in hohem Maße gefördert wurde.

Neuerdings wird als Autor des Hymnus »Mediae noctis tempus est«,[95] der ebenfalls im irischen Antiphonar von Bangor zu finden ist, unser Niceta angenommen.[96] Es handelt sich dabei um ein Lied, für den mitternächtlichen Gottesdienst, näherhin für eine »pernoctatio«, wie die Vigilien von Niceta genannt werden (vgl. Gamber III 3,37), und für deren allgemeine Feier in den Nächten zum Samstag und Sonntag unser Bischof in seiner Schrift »De vigiliis« (Gamber IV 3) mit Nachdruck eingetreten ist.[97] Es bestehen auch inhaltliche Beziehungen zwischen dem Hymnus und der Schrift.

Ein weiterer Hymnus »Ad cenam agni providi« ist ebenfalls u. a. in irischen Liturgiebüchern zu finden.[98] Er wurde früher Ambrosius zugeschrieben und war ursprünglich für die Feier der Osternacht bestimmt.[99] Anklänge an Niceta-Schriften sind hier besonders deutlich, so schon in der 1. Strophe:

Ad cenam agni providi   (i)stolis[100] albis candidi
post transitum maris rubri   Christo canamus principi.

Von den weißen Kleidern der Täuflinge spricht Niceta in seinen Taufkatechesen, ebenda auch vom Durchgang durchs Rote Meer.[101]

Schließlich können noch die beiden folgenden Hymnen auf Niceta zurückgehen: einmal der am Schluß des Ps-Hilarius-Briefes »Ad Apram« beigefügte Morgenhymnus »Lucis largitor splendide«,[102] und dann der in der »Epistola de lapsu Susannae« des Niceta genannte »Hymnus virginitatis«, von dem er sagt: »Frustra hymnum virginitatis exposui, in quo et gloriam propositi et observationem pariter decantares«. Wahrscheinlich handelt es sich um den Hymnus »Iesu corona virginum«, der verschiedentlich Ambrosius zugewiesen wird, von dem jedoch der Hymnologe G. M. Dreves meint, er stamme vom Verfasser der genannten Epistola.[103]

Soviel in Kürze zu Hymnen, für die Niceta von Remesiana mit mehr oder weniger großer Wahrscheinlichkeit in Frage kommt. Sie zeigen fast alle das gleiche Versmaß und den gleichen Stil: sie haben dabei große Ähnlichkeit mit echten Ambrosius-Hymnen, was nicht verwunderlich ist, da ja Niceta im großen Mailänder Bischof sein Vorbild gesehen hat.

Der heilige Severin
Mönch und Helfer in der Not der Völkerwanderung[1]

Durch die Völkerwanderung ging für die westlichen Gebiete des römischen Reichs eine lange Periode des Friedens zu Ende. Die »Pax romana«, der bewaffnete Frieden, bedingt durch den militärischen Schutz der römischen Legionen am Rhein und an der Donau, hatte diesen Teil des Imperium Romanum mehrere Jahrhunderte hindurch Ruhe und Sicherheit geschenkt. Nur an den Grenzen fanden gelegentlich kleine Gefechte statt. Im Hinterland blühte der Wohlstand; es herrschte ein reger Handel und Verkehr.

Dies alles änderte sich in der Mitte des 5. Jahrhunderts. Überfälle, Plünderungen und Gewalttätigkeiten waren damals in den Nordprovinzen Norikum (heute Österreich) und Rätien II (heute Südbayern) an der Tagesordnung. Sie erfolgten durch die jenseits der Donau wohnenden Germanenstämme der Rugier, Heruler, Thüringer und Alemannen. Es ist erschütternd zu lesen, wie sehr die römische und die romanisierte keltische Bevölkerung der genannten Gebiete unter diesen ständigen Überfällen und Raubzügen zu leiden hatte.

Wir sind eingehend darüber unterrichtet durch die Lebensbeschreibung des heiligen Severin, der in diesen beiden Provinzen mehrere Jahre lebte, bis er im Jahr 482 starb. Verfasser dieser »Gedenkschrift« ist Eugippius. Er gehörte zum Schülerkreis des Heiligen und war später Abt des Klosters Lucullanum bei Neapel, wohin die Gebeine Severins gebracht worden waren.

Der Mönch Severin war um das Jahr 455 aus dem Osten des Reiches nach Norikum gekommen. Seine Herkunft hat er stets verschwiegen, obwohl er immer wieder danach gefragt worden war. Es spricht einiges dafür, daß er früher ein hohes Staatsamt innehatte. Vielleicht war er sogar römischer Konsul; jedenfalls war er mit dem weströmischen Kaiserhaus befreundet, wie er auch auf dem Landgut der Witwe des Kaisers Romulus Augustulus seine letzte Ruhestätte gefunden hat.

Severin war nicht als Glaubensbote nach Norikum gekommen, vielmehr als Helfer in den Bedrängnissen und der Not der damaligen unruhigen Zeit, als in diesen Gebieten eine alte Ordnung zusammenbrach. Severin war eine ganz große Persönlichkeit und muß eine ungeheure Ausstrahlungskraft besessen haben. Vor seiner ehrfurchtgebietenden Patriarchengestalt wurden selbst Barbarenkönige unsicher. Gibuld, der König der Alemannen, soll sogar, als er sich mit Severin in Batavis (Passau) traf, regelrecht zu zittern angefangen haben. Severin besaß auch die Gabe der Weissagung. Als ihn einst ein junger Mann in armseligem Gewand mit Namen Odoaker in seiner Zelle besuchte, sagte er ihm seine Zukunft als König von Italien voraus. Sein Seherblick bewahrte die Einwohner der Donauprovinzen immer wieder vor drohendem Unheil, nachdem sie von ihm noch rechtzeitig vor den Einfällen gewarnt werden konnten.

Sein rastloses soziales Wirken verschaffte den Menschen in Notzeiten Nahrung und Kleidung, manchmal sogar auf wunderbare Weise, so durch das Ölwunder in der Bischofskirche von Lauriacum (Lorch). Während die Anwesenden das Wunder schweigend bestaunten, brach einer in die Worte aus: »Dieser Ölkrug wächst und rinnt wie eine Quelle!«, worauf das Öl zu fließen aufhörte.

Kein Wunder, daß man Severin gern zum Bischof gemacht hätte. Dieser hat jedoch jedesmal abgelehnt, um sich ganz dem monastischen Leben und den sozialen Aufgaben seiner Zeit widmen zu können. Auch ohne Bischofsweihe war dieser Mönch sowohl das geistliche wie auch das weltliche Oberhaupt Norikums. Persönlich bedürfnislos und, wie die alten Wüstenmönche streng gegen sich selbst – so ging er immer, auch im Winter, barfuß –, hatte Severin dennoch einen Blick für die Bedürfnisse und irdischen Nöte seiner Mitmenschen, wenn ihm auch vor allem deren Seelenheil am Herzen lag.

Aus der Severins-Vita geht eindeutig hervor, daß die Provinzen an der oberen Donau in der 2. Hälfte des 5. Jahrhunderts weitgehend christianisiert waren. Es gab in allen Städten und Kastellen Priester und Diakone sowie weitere Kleriker. Unter den letzteren werden erwähnt Subdiakone und Ostiarier (Türhüter). Einmal ist auch von einer »gottgeweihten Jungfrau« die Rede. Zu den niederen Klerikern gehörte der Kirchensänger (Cantor). Ein solcher hatte die liturgischen Lesungen sowie die Psalmen und andere Gesänge vorzutragen. Zum mindesten in den Hauptstädten der Provinzen saßen Bischöfe. Sie wurden damals noch vom Klerus und Volk der betreffenden Stadt gewählt.

Jeder Ort hatte eine oder mehrere Kirchen. Nicht wenige dieser

Gotteshäuser sind in den letzten Jahrzehnten in ihren Fundamenten wieder ausgegraben worden, so unlängst in Passau-Innstadt die St.-Severins-Kirche. Bei einigen befand sich, wie in Asturis, ein Kranken-Hospiz. Überall im Land hatte Severin Klöster errichtet. Sie waren nach damaliger Gewohnheit von nur wenigen Mönchen bewohnt und befanden sich außerhalb der Ortschaften. Das älteste und größte Kloster befand sich in Favianis (Mautern, N. Ö.). Wenig abseits davon hatte sich Severin eine kleine Zelle errichtet, doch kam er zum Morgen- und Abendgottesdienst stets in das Kloster.

Was die liturgischen Gepflogenheiten betrifft, so gibt uns auch darüber die Severins-Vita Aufschluß. Gleich zu Beginn der Vita lesen wir, daß die Einwohner von Comagenis (Tulln, N. Ö.) auf Anordnung Severins für drei Tage ein allgemeines Fasten hielten. Da die Not unter der Bevölkerung, wie gesagt, groß war, tat Severin ein Zweifaches: er half und er ließ beten. Er schaffte nicht nur Lebensmittel und Kleider herbei oder setzte sich für die Befreiung von Kriegsgefangenen ein, er rief auch immer wieder ein dreitägiges Fasten aus.

Fasten bedeutete zu damaliger Zeit, sich den ganzen Tag von jeglicher Nahrung zu enthalten und erst gegen Abend etwas zu essen. Severin fastete auf diese Weise das ganze Jahr hindurch, indem er, außer an bestimmten Tagen, niemals vor Sonnenuntergang etwas zu sich nahm.

Severin ist nicht immer in seiner Zelle in Favianis geblieben; er ist viel im Land herumgereist, um den Menschen zu helfen und sie zu trösten, vor allem der Donau entlang von Wien bis Künzing. Als er während des Sommers einmal in Iuvao (Salzburg) war und man sich am Abend zum Gottesdienst versammelte, fehlte Feuer, um die Lichter in der Kirche anzuzünden. Es wurde versucht, Feuer aus einem Stein zu schlagen, doch dauerte dies zu lange, so daß die übliche Zeit für das abendliche Opfer vorüberging. Da flammte auf ein Gebet Severins hin die Wachskerze in seiner Hand von selbst auf und es konnte nun, wie gewohnt, mit dem Gottesdienst begonnen werden.

Anläßlich seines Aufenthaltes in Cucullis (Kuchl oberhalb Salzburgs) wird berichtet, daß es dort Neugetaufte gab, die noch nicht ganz mit dem Heidentum gebrochen hatten. Severin ordnete daraufhin ein dreitägiges Fasten an und befahl, daß am dritten Tag jede

Familie am Abend zum Gottesdienst eine Kerze mitbringen und eigenhändig über ihrem Platz an der Kirchenwand, wo sie saßen, anbringen solle. Als der Psalmengesang der Vesper zu Ende war, forderte Severin zu Beginn der Opferfeier die anwesenden Priester und Diakone auf, zu Gott zu beten, damit die Götzendiener offenbar würden. Nach diesem Gebet flammten die Kerzen der Gläubigen von selbst auf, während die anderen ohne Flamme blieben.

Die Feier der Eucharistie scheint in Norikum an vielen Tagen den Abschluß des Vesper-Gottesdienstes gebildet zu haben, ein Brauch, der aus dem Orient stammt, wo dies heute noch an den Vigilien der großen Feste der Fall ist.

Eigentliche Nachtgottesdienste fanden nur in den Klöstern statt. Severin hat jedoch diese monastische Sitte in Zeiten der Not auch in den einzelnen Gemeinden einzuführen versucht, sehr zum Unwillen einiger Kleriker. So meinte einmal ein Priester zu ihm:»Geh fort, du Heiliger, geh nur schleunig, auf daß wir nach deinem Abschied mit dem Fasten und den Nachtwachen auf ein Weilchen Schluß machen können!«

Gewöhnlich dürften die Nachtwachen auf die Osternacht und auf die Nächte vor den großen Festen beschränkt gewesen sein; vor allem aber waren sie bei den feierlichen Exequien üblich, wie sie für einen verstorbenen Bischof oder Priester vor der Beerdigung oder an den Jahrtagen abgehalten wurden.

So erfahren wir von einem solchen Vigilgottesdienst für den Priester Silvanus in Quintanis (Künzing), zu dem die Priester und Diakone der Umgebung erschienen waren. Die Verstorbene war in der Kirche aufgebahrt, während die Anwesenden die ganze Nacht mit Psalmengesang zugebracht haben, bis Severin sie hinausschickte, damit sie sich etwas der Ruhe hingeben konnten. Nur seine Begleitung behielt er zurück. Dann kniete er sich lange zum Gebet nieder und trat schließlich an die Bahre, wo der Tote lag und sprach:»Im Namen unseres Herrn Jesus Christus, Priester Silvinus, sprich mit deinen Brüdern!«Als dieser die Augen öffnete, fragte er ihn:»Sollen wir den Herrn bitten, daß er dich uns noch weiterhin am Leben lasse?«Doch dieser erwiderte:»Ich beschwöre dich beim Herrn, mich nicht der ewigen Ruhe zu berauben, in deren Genuß ich mich schon sah.«Und nach diesen Worten entschlief er.

So gewinnen wir durch die Severins-Vita ein anschauliches Bild von einem regen kirchlichen Leben in den oberen Donauprovinzen während der 2. Hälfte des 5. Jahrhunderts. Regensburg wird leider darin nicht erwähnt, vermutlich deshalb, weil die Stadt damals schon in der Gewalt der Alemannen und Residenz des Königs Gibuld war, der sich von hier aus einmal, wie gesagt, mit Severin in Passau traf. Künzig ist der am weitesten westlich gelegene Ort, den der Heilige, soweit wir wissen, besucht hat.

Leider ist durch den Einfall verschiedener Völkerschaften, zuletzt (um 600) der Awaren, das hier blühende Christentum rasch, wenn auch nicht vollständig, ausgelöscht worden. Teile der romanischen Bevölkerung konnten sich mit dem Leichnam Severins nach Süden absetzen, wo sie im Kernland Italien eine neue Heimat gefunden haben.

Bischöfe in Regensburg schon zur Römerzeit?

Diese Frage wurde schon früher immer wieder gestellt, ohne daß man zu einer sicheren Lösung gelangen konnte. Doch haben sich durch den Vergleich mit den Verhältnissen in der Nachbarprovinz Norikum in letzter Zeit überraschend neue Gesichtspunkte ergeben, die in meinem Buch »Sarmannina. Studien zum Christentum in Bayern und Österreich während der Römerzeit« niedergelegt sind.[2] Im Wesentlichen geht es um folgendes:

Nachdem das Christentum vom Kaiser Konstantin Freiheit und öffentliche Anerkennung erhalten hatte, bildeten die Grenzen der staatlichen Bezirke zugleich die Abgrenzung der kirchlichen Diözesen. Als dann gegen Ende des 4. Jahrhunderts unter Kaiser Theodosius die heidnischen Kulte verboten worden waren, übernahmen die Bischöfe in den Zentren das Amt des bisherigen Oberpriesters, der »Pontifex« hieß, und wurden damit zu Metropoliten der betreffenden Provinz.

So gab es in der Provinz Norikum, die einen Teil des heutigen Österreich darstellt, nach ihrer Teilung in Ufer- und Binnen-Norikum, wie wir aus der Vita des heiligen Severinus († 482) wissen, zwei Träger dieses Amtes: der eine befand sich in Lauriacum (heute Lorch bei Linz) – er hieß Constantius –, der andere in Teurnia (heute St. Peter im Holz, Kärnten) mit Namen Paulinus. Beide Orte sind schon lange keine Bischofsitze mehr.

Was die Provinz Raetia II betrifft – sie kam nach 500 unter die Herrschaft der Agilolfingerherzöge und fällt im Wesentlichen mit dem altbayrischen Gebiet zusammen –, sehen wir nicht so klar wie hinsichtlich der Provinz Norikum. Politische bzw. militärische Zentren waren im 4. Jahrhundert in Raetia II die Orte Reginum, auch Regino genannt (Regensburg), das die Agilolfinger später zu ihrer Hauptstadt gemacht haben, und Augusta Vindelicorum (Augsburg).

Daß Augsburg – schon früh eine bedeutende Stadt – in spätrömischer Zeit einen Bischof hatte, ist unbestritten. Was Regensburg betrifft, so hängt dies von der Frage ab, ob Reginum bereits damals »Municipium« war und somit Stadtrecht besaß. Auf der Synode von Sardica des Jahres 343 war nämlich bestimmt worden, daß in allen

Städten (civitates) des Reichs Bischöfe einzusetzen seien. Die entscheidende Frage ist daher: War Regensburg bereits im 4. Jahrhundert »Civitas« oder als »Castra Regina« nur ein stark befestigtes Legionslager?

Die Frage läßt sich klären, wenn wir die Verhältnisse in Lauriacum betrachten. Lauriacum war nämlich wie Reginum seit dem 2. Jahrhundert n. Chr. Standort einer römischen Legion. In der einen Festung lag die Legio II, in der anderen die Legio III Italica. Beide Truppenlager hatten eine ausgedehnte Zivilstadt, die »Canabae« oder »Suburbium« genannt wurde.

Hier gab es Tempel und Altäre – der Haupttempel von Lauriacum wurde in den letzten Jahren in seinen Fundamenten unter der Pfarrkirche von Lorch ausgegraben, der von Reginum dürfte unter der St. Emmeramskirche zu suchen sein –; hier saßen die Handwerker, Händler und Gastwirte; hier wohnten Offiziere sowie Angehörige der Soldaten. Von den Regensburger Canabae mit ihren »Insulae« (Quartieren) sind erst vor einigen Jahren umfangreiche Reste unter dem Bismarckplatz freigelegt worden; sie zeigen, daß es in der Zivilstadt schon früh nicht nur Holzbuden, sondern auch und zwar in der Überzahl Häuser aus Stein mit komfortablen (heizbaren) Wohnungen sowie »Portici« (Säulenhallen) gab.

Auch hatte es in Reginum, genauso wie in Lauriacum, sicher bereits Ende des 3. Jahrhunderts unter den Soldaten und der Zivilbevölkerung zahlreiche Christen gegeben. So starben in der Verfolgung des Kaisers Diocletian in Lauriacum der heilige Florianus und mit ihm weitere vierzig Soldaten i. J. 303 den Märtyrertod. In Regensburg hat man eine Gedenktafel für eine Sarmannina, die »den Märtyrern beigesellt wurde«, gefunden.

Eine weitere »Memoria« (Gedächtnisstätte) bzw. »Confessio« stellt der (wie anzunehmen ist) spätrömische Steinaltar im »Alten Dom« in Regensburg dar. Welcher Heilige einst darunter begraben war, wissen wir nicht – vermutlich ein Bischof, der den Märtyrertod erlitten hat. Eine Confessio wurde jedenfalls nur über Gräbern bedeutender Märtyrer errichtet.

Durch eine Öffnung an der Rückseite des Altars konnten von den Gläubigen Tücher (»Brandea«) zum Grab des Heiligen hinabgelassen werden, die dann als Reliquien verehrt wurden. Das Grab selbst galt in der Antike als unverletzbar, sodaß keine Reliquien direkt vom

Leichnam gewonnen werden konnten. Der Brauch der Brandea hörte später auf.

Etwas schlichter als der genannte Steinaltar in Regensburg – er hat eine Länge von über 2 m und ist aus einem einzigen Stein gemeißelt – war die Confessio der vierzig Märtyrer von Lauriacum. Da deren Leiber in der Verfolgung verbrannt worden waren, sind von ihnen nur wenige Gebeine übrig geblieben, die von den Christen gesammelt und in einer Steinkiste unter dem Altar der Hauptkirche von Lauriacum beigesetzt wurden. Die Steinkiste ist bis heute mitsamt der Reliquien erhalten.

Durch einen glücklichen Zufall wurden in Lorch Teile der metallenen Stadterhebungsurkunde aus dem Jahr 202 gefunden. Diese Urkunde macht deutlich, daß schon wenige Jahrzehnte nach der Gründung des Legionslagers die Erhebung von Lauriacum zum »Municipium« erfolgt war. Es ist sicher erlaubt, entsprechende Rückschlüsse auf die Verhältnisse in Reginum zu ziehen, auch wenn hier bis jetzt kein derartiger Fund gemacht wurde. Vorläufig läßt sich nur nachweisen, daß es einen Aedil, einen städtischen Beamten, gegeben hat, was jedenfalls für die Annahme spricht, daß Reginum schon früh Stadtrecht besaß.

Dazu kommt, daß auf der spätrömischen Straßenkarte, der »Tabula Peutingeriana«, der Ort Reginum, ähnlich wie etwa Verona und andere bedeutende Zentren des römischen Reiches, als befestigte Stadt gekennzeichnet erscheint, wie auch Bischof Arbeo von Freising in der Mitte des 8. Jahrhunderts von ihr als der »Metropole Bayerns« spricht und ihre starke Befestigung hervorhebt.

Aus der wenig gesicherten Überlieferung, die zudem in höchstem Maße lückenhaft ist, kennen wir nur den Namen eines einzigen Bischofs aus spätrömischer Zeit, nämlich den des Romanen Lupus. Dieser soll beim Einfall heidnischer Bayern gegen Ende des 5. Jahrhunderts erschlagen worden sein. Lupus war allem Anschein nach der letzte einer Reihe von Bischöfen, die seit dem 4. Jahrhundert in Regensburg als »Pontifex« gewirkt haben und Romanen waren. Nach frühchristlicher Sitte dürften ihnen »Chorepiscopi« (Landbischöfe) zugeordnet gewesen sein. Ein solcher Chorepiscopus war wohl der gegen 450 in der Provinz Raetia II tätige Abt-Bischof Valentinus. Wir wissen nicht genau, wo er gewirkt hat, ob in Südtirol (Säben) oder in Passau bzw. Regensburg.

In Rom muß man aber noch im 8. Jahrhundert von einem spätrömischen Bischofsitz in Reginum gewußt haben, da die Kurie die deutlich auf eine frühe Zeit zurückreichende Bezeichnung »Ecclesia Reginensis« – was soviel heißt wie »Kirche (= Diözese) von Reginum« – kannte und in mehreren Schreiben benützte, obwohl die Stadt schon längst nicht mehr Reginum, sondern Radasbona bzw. Reganesburc hieß.

Der Ecclesia Reginensis hatte allem Anschein nach der größere (westliche) Teil der Provinz Raetia II (später auch Teile von Norikum) unterstanden. Erst durch Bonifatius kam es, wie wir wissen, zu einer Aufteilung dieses Gebietes in mehrere selbständige Diözesen, nämlich Regensburg, Freising, Passau, Salzburg, Neuburg und Säben. Zuvor hatten in den genannten Orten bereits einige Jahrzehnte lang Bischöfe, wie der heilige Rupert in Salzburg – er war wie Valentinus Abt-Bischof – und der heilige Corbinian in Freising gewirkt, ohne daß diese eine fest umrissene Diözese verwaltet hätten. Der zuständige Pontifex war bis dahin (739) immer noch der Bischof in der Residenz des Herzogs, also der von Regensburg.

Daß schließlich (um 800) nicht dieser, sondern der von Salzburg zum Metropoliten der bayrischen Kirchenprovinz ernannt wurde, steht in Zusammenhang mit der kurz zuvor (788) erfolgten Absetzung des Herzogs Tassilo III durch König Karl d. Gr. Dieser wollte den ihm in jenen kritischen Jahren des Kampfes um Bayern treu ergebenen Bischof Arn von Salzburg ehren und hat deshalb ihm (und seinen Nachfolgern) diese Würde verliehen, die von der Tradition her an sich dem Bischof von Regensburg zugestanden hätte.

In einem Meßbuch aus der Regierungszeit Tassilos, das auch später noch in der einst herzoglichen, nun königlichen Pfalzkapelle benützt wurde und das jetzt in Prag aufbewahrt wird, sind auf einer freien Seite neben dem Namen des Königs und der königlichen Familie die Namen derjenigen Bischöfe eingetragen, die damals im ehemaligen Herzogtum der Agilolfinger gewirkt haben. Sie waren im Jahr 792 in Regensburg zur Besprechung bezüglich der Ernennung eines Metropoliten mit dem König zusammengekommen.[3]

Es sind dies die Bischöfe Adalwin von Regensburg (792–816) – sein Name steht in der Liste an erster Stelle –, dann Atto von Freising (783–811), Arn von Salzburg (785–821), der spätere Metropolit, und Waltrid von Passau (774–804), der vermutlich ebenfalls Anspruch auf die Metropolitenwürde erhob, da sein Bistum die Tradition von Lauriacum fortgesetzt hat, und schließlich Alim von Säben (769 bis nach 800) und Odalhart von Neuburg (vor 777 bis 808). Der Bischof von Augsburg gehörte nicht zum »Concilium« der bayrischen Bischöfe.

Gab es je eine Zelebration »versus populum«?

In seinen »Richtlinien für die Gestaltung des Gotteshauses aus dem Geist der römischen Liturgie« vom Jahre 1949 meint Th. Klauser (Nr. 8): »Manche Anzeichen deuten darauf hin, daß im Gotteshaus der Zukunft der Priester wieder wie einst hinter dem Altar stehen und mit dem Gesicht zum Volke zelebrieren wird, wie es noch heute in den alten römischen Basiliken geschieht; der allenthalben spürbare Wunsch, die eucharistische Tischgemeinschaft deutlicher zum Ausdruck zu bringen, scheint diese Lösung zu fordern.«

Was Klauser seinerzeit als wünschenswert hingestellt hat, ist inzwischen weitgehend zur Norm geworden. Man ist fast allgemein der Ansicht, damit wieder einen frühchristlichen Brauch erneuert zu haben. Doch trifft dies tatsächlich zu?

Es wird im folgenden gezeigt werden, daß es in der Kirche *nie eine Zelebration »versus populum« gegeben hat*. Der Gedanke eines Gegenüber von Priester und Gemeinde bei der Messe geht zweifellos auf Martin Luther zurück. Er schreibt in seinem Büchlein »Deutsche Messe und Ordnung des Gottesdienstes« vom Jahre 1526 zu Beginn des Kapitels »Des Sonntags für die Laien«: »Da lassen wir die Meßgewänder, Altar, Lichter noch bleiben, bis sie alle werden oder uns gefällt zu ändern. Wer aber hier anders verfahren will, lassen wir geschehen. Aber in der rechten Messe unter eitel Christen müßte der Altar nicht so bleiben und der Priester sich immer zum Volk kehren, wie ohne Zweifel Christus beim Abendmahl getan hat. Nun, das erharre seiner Zeit.«

Luther beruft sich für die Änderung des Standorts des Priesters am Altar auf das Tun Christi beim Letzten Abendmahl. Er hatte dabei, wie es scheint, bildliche Darstellungen vor Augen, die zu seiner Zeit üblich waren: Jesus steht oder sitzt in der Mitte hinter einem großen Tisch, die Apostel links und rechts von ihm. Die bekannteste Darstellung dieser Art ist das Gemälde von Leonardo da Vinci. Nahm Jesus jedoch während des Letzten Abendmahles tatsächlich diesen Platz am Tisch ein? Dies war sicher nicht der Fall, denn es hätte im Widerspruch zu den antiken Tischsitten gestanden. Zur Zeit Jesu und in den nachfolgenden Jahrhunderten benützte man entweder einen runden oder einen sigma-(halbkreis-)förmigen Tisch. Die vordere Seite blieb für das Auftragen der Speisen leer. Die Mahlteilnehmer saßen oder lagen am rückwärtigen Halbrund des Tisches. Sie benützten dabei vielfach eine Sigma-Bank. Der Ehrenplatz war ursprünglich nicht, wie man meinen könnte, in der Mitte, sondern an der rechten Seite »in cornu dextro«.

Diese Sitzordnung finden wir regelmäßig auf den ältesten Darstellungen des Abendmahls bis hinein ins Mittelalter.[1] Jesus liegt oder sitzt immer an der rechten Seite des Tisches. Erst etwa vom 13. Jahrhundert an beginnt sich ein neuer Typus durchzusetzen: Jesus hat nun am rückwärtigen Teil des Tisches in der Mitte der Apostel seinen Platz. Dies sieht tatsächlich wie eine Zelebration »versus populum« aus. Sie war es jedoch in Wirklichkeit nicht, da das »Volk«, zu dem sich der Herr hätte wenden müssen, im Abendmahlssaal bekanntlich gefehlt hat. Damit wird aber die Argumentation Luthers hinfällig.

Es waren, wie wir wissen, ganz andere Gesichtspunkte für den Standort des Priesters am Altar ausschlaggebend, nämlich die *Ausrichtung nach Osten*. Die Sitte, zum Sonnenaufgang hin zu beten, ist uralt. In der aufgehenden Sonne sah man ein Symbol für den zum Himmel auffahrenden und von dort wiederkommenden Herrn. Dieser Gedanke findet sich in der Didascalia Apostolorum (II,57,6): »Versus orientem oportet vos orare, sicut et scitis quod scriptum est: Date laudem Deo qui ascendit in caelum caeli ad orientem«.

Damit die Strahlen der aufgehenden Sonne während der Feier in das Kircheninnere fallen konnten, hatte man im 4. Jh. in einigen abendländischen Basiliken den Eingang nicht, wie später allgemein üblich, im Westen, sondern im Osten angebracht. Dies ist heute noch an den Basiliken aus konstantinischer Zeit in Rom erkennbar. Die Eingangsportale mußten beim Gottesdienst verständlicherweise geöffnet bleiben, um das Sonnenlicht hereinzulassen. Damit der Zelebrant in einer so angelegten Basilika beim heiligen Opfer nach Osten schaute, mußte er *hinter* dem Altar Aufstellung nehmen. Es ergab sich dadurch eine *scheinbare* Zelebration »versus populum«. Wir dürfen jedoch nicht vergessen, daß die anwesenden Gläubigen, die sich nicht, wie man vielfach meint, in ihrer Mehrheit im Mittelschiff, sondern in den Seitenschiffen aufhielten, *ebenfalls nach Osten* geschaut haben. Die ägyptische Markus-Liturgie kennt sogar einen entsprechenden Ruf des Diakons: »Schauet nach Osten!«

In den gewesteten Basiliken des 4. Jh. stand also die zur Feier des heiligen Opfers versammelte Gemeinde in Form eines sich nach Osten hin öffnenden Halbkreises. Den Scheitelpunkt dieses Halbkreises bildete der zelebrierende Bischof bzw. Priester. Es gab demnach auch hier bei der Opferfeier kein Gegenüber von Priester und Gemeinde. Dies hat die liturgische Bewegung der zwanziger und dreißiger Jahre, die wie Luther ebenfalls eine Zelebration »versus populum« propagierte, übersehen. So hat der verdienstvolle Volksliturgiker Pius Parsch bei der Neugestaltung des Kirchleins St. Gertrud in Klosterneuburg eine Zelebration »versus populum« eingerichtet.

Die Stellung des Zelebranten zwischen Apsis und Altar war demnach in den genannten Basiliken des 4. Jh. allein von der Gebetshaltung »ad orientem« bestimmt. Die Frage, die Nußbaum in seinem großen Werk »Der Standort des Liturgen am christlichen Altar vor dem Jahre 1000« behandelt,[2] nämlich wie lange noch die Zelebration »versus populum« in der Kirche üblich war, ist daher in dieser Form falsch gestellt.

Als man im 5. Jh. daranging, nicht mehr den Eingang der Kirche, sondern die Apsis nach Osten auszurichten, mußte sich folgerichtig auch die Stellung des Priesters am Altar ändern. Er stand von nun an mit dem Rücken zur Gemeinde, zur Apsis hin gewendet. Jungmann bemerkt dazu: »Der Priester steht also an der Spitze des Volkes, nicht ›versus populum‹. Die ganze Gemeinde ist wie eine große Prozession, die, angeführt vom Priester, nach Osten zieht, der Sonne zu, Christus dem Herrn entgegen, um mit ihm Gott das Opfer darzubringen.«[3]

Etwas anders liegen die Verhältnisse in den frühen Kirchen Nordafrikas und Oberitaliens, so in Ravenna. In ihnen befindet sich die Apsis zwar im Osten, der Altar hatte jedoch nicht in der Nähe der Apsis, sondern fast genau in der Mitte des Kirchenschiffs seinen Platz. Auch für einige Kirchen in Rom läßt sich dies nachweisen. Der ganze Raum zwischen Altar und Apsis bildete das Presbyterium. Die Gläubigen befanden sich, wie auch sonst in den Basiliken, in den Seitenschiffen, was dem Sitzen auf den Seitenbänken in den kleinen Hallenkirchen zur Zeit Severins (s. o.) entspricht. Da der Zelebrant, wenn er am Altar stand, nach Osten, also zur Apsis schaute, stellte er in diesen Kirchen nicht die Spitze des Volkes dar; er bildete vielmehr ähnlich wie dies in den gewesteten Basiliken des 4. Jh. der Fall war, den Scheitelpunkt eines großen, sich nach Osten hin öffnenden Halbkreises der betenden Gläubigen.

Einem Einwand ist hier noch zu begegnen, daß nämlich, wie Klauser und ihm folgend Nußbaum meinen, schon sehr früh »der Altar als Ort der Theophanie zugleich auch das Ziel der Orientierung geworden« und es daher naheliegend gewesen sei, »sich nach dem Altar auszurichten, auch wenn der Liturge dabei in einer mit der Apsis geosteten Kirche nach Westen schaut.«[4] Ferner meint Nußbaum, in den Fällen, in denen zwischen Apsiswand bzw. Thron des Bischofs und Altar genügend Raum für den zelebrierenden Priester vorhanden war, schließen zu dürfen, daß dieser dort auch seinen Platz gehabt und deshalb am Altar »versus populum« geschaut habe.

Hier projeziert man moderne Auffassungen in die frühe Zeit. Es läßt sich nämlich kein einziger literarischer Beleg dafür finden, der den Altar als das Ziel der Orientierung bezeichnete. Die archäologischen Zeugnisse, die Nußbaum anführt, beweisen ebenfalls keine Zelebration »versus populum«. Auf jeden Fall wäre die genaue Orientierung der Kirchen, wie wir sie vom 4./5. Jh. an finden, sinnlos gewesen, wenn sie nicht mit der Gebetsrichtung in Zusammenhang gestanden hätte. Wir können daher ganz allgemein sagen: Ist eine Kirche mit der Apsis nach Osten ausgerichtet, dann hat der Priester »ante altare« seinen Platz gehabt, damit er bei der Darbringung des heiligen Opfers den Blick nach Osten richtete.

Der Gedanke eines *Gegenüber von Priester und Gemeinde* bei der Feier der Messe ist also bis auf Luther in der Literatur nirgends zu finden, wie auch der archäologische Befund nicht für diese Auffassung herangezogen werden kann.

Der spezifische Ausdruck »versus populum« kommt in einem offiziellen Text erstmals im »Ritus servandus in celebratione Missae« des im Jahre 1570 im Auftrag Papst Pius' V. herausgegebenen Missale Romanum vor. Hier wird der Fall behandelt (Abschnitt V,3), daß »der Altar nach Osten gerichtet ist, (aber nicht zur Apsis, sondern) zum Volk hin« – altare sit ad orientem versus populum –, was bekanntlich für einige alte Kirchen von Rom zutrifft. Doch liegt hier die Betonung auf »ad orientem«, während »versus populum« nur eine erklärende Beifügung ist im Hinblick auf die unmittelbar folgende Anweisung, daß in diesem Fall der Zelebrant beim »Dominus vobiscum« sich nicht umdrehen soll (non vertit humeros ad altare), da er bereits »ad populum« ausgerichtet ist. Wie liegen nun die Verhältnisse in der *Ostkirche?* Hier war ebenfalls eine Zelebration »versus populum« zu keiner Zeit üblich, wie auch ein entsprechender Ausdruck fehlt. Bemerkenswert ist, daß bei einer Konzelebration, die hier bekanntlich eine lange Tradition hat, der Hauptzelebrant regelmäßig mit dem Rücken zur Gemeinde steht, während die konzelebrierenden Priester sich links und rechts von ihm aufstellen. Niemals haben sie jedoch ihren Platz an der Rückseite des Altares.

Das heilige Sindon von Konstantinopel

Zur Frage der Identität des Turiner Grabtuchs mit dem einst in Byzanz verehrten

In seinem Buch »Eine Spur von Jesus« hat I. Wilson eingehende Untersuchungen über die Echtheit und die Geschichte des in Turin aufbewahrten Grabtuches Jesu, des sogenannten Sindon (Sindonum), angestellt.[1] Wir wissen, daß diese kostbare Reliquie des Herrn seit dem Jahr 944 in Konstantinopel, der byzantinischen Kaiserstadt am Bosporus, war und hier verehrt wurde; doch verschwand das Tuch bei der Eroberung und barbarischen Plünderung der Stadt durch die Kreuzfahrer im Jahr 1204 spurlos. Danach fehlen jegliche Nachrichten über dessen Verbleib bis zum Jahr 1350, wo ein Grabtuch Jesu im Besitz des Ritters Geofroy de Charny plötzlich wieder auftaucht.[2]

Diese Lücke von 150 Jahren wurde von der Forschung stets als schmerzlich empfunden, wobei die Frage berechtigt ist, ob es sich bei letzterem Grablinnen überhaupt um dieselbe Reliquie handelt, die einst in Konstantinopel aufbewahrt und deren Echtheit damals angezweifelt wurde.

Wenn sich die fehlenden Jahre urkundlich auch nicht überbrücken lassen, so ist doch, wie die folgenden Ausführungen zeigen, anhand früher Nachbildungen der Nachweis möglich, daß das über Frankreich nach Turin gelangte und heute dort aufbewahrte Grablinnen identisch ist mit dem seinerzeit in Konstantinopel verehrten.

Die älteste mir bekannte Sindon-Nachbildung befindet sich im Museum der serbisch-orthodoxen Kirche in Belgrad. Diese ist um 1300, in der Zeit also, als das Grabtuch an einen unbekannten Ort verschleppt war nach einer älteren Vorlage angefertigt worden. Sie ist fast um die Hälfte kleiner als das 4,36 × 1,10 m große Original und stammt aus der Sv. Klimentkirche in Ochrid (Jugoslawien).[3]

Die genannte Nachbildung war für den Gebrauch in der Liturgie bestimmt; sie stellt, wie auch die zahlreichen späteren, ein sogenanntes Epitaphion (oder Epitaphios)[4] dar, d. i. ein kostbar ausgestattetes, meist gesticktes Tuch (auf rotem Samt), wie es bis heute im byzantinischen Ritus innerhalb des Karfreitags-Gottesdienstes vom Klerus feierlich durch den Kirchenraum getragen wird.[5] Der Zelebrant legt es anschließend auf ein kunstvoll mit Blumen verziertes Postament

(Taphos) mitten im Schiff nieder, wo es die Gläubigen den ganzen Tag über bis zum Karsamstag verehren. Am Karsamstag-Morgen (mancherorts auch am späten Abend des Karfreitags) findet abermals eine feierliche Prozession statt, bei der man das Epitaphion durch die Straßen trägt. Dabei wird eine lange Reihe von Gesängen, die »Enkomia«, gesungen, die mit den Worten beginnen:

Du Christus, das Leben, wurdest ins Grab gelegt,
erfüllt wurden die Heere der Engel mit Schrecken.[6]

Am Nachmittag des Karsamstag entfernt der Priester das Tuch von seinem Postament und legt es auf den Hochaltar, wo es während der Ostergottesdienste bleibt, um dann in einem besonderen Schrein unter Glas das Jahr über verwahrt zu werden.

Daß sich gerade im byzantinischen Ritus dieser im Abendland unbekannte Brauch eingebürgert hat, hängt ohne Zweifel mit der liturgischen Verehrung des Grabtuches Jesu in Konstantinopel seit dem 10. Jahrhundert zusammen. Dieses wurde hier, wie wir aus der Überlieferung wissen, in der Blachernenkirche neben dem Kaiserpalast, und zwar näherhin in der Pharos-Kapelle, aufbewahrt und am Karfreitag zur Verehrung ausgestellt.

Nach dem Bericht des Franzosen Robert de Clari, der im Jahr 1203/04, also kurz vor der Einnahme der Kaiserstadt durch die Kreuzfahrer, die Reliquiensammlung dieser Pharos-Kapelle beschreibt, wurde das Grabtuch sogar »jeden Freitag aufrecht stehend, sodaß die Figur unseres Herrn deutlich gesehen werden konnte«, dem Volk gezeigt.[7] Doch könnte es sich in diesem Fall auch um eine Kopie für den Gebrauch im Gottesdienst gehandelt haben.

Das erwähnte, jetzt in Belgrad aufbewahrte Epitaphion aus Ochrid stellt jedenfalls eine derartige Kopie des echten Sindons dar, das, wie der Grieche Nikolaos Mesarites, ein Wächter der Pharos-Kapelle, im Jahr 1201 sagte, »den geheimnisvollen, nackten toten Leib nach der Passion einhüllte«.[8] Wichtig für unsere Untersuchung ist, daß es von der Komposition her weitgehend mit dem jetzt in Turin aufbewahrten Grablinnen übereinstimmt.

Christus liegt hier, wie auf diesem, nackt und bloß ohne Unterlage da. Seine Lenden sind jedoch, im Gegensatz zum echten Sindon, mit einem kostbaren Tuch bedeckt, über das die Hände kreuzweise gelegt sind. Hinzufügungen stellen der Kreuznimbus um das Haupt

Jesu sowie die sechs anbetenden Engel dar, die aus Ehrfurcht ihre Hände verhüllt halten, und oben die beiden Seraphim. Diese beziehen sich auf den erwähnten Gesang der Enkomia während der Prozession mit dem Epitaphion am Karsamstag:

Die Seraphim beben, da sie sehen, wie du droben,
o Heiland, unzertrennlich mit dem Vater vereint bist
und unten an der Erde hingestreckt daliegst als Toter.[9]

Die alte Form des in der byzantinischen Karfreitagsliturgie verwendeten und sich eng an das Urbild in Konstantinopel anschließenden Epitaphions, wie sie uns im Ochrider Tuch vorliegt, wurde in der Folgezeit mehr und mehr abgewandelt. Eine weitere Phase zeigt ein Stück aus dem Kloster von Putna aus dem 14. Jahrhundert,[10] bis schließlich der Gekreuzigte auf einem Stein liegend dargestellt wird, beweint von seiner Mutter Maria und weiteren Personen – nun nicht mehr in Frontalansicht gesehen, wie auf dem Turiner Grabtuch und noch auf dem Epitaphion von Ochrid, sondern von der Seite. Doch begegnen uns die Engel auch hier.[11]

Die gleiche Darstellung wie auf dem Epitaphion wurde im byzantinischen Liturgiebereich in der Folgezeit auch auf dem sogenannten Antiminsion (Antemensium) angebracht. Es ist dies ein Tuch von der Größe eines lateinischen Korporale mit eingenähten Reliquien.[12] Auf das Antiminsion wird bei der Meßfeier nach dem »Großen Einzug« mit den Opfergaben der Kelch und die Patene gestellt. Dabei rezitiert der Priester, in Erinnerung an den Tod, das Begräbnis und die Auferstehung Jesu folgende Gesänge (Troparien) aus der Karfreitagsliturgie:

Der angesehene Joseph nahm deinen unbefleckten Leib vom Kreuze ab, umgab ihn mit reiner Leinwand und wohlriechenden Spezereien und legte ihn in ein neues Grab.

Im Grabe warst du zugegen dem Leibe nach, Christus, bei den Toten als Gott mit der Seele, mit dem Räuber im Paradies und auf dem Throne bist du mit dem Vater und dem Heiligen Geist, du Unendlicher, der du alles erfüllst.

Als Spender des Lebens, herrlicher wie das Paradies, strahlender als jeder Königspalast, so erscheint uns, Christus, dein Grab, die Quelle unserer Auferstehung.

Außer der genannten Epitaphion-Darstellung begegnet uns auf älteren Antiminsien (so auf einem aus dem Jahr 1704 in meinem Besitz), ferner auf den Tüchern, mit denen im Gottesdienst Kelch und Diskos (Patene) bedeckt werden (einige schöne Exemplare sind im Kloster Patmos zu sehen) eine andere Nachbildung des Sindons: Jesus, das Haupt leicht geneigt, nackt im Grab stehend, dahinter das Kreuz und Leidenswerkzeuge.

Dieser das Grablinnen abwandelnde und seit dem 11./12. Jahrhundert nachweisbare Typus macht deutlich, wie stark die Ausstrahlung war, die vom echten Sindon in Konstantinopel allenthalben ausgegangen sein muß. Auf ihm ist Jesus, obwohl im Grabe stehend, dennoch in einer ganz ähnlichen Haltung abgebildet, wie er auf dem Grablinnen zu sehen ist, nur hat man hier, anstelle des die Lenden verhüllenden Tuches wie in Ochrid, die Grabkufe angebracht.

Dieses Bild des im Grab stehenden, zwar gekreuzigten, jedoch im eigentlichen Sinn nicht toten Christus begegnet uns in zahlreichen byzantinischen Kirchen in der Apsis der Prothesis (links von der Hauptapsis), wo zu Beginn der Messe die Opfergaben unter sinnvollen Riten und Gebeten vorbereitet werden.[12] Daneben gibt es auch Ikonen mit dem gleichen Thema. Eine der ältesten befand sich einst in der Kirche S. Croce zu Rom. Wir besitzen nur mehr eine spätere Zeichnung davon.[13]

Wie Wilson in seinem eingangs zitierten Buch nahegelegt hat, ist das Christus-Bild von Edessa, das sogenannte Mandylion, allem Anschein nach nichts anderes als das zusammengefaltete Sindon. Es kam als Mandylion nach Konstantinopel und wurde erst hier auseinander gefaltet.[14] In diesem Zusammenhang ist interessant, daß uns das genannte Prothesis-Bild nicht selten zusammen mit dem Mandylion begegnet. Vor allem ist dies im Abendland der Fall, wohin dieser Bildtypus im 12./13. Jahrhundert kam und wo er im Hoch- und Spätmittelalter als »Erbärmde-Christus« weit verbreitet war. Wir finden die beiden Darstellungen vor allem als Schmuck der gotischen Sakramentshäuschen und an der Altar-Predella, sowie in erweiterter Form als »Messe des Papstes Gregor«.[15]

Als diese Christus-Darstellungen über Italien ins Abendland kamen, war man sich der Zusammenhänge mit dem einst in Konstantinopel aufbewahrten Sindon kaum mehr bewußt. Auch hat das Linnen nach seiner Überbringung in den Westen bei weitem nicht mehr die Ausstrahlungskraft besessen, die es einst in der Kaiserstadt am Bosporus hatte. Man sah in ihm in erster Linie eine Reliquie des Heilands und nicht, wie in den Kirchen des Ostens, zugleich das wahre, von keiner menschlichen Hand gemachte Bild Christi, das man deshalb immer wieder kopierte.[16]

In der byzantinischen Kirche hingegen wurde das Sindon, an dessen Echtheit niemand zweifelte, sowohl zusammengefaltet in der Gestalt des Mandylions als auch später ausgebreitet zum Urbild jeder Darstellung des Herrn, während das Abendland, zum mindesten seit der Gotik, keine derartige Bindung an einen vorhandenen Archetypus kannte und jeder Künstler seine persönliche Vorstellung vom Aussehen Jesu in seinem Kunstwerk verwirklichen konnte. Daß trotzdem auch hier nicht wenige Christusbilder dem Abdruck des Antlitzes Jesu auf dem Mandylion bzw. dem Grablinnen noch ähnlich sind – man denke nur an dessen Wiedergabe durch Albrecht Dürer –, hängt mit dem Einfluß zusammen, der im Mittelalter von der byzantinischen Kunst im allgemeinen und den Christus-Ikonen im besonderen ausging.

Anmerkungen

Zu: *Älteste lateinische Eucharistiegebete* (S. 18)

1 Hinsichtlich der verschiedenen Bezeichnungen vgl. K. Gamber, Sakramentarstudien (1978) 70f.
2 Anders J. A. Jungmann, Missarum Sollemnia (⁵1962) 134.
3 Vgl. K. Gamber, Sacrificium laudis. Zur Geschichte des frühchristlichen Eucharistiegebets (= Studia patristica et liturgica 5, Regensburg 1973).
4 Vgl. die Übersicht über meine diesbezüglichen Aufsätze in: K. Gamber, Sacrificium missae (1980) 55 Anm. 1.
5 Vgl. K. Gamber, Sakramentarstudien (= Studia patristica et liturgica 7, Regensburg 1978) 7–42.
6 Vgl. vor allem K. Gamber, Das kampanische Meßbuch als Vorläufer des Gelasianum, in: Sacris erudiri 12 (1961) 5–111; Das Basler Fragment. Eine weitere Studie zum altkampanischen Sakramentar und zu dessen Präfationen, in: Rev. bénéd. 81 (1971) 14–29. Hinsichtlich eines angeblichen Fragments aus der Liturgie Roms des 4. Jh., vgl. ebd. 77 (1967) 148–155.
7 Es handelt sich bei den folgenden 4 Artikeln um Überarbeitungen meiner Aufsätze in: K. Gamber, Ein kleines Kind – der ewige Gott (= 2. Beiheft zu den Studia patristica et liturgica, Regensburg 1980) 53–75; Fischer-Wagner, Paschatis Sollemnia (Freiburg 1959) 159–178 (stark überarbeitet); Ein römisches Eucharistiegebet aus dem 4./5. Jh., in: Ephem. lit. 74 (1960) 103–114 (überarbeitet); Eine frühchristliche Totenmesse aus Aquileja, in: heiliger Dienst 36 (1982) 117–124. An den angegebenen Stellen auch eine deutsche Übersetzung der jeweiligen lateinischen Liturgietexte (z. T. von P. Abraham Thiermeyer OSB).

Zu: *Ein Eucharistiegebet aus der Frühkirche für das Fest der Geburt des Herrn* (S. 20)

1 Es handelt sich um die Palimpsest-Handschrift Clm 14 429 in der Bayerischen Staatsbibliothek in München; vgl. K. Gamber, Codices liturgici latini antiquiores (= Spicilegii Friburgensis Subsidia 1, ²Freiburg/Schweiz 1968) Nr. 211 S. 162–164. Abkürzung: CLLA.
2 Die Bezeichnung »Immolatio missae« stammt aus dem Osten; vgl. K. Gamber, Missa Romensis (= Studia Patristica et Liturgica 3. Regensburg 1970) 179f.
3 Vgl. Gamber, Missa Romensis 86f. Über den Text des Einsetzungsberichts haben die Herausgeber (Anm. 4) 16–18 eingehend gehandelt; vgl. auch meine Ausführungen, in: Sakramentarstudien (1978) 137–140, wo Vergleiche zu anderen alten Einsetzungsberichten der lateinischen Liturgie gezogen werden.

4 A. Dold – L. Eizenhöfer, Das irische Palimpsestsakramentar im Clm
   14429 der Staatsbibliothek München (= Texte und Arbeiten [= TuA]
   53/54, Beuron 1964). Unsere »Immolatio missae« auf den Seiten 10–18.
5 Vgl. Ps 144,13. Die Psalmen werden nach der Vulgata gezählt.
6 Vgl. Mk 4,11.
7 Vgl. Ps 23,10.
8 Vgl. Ps 49,14.
9 Vgl. Ps 80,4.
10 Vgl. Ps 73,12.
11 Vgl. Prov 9,1.
12 Vgl. Lk 2,10ff.
13 Vgl. Gen 49,10.
14 Vgl. 1 Kor 2,8.
15 Vgl. Lk 1,32.
16 Vgl. Joh 1,14; Tit 1,3. Rekonstruktion rein hypothetisch.
17 Vgl. Ps 117,21.
18 Vgl. Ps 117,27.
19 Vgl. Lk 3,21; Apg 3,18.
20 Vgl. Is 7,14.
21 Ps 45,8.12.
22 Ps 67,32.
23 Vgl. Mt 2,1ff.
24 Ps 71,10.
25 Vgl. Cant 2,14.
26 Lk 2,14.
27 Vgl. Lk 21,28.
28 Vgl. Gen. 49,10.
29 Vgl. 1 Kor 15,13.
30 Die irische Handschrift liest: »Resultat in auribus nostris illa vox aeuan-
   geli(ca) exultante angelo pastoribus nuntiata. cui cum sca altaria tua dne
   caelestis exercitus et cum populo tuo concinens dicens. Gloria in excelsis
   deo. in terra pax hominibus bonae uoluntatis. Te enim omnipotens ds.
   creaturarum caelestium multitudo. et innumirabiles angelorum chori sine
   cessatione proclamant dicentes. Scs scs. COLLECTIO POST SCS. Quia
   adpropinquauit redemptio nostra . . .«
31 Vgl. Ps 66,3.
32 Vgl. Ps 26,6.
33 Sinngemäß ohne Berücksichtigung der wenigen erhaltenen Buchstaben
   nach dem Post sanctus-Gebet 1304 im Liber mozarabicus (ed. Férotin
   p. 591) ergänzt. Zum folgenden Einsetzungsbericht vgl. den Kommentar
   von Dold-Eizenhöfer (Anm. 4) 15–18.
34 Zur Geschichte von Weihnachten und Epiphanie vgl. u. a. B. Botte, Les
   origines de la Noël et de l'Epiphanie (Löwen 1932, Neudruck 1961);
   K. Onasch, Das Weihnachtsfest im orthodoxen Kirchenjahr. Liturgie
   und Ikonographie (= Quellen und Untersuchungen zur Konfessions-

kunde der Orthodoxie 2, Berlin 1958); J. Mossay, Les fêtes de Noël et d'Epiphanie d'apres les sources littéraires Cappadociennes du VIe siècle (Louvain 1965); Chr. Schaffer, Gott der Herr – er ist uns erschienen. Das Weihnachtsbild der frühen Kirche und seine Ausgestaltung in Ost und West (= 7. Beiheft zu den Studia patristica et liturgica, Regensburg 1982).

35 Vgl. W. Hartke, Über Jahrespunkte und Feste, insbesondere das Weihnachtsfest (Berlin 1956), vor allem S.70ff.

36 Vgl. Ps-Ambrosius (= Maximus von Turin), Sermo 8: »Exultandum nobis est, fratres charissimi, quod votis nostris vota succedunt, quod gaudiis gaudia cumulantur: ecce enim adhuc natalis dominici sollemnitate corda nostra persultant, et iam festivitate sanctae Epiphaniae gloriamur« (PL 17,618 C).

37 Vgl. H. Frank, Zur Geschichte von Weihnachten und Epiphanie: I. Die Feier der Feste Nâtalis salvatoris und Epifania in Mailand zur Zeit des Bischofs Ambrosius, in: Jahrbuch für Liturgiewissenschaft XII (1932) 145–155; ders., in: Archiv für Liturgiewissenschaft II (1952) 11–13.

38 Vgl. G. G. Willis, St Augustine's Lectionary (= Alcuin Club Collections XLIV, London 1962) 22, bzw. K. Gamber, Die kampanische Lektionsordnung, in: Sacris erudiri XIII (1962) 326ff., hier 338 (In natale dni ad misa publica).

39 Vgl. P. Salmon, Le Lectionnaire de Luxeuil (= Collectanea Biblica Latina VII, Roma 1944) Übersicht auf S. CIV–CV.

40 Vgl. E. A. Lowe, The Bobbio Missal (London 1920) Nr. 74. Dasselbe Evangelium ist auch für die noch wenig erforschte Liturgie Sirmiums anzunehmen; vgl. K. Gamber, Sakramentarstudien und andere Arbeiten zur frühen Liturgeschichte (= Studia patristica et liturgica 7, Regensburg 1978) 151. So finden wir im Corbinian-Evangeliar an Weihnachten (»In nativitate domini«) den Abschnitt Mt 2,1–12 und an Epiphanie (»Apparitio domini«) Mt 3,13–17. Das Evangelienbuch stammt aus der Kirchenprovinz Sirmium; vgl. Gamber a. O. 150–155.

41 Im gallikanischen Lektionar von Wolfenbüttel (Codex Weissenburgensis 76) kommt als weiteres heilsgeschichtliches Ereignis die Heilung von Kranken und die wunderbare Brotvermehrung hinzu. Bei der Evangelium-Perikope von Epiphanie liegt hier folgender Cento vor: Mt 3,13–17; Joh 2,1–11; Mt 15,29; Joh 6,1–14 mit dem Schluß: »... hic est vere propheta qui venturus est in mundum«; vgl. A. Dold, Das älteste Liturgiebuch der lateinischen Kirche (= TuA 26/28, Beuron 1936) S. 38f. Die gleichen Festgeheimnisse (einschließlich der wunderbaren Brotvermehrung) im Hymnus »Inlumians altissimus« des Ambrosius: vgl. G. M. Dreves, Aurelius Augustinus, der Vater des Kirchengesangs (Freiburg 1893) 134f.

42 Vgl. K. Gamber, Die älteste abendländische Evangelien-Perikopenliste, in: Heiliger Dienst 1962 S. 14.

43 Vgl. K. Gamber, Die Orationen des Rotulus von Ravenna, in: Archiv für

Liturgiewissenschaft V (1938) 354–361, hier 355ff. bzw. den Beitrag in diesem Buch.
44 Vgl. K. Gamber, Ordo antiquus gallicanus (= Textus patristici et liturgici 3, Regensburg 1965) 7–12.
45 A. Dold – L. Eizenhöfer, Das Prager Sakramentar (= Texte und Arbeiten 38/42, Beuron 1949) schlagen S. 8* die Änderung von »mutati« in »motati« vor.
46 Vgl. PG 38,312ff. (BKV 68).
47 Sermones II,8 (BKV 223ff.)
48 Vgl. Augustinus, Sermo 184 (PL 38,995–997); A. Schmitt, Augustinus-Predigten (Mannheim 1947) 39–43.
49 Hilarius, De trin. II 27 (BVK I 130f.).
50 Vgl. J. A. Fischer, Frühchristliche Reden zur Weihnachtszeit (Freiburg 1963) 91–94.
51 Vgl. Dold-Eizenhöfer (Anm. 45) S. 107*f. und in den Anmerkungen zum Text der Präfation.
52 Anders liegt der Fall, hinsichtlich der Präfation, wie sie im Sacramentarium Gelasianum für das Fest am 1. Januar (vgl. Anm. 45) vorgesehen ist. Hier begegnet uns ebenfalls eine Wendung, die auch in unserem Eucharistiegebet vorkommt (Merito caeli locuti sunt usw.), jedoch in der gleichen Fassung und – was besonders wichtig sein dürfte – in der gleichen typisch homiletischen Weiterführung wie im Sermo 369 des Augustinus (Lacta mater cibum nostrum ...). Dies läßt darauf schließen, daß der Redaktor der Präfation im Gelasianum nicht aus unserem Text, sondern direkt aus dem Sermo 369 des Augustinus geschöpft hat.
53 Vgl. Gamber, Codices (Anm. 1) 43.
54 So etwa in einem gallikanischen Sakramentar in Mailand; vgl. A. Dold, Das Sakramentar im Schabcodex M 12 sup. der Bibl. Ambrosiana (= TuA 43, Beuron 1952); L. Eizenhöfer, Zitate in altspanischen Meßgebeten, in: Römische Quartalschrift 50 (1955) 248–254.
55 Vgl. oben Anm. 30.
56 Vgl. L. C. Mohlberg, Missale Gothicum (Roma 1961) Formel 18.
57 Vgl. Gamber, Missa Romensis 63–65 und den Beitrag unten.
58 Vgl. L. Chavoutier, in: Sacris erudiri XI (1960) 136–192, vor allem 175. In Ravenna ist es Mitte des 5. Jh. bereits eingeführt, wie eine Stelle im Sermo 170 des Petrus Chrysologus zeigt: »... ille cuius maiestatem vox fidelium quotidiana testatur clamans: Pleni sunt caeli et terra gloria tua.«
59 Vgl. B. Capelle, Le main de saint Grégoire dans le sacramentaire grégorien, in: Rev. bénéd. 49 (1937) 13–28; hinsichtlich der Weihnachtspräfation im Gregorianum vgl. K. Gamber, in: Rev. bénéd. 81 (1971) 14–29, hier 27f.
60 So begegnet uns im Bobbio-Missale in der Collectio des Christi Geburt-Festes, ähnlich wie bei uns, die Formulierung: »Qui deus erat ex deo patre, homo quoque esset ex matre, ex te sine tempore, ex illa sine semine«. Im spanischen Liber mozarabicus wiederum finden wir in

einem Post sanctus-Gebet am vorweihnachtlichen Marienfest aus unserer Präfation den Satz:»Ipse est qui castitatem contulit virgini, et virginitatis decus non abstulit matri«. Vom Post sanctus-Gebet des Missale Gothicum, das ganz aus unserem Eucharistiegebet gebildet ist, wurde bereits in anderem Zusammenhang gesprochen. Belegstellen im einzelnen bei Dold-Eizenhöfer zum Text.

61 Vgl. Gamber, Sakramentarstudien 10–19.

Zu: Älteste Eucharistiegebete aus der gallikanischen Osterliturgie (S. 32)

1 Vgl. B. Capelle, L'»Exultet« pascal oeuvre de saint Ambroise, in: Miscellanea G. Mercati I (= Studie e Testi 121, 1946) 219–246; Bf. Fischer, Ambrosius der Verfasser des österlichen Exultet, in ALw II (1952) 61–74; J. M. Pinell, La benedicció del ciri pasqual i els seus textos, in: Liturgica 2 (= Scripta et documenta 10, Montserrat 1958) 1–119.

2 Vgl. J. M. Pinell a.a.O. 92–95.

3 Verzeichnis der öfters zitierten Sakramentare mit ihren Siglen:
Bo = Sakramentar von Bobbio, Paris, B. N., Ms. lat. 13 246 (ed. Lowe 1920)
Go »Missale Gothicum«, Cod. Vat. Regin. lat. 317 (ed. Bannister 1917)
GV = Missale Gallicanum Vetus, Cod. Vat. Palat. lat. 493 (ed. Mohlberg 1958).
LM = Liber Mozarabicus Sacramentorum (ed. Férotin 1912).
M = Palimpsest-Sakramentar von Mailand, Cod. M 12 sup. (ed. Dold 1952).
MM = »Missale mixtum« v. J. 1500 (ed. Lesby = PL 85).
Sonst gelegentlich vorkommende Sakramentarsiglen sind die gleichen wie in K. Gamber, Sakramentartypen (= Texte und Arbeiten [= TuA], Heft 49/50, Beuron 1958) bzw. Codices liturgici latini atiquiores (Freiburg/Schweiz ²1968). Die zitierten Sakramentare hier unter den Nummern 220, 210, 214, 301, 205. Hinsichtlich der oberitalienischen Vorlage von GV vgl. den Exkurs, S. 92.

4 Weitere Vorlagen nennt Bf. Fischer a.a.O.

5 Vgl. K. Gamber, Sacrificium laudes. Zur Geschichte des frühchristlichen Eucharistiegebets (Regensburg 1973).

6 Vgl. K. Gamber, Das Papyrus-Fragment zur Markus-Liturgie, in: Ostkirchl. Studien 8 (1959) 31–45.

7 Vgl. E. A. Lowe, Cod. lat. ant. V 616.

8 Vgl. R. Weber, Le psautier Romain (= Collectanea biblica latina X, 1953) 334.

9 Wie dem Vf. auf Grund des Vetus latina-Materials der Erabtei Beuron von A. Dold mitgeteilt wurde.

10 Vgl. A. Dold, Liturgie-Fragmente aus den beiden Palimpsesten Cod. Ang. CXCV und Clm 14 429, in: Rev. Bénéd. 38 (1926) 282.

11 Er beginnt hier mit den Worten: »ille verus agnus dei qui abstulit peccatum mundi«, wobei fast der gleiche Passus wie in unserem Text vorausgeht: »In qua exortus est in aeternum dies resurrectio nostra dominus ihs xps«.

12 Vgl. K. Gamber, Missa Romensis (1970) 63–66.

13 Vgl. Gamber, Sakramentartypen 15 f. und das folgende Kapitel »Eine frühchristliche Totenmesse am Aquileja«.

14 Vgl. G. Morin, Une particularité du »qui pridie« en usage en afrique an Vᵉ–VIᵉ siècle, in: Rev. Bénéd. 41 (1929) 70–73 bzw. A. Dold, in: TuA 43 (1952) 36 f. Eine ähnliche Formel findet sich noch heute im ambrosianischen Missale am Gründonnerstag, wenn es hier heißt: »Qui formam sacrificii perennis instituens, hostiam se primus obtulit et primus docuit offerri«, wobei freilich dieser Text jetzt wenig organisch in das Communicantes eingefügt erscheint.

15 Vgl. K. Gamber, Das Eucharistiegebet im Papyrus von Dêr-Balizeh und die Samstagabend-Agapen in Ägypten, in: Ostkirchl. Studien 7 (1958) 50.

16 Vgl. K. Gamber a.a.O.

17 Vgl. K. Gamber a.a.O. 55.

18 Noch schöner ist die Opferbitte am Schluß der Immolatio in der »Missa clausum paschae« in Go 316: »Tibi ergo summe genitor pura deuotione immaculatum munus offerimus et elauatione manuum nostrarum iuxta filii tui ihu xpi dispositionem pium sacrificium celebramus. per xpm dominum nostrum. ⟨Qui pridie⟩.«

19 Herausgegeben von A. Dold, Das Sakramentar im Schabcodex M 12 sup. der Biblioteca Ambrosiana (= TuA, Heft 43, Beuron 1952) 30*; zur Verfasserfrage vgl. K. Gamber, Das Lektionar und Sakramentar des Musäus von Massilia, in: Rev. Bénéd. 69 (1959) 198–215.

20 Herausgegeben von M. Férotin (= Monumenta ecclesiae liturgica VI, Paris 1912) Nr. 605–607.

21 Vgl. C. Coeberg, Sacramentaire léonien et liturgie mozarabe, in: Miscellanea Mohlberg (Roma 1949) 295–304; L. Eizenhöfer, Nochmals »Spanish Symptoms«, in: Sacris Erudiri 4 (1952) 27–45.

22 Caesarius sagt sermo 37,3 von denen, die vorzeitig weggehen: »Qualiter cum tremore simul et gaudio clamabunt: Sanctus. Sanctus. Sanctus. Benedictus qui venit in nomine domini« (PL 39,2277); vgl. G. Nickl, Der Anteil des Volkes an der Meßliturgie im Frankenreich (Innsbruck 1930) 24.

23 Vgl. K. Gamber, Sakramentarstudien (1978) 17 f.

24 Vgl. ebd. 10–19.

Zu: Das Eucharistiegebet im Papyrus von Der Balaisa (S. 42)

1 K. Gamber, Das Eucharistiegebet im Papyrus von Dêr-Balizeh und die Samstagabend-Agapen in Ägypten, in: Ostkirchl. Studien 7 (1958) 48–65; Der Liturgische Papyrus von Deir El-Bala'izah in Oberägypten (6./ 7. Jh.), in: Le muséon 82 (1969) 61–83; Sacrificium vespertinum. Lucernarium und eucharistisches Opfer am Abend und ihre Abhängigkeit von den Riten der Juden (= Studia patristica et liturgica 12, Regensburg 1983) 50–61.

2 C. H. Roberts – B. Capelle. An Early Euchologium (= Bibliothèque du Muséon 23, Louvain 1949).

3 Vgl. Gamber, Der Liturgische Papyrus (Anm. 1) 65–71.

4 Vgl. auch J. van Haelst, Une nouvelle reconstruction du papyrus liturgique de Dêr-Balizeh, in: Eph. Theol. Lov. 45 (1969) 444–455. Bibliographie in: J. van Haelst, Catalogue des papyrus littéraires juifs et chrétiens (Paris 1976) Nr. 737 S. 267.

5 Daß dieses erste Stück bereits zum Eucharistiegebet gehört, zeigt die Nähe zu einem ähnlichen Text auf einem Ostrakon; vgl. K. Gamber, Das koptische Ostrakon London, B.M. Nr. 32799 + 33050 und seine liturgiegeschichtliche Bedeutung, in: Ostkirchl. Studien 21 (1972) 298–308, im Anschluß an die Neuedition von H. Quecke, in: Orientalia Christiana Periodica 37 (1971) 391–405 (mit Facsimile).

6 Vgl. K. Gamber, Das Eucharistiegebet als Epiklese und ein Zitat bei Irenäus, in: Ostkirchl. Studien 29 (1980) 301–305. Eine Anrufung des Gottesnamens, hier des alttestamentlichen ὁ ὤν (= Jahwe, der Seiende), auch zu Beginn der Basilius-Anaphora (ed. Brightman p. 321,28).

7 Vgl. K. Gamber, Das Papyrusfragment zur Markusliturgie, in: Ostkirchl. Studien 8 (1959) 31–45; Bemerkungen zu ägyptischen Anaphora-Fragmenten, ebd. 22 (1973) 316–326, vor allem 316ff.

8 Der betreffende Text lautet: ». . . Du hast den Himmel gemacht und alles in ihm, die Erde, die Meere und Flüsse und alles, was in ihm (lebt). Du hast den Menschen geschaffen nach deinem Bild und Gleichnis: alles hast du gemacht in deiner Weisheit, in deinem wahren Licht, in deinem Sohn, unserm Herrn und Heiland Jesus Christus. Durch ihn und mit ihm sagen wir Dank im Heiligen Geist und bringen dir dar dieses geistige Opfer . . .«

9 Vgl. F. E. Brightman, Liturgies Eastern and Western I (Oxford 1896) 121,29–30 und 131,2–4.

10 Nach Num 10,35 hat die gleichen Worte Moses beim Zug der Israeliten durch die Wüste jedesmal dann gesprochen, wenn die Bundeslade zum Weiterzug erhoben wurde.

11 Vgl. das dazu von Gamber, Sacrificium vespertinum (Anm. 1) 50–57 Gesagte.

12 Eingeklammerter Text (nach Roberts-Capelle) nicht gesichert.

13 Ergänzung von mir nach Did 9,4 bzw. 10,5, was umso wahrscheinlicher

ist, als der betreffende Passus nach den zitierten Gebeten in der Didache gestaltet ist.

14 Vgl. eine ähnliche Formel in der ambrosianischen Liturgie von Mailand: »Haec facimus, haec celebramus tua domine praecepta servantes et ad communionem inviolabilem hoc ipsum quod corpus domini sumimus *mortem dominicam nuntiamus*« (Sakramentar von Bergamo ed. Paredi Nr. 490) und eine Stelle bei Ambrosius (PL 16,1327): »Morte eius signamur, *mortem* eius orantes *annuntiamus*, *mortem* eius offerentes *praedicamus*«; dazu K. Gamber, Die Autorschaft von De sacramentis (1967) 59f.

15 »... et accepta habere sicuti accepta habere dignatus es munera pueri tui iusti Abel et sacrificium patriarchae nostri Abrahae et quod tibi obtulit summus sacerdos tuus Melchisedech.«

16 Vgl. Gamber, Der Liturgische Papyrus a.a.O. 70 Anm. unten.

Zu: Ein römisches Eucharistiegebet aus dem 4. Jh. (S. 45)

1 Zur Handschrift vgl. CLLA Nr. 101.

2 Vgl. CLLA Nr. 1413 (noch nicht ediert); zu vgl. ist A. Ebner, Iter Italicum (Freiburg 1898) 218–224. Photographien im Liturgiew. Institut Regensburg.

3 Vgl. CLLA Nr. 735. Ebenfalls noch nicht ediert (Photographien im Institut). Es handelt sich um ein Gregorianum mit zusätzlichen Formularen am Schluß.

4 Eine ähnliche Wendung wie hier findet sich im Missale Gothicum (Nr. 481 ed. Mohlberg): »Te igitur ineffabilem rerum omnium conditorem laudamus, benedicimus, adoramus per dominum nostrum«.

5 A. Lang, Leo d. Gr. und die Dreifaltigkeitspräfation, in: Sacris erudiri 9 (1957) 116–162.

6 Vermutlich sekundär.

7 Z fügt hinzu: »deus increatus et inmensus, deus largus et patiens, deus misericors et longanimis«.

8 Rat fügt hinzu: »pater et filius et spiritus sanctus«.

9 Sto hat statt: »te laudamus«: »laudamus nomen tuum in aeternum et in saeculum saeculi«.

10 Z fügt hinzu: »per quem remissio peccatorum«.

11 In der Ausgabe von A. E. Burn, Niceta of Remesiana (Cambridge 1905) 39–40.

12 Vgl. K. Gamber, Die Autorschaft von De sacramentis (Regensburg 1967) 108, 113–115, 145–152. Es finden sich auch sonst bei Niceta immer wieder Anspielungen auf liturgische Texte, so auf die Einleitungsformel zur Präfation; vgl. ebd. 150.

13 Derselbe eigenartige Präfations-Schluß findet sich auch noch in späteren Handschriften, so im Fragment eines oberitalienischen Plenarmissale aus dem 12. Jh., jetzt in Oxford, Bodl., MS Lat.lit.a. 6. (Photo im Institut).

14 Vgl. K. Gamber, Sakramentartypen (Beuron 1958) 38, 140.
15 A. Baumstark, Trishagion und Keduscha, in: JLW 3 (1923) 18–23; K. Gamber, Missa Romensis (1970) 63–66.
16 Das im Clemens-Brief c. 34 erwähnte Trishagion gehörte allem Anschein nach zum nicht-eucharistischen Morgengottesdienst.
17 Vgl. CLLA Nr. 301.
18 Die Lesart »quae« ist die ältere; vgl. K. Gamber, Sakramentarstudien (1978) 78, zu »imago et similitudo corporis et sanguinis« vgl. ebd. 64f.
19 Vgl. C. Callewaert, Histoire positive du Canon romain, in: Sacris erudiri 2 (1949) 95–110.
20 Anstelle einer Zugehörigkeit des »Communicantes« zum Memento vivorum wollte L. Eizenhöfer, in: Sacris erudiri 8 (1956) 14–75 eine solche zum »Te igitur« sehen; dagegen B. Botte, in: Quest.lit.paroiss. 38 (1957) 119–123.
21 Die allmähliche Einfügung weiterer Fürbittgebete (im Anschluß an das Gebet für die Kirche) verdient eine eigene Untersuchung. Auch aus dem Bereich der gallikanischen Liturgie lassen sich Beispiele anführen, die eine Verbindung der Opferbitte für die Kirche mit dem vorausgehenden Dankgebet darstellen, so die Formeln Missale Gothicum (Nr. 526 ed. Mohlberg) und Missale Gallicanum Vetus (Nr. 44 ed. Mohlberg). Die Verwandtschaft zum Text der römischen Opferbitte ist nicht zu übersehen und läßt die Frage aufkommen, ob hier frühe liturgische Beziehungen vorliegen. Die Verbindung von eucharistischem Dankgebet und Bittgebet für die Kirche geht jedenfalls in die ältesten Zeiten zurück. Sie findet sich bereits um 100 in der Didache (IX,4; X,5); sie kehrt wieder in der alexandrinischen Markus-Anaphora, sowie in anderen frühen ägyptischen Eucharistiegebeten (Serapion-Anaphora, Papyrus von Der Balaisa).
22 Zu »Coniunctio« vgl. A. Dold, in: Ephem. lit. 50 (1936) 373; C. Coebergh, ebd. 71 (1957) 428–430.
23 Eine Ähnlichkeit mit dem Hanc igitur im Missale Francorum (Nr. 161 ed. Mohlberg) ist nicht zu übersehen. Ferner sei darauf hingewiesen, daß in diesem Text sowohl das »Communicantes« als auch das »Memento« dem Inhalt nach bereits enthalten ist.
24 Vgl. K. Gamber, Zur ältesten Liturgie von Mailand, in: Ephem. lit. 77 (1963) 391–395; Ist der Canon-Text von De sacramentis in Mailand gebraucht worden?, ebd. 79 (1965) 109–116; Sakramentarstudien (1978) 135–144 (zum altmailändischen Eucharistiegebet).

Zu: Eine frühchristliche Totenmesse aus Aquileja (S. 54)

1 Vgl. K. Gamber, Das Sakramentar von Aquileja im Raum der bayerischen Diözesen um 800, in: Heiliger Dienst 30 (1976) 66–71.
2 Zuletzt von A. Dold, Palimpsest-Studien 1 (= TuA Heft 45, Beuron 1955) 1–36; K. Gamber, Fragmente eines oberitalienischen Liturgiebu-

ches aus dem 6. Jahrh. als Palimpsest im Codex Sangallensis 908, in: Florilegium Sangallense. Festschrift Joh. Duft (St. Gallen 1980) 165–179.

3 Vgl. K. Gamber, Die älteste abendländische Evangelien-Perikopenliste, vermutlich von Bischof Fortunatianus von Aquileja († nach 360), in: Heiliger Dienst 16 (1962) 85–92, 121–134.

4 Vgl. K. Gamber, Codices liturgici latini antiquiores ('1968) Nr. 265 und 261, mit weiterer Literatur.

5 Vgl. K. Gamber, Der Meßritus im Alpen- und Voralpengebiet im 6. und 7. Jahrh., in: Heiliger Dienst 28 (1974) 122–128.

6 Vgl. J. B. Thibaut, L'ancienne liturgie gallicane, son origine et sa formation en Province (Paris 1929): K. Gamber, Ordo antiquus gallicanus. Der gallikanische Meßritus des 6. Jahrh. (= Textus patristici et liturgici 3, Regensburg 1965).

7 Vgl. Eusebius, Kirchengeschichte V, 1–4.

8 Vgl. H. Rahner, Die Martyrerakten des zweiten Jahrhunderts (= Zeugen des Wortes 32, Freiburg 1941) 11.

9 Vgl. K. Gamber, Sakramentarstudien und andere Arbeiten zur frühen Liturgiegeschichte (= Studia patristica et liturgica 7, Regensburg 1978) 10–19.

10 Vgl. Th. Schermann, Ägyptische Abendmahlsliturgien des ersten Jahrtausends (= Studien zur Geschichte und Kultur des Altertums 6, Paderborn 1912) 124 ff.; auf die Hilarius-Stelle hatte schon früher F. Probst, Die abendländische Messe (Münster 1896) 287 aufmerksam gemacht.

11 Vgl. G. Brusin – P. L. Zovatto, Monumenti paleocristiani di Aquileia e di Grado (Udine 1957) 423 ff., vor allem 425.

12 Zur Problematik vgl. H. Brakmann, in: Römische Quartalschrift 65 (1970) 82–97, vor allem 93 ff. – Bemerkenswert ist, daß die Kathedra von Aquileja/Venedig »cattedra di San Marco« genannt wird und, wie die Verzierungen beweisen, aus Ägypten stammt; vgl. Brusin – Zovatto a.a.O. 537–545.

13 Vgl. J. Lemarié, Chromace d'Aquilée: Sermons I (= Sources Chrétiennes 154, Paris 1969) 82–108.

14 Vgl. Fr. Wiegand, Die Stellung des apostolischen Symbols (Leipzig 1899) 90–107.

15 Vgl. Corpus Christianorum IX A 73,34–45.

16 Vgl. Gamber, Fragmente eines oberitalienischen Liturgiebuches (oben Anm. 2) 174–179.

17 Vgl. K. Gamber, Die Einführung des Sanctus in die hl. Messe, in: Heiliger Dienst 14 (1960) 132–136; ders., Missa Romensis (= Studia patristica et liturgica 3, Regensburg 1970) 63–66.

18 Vgl. J. Pinell, Anámnesis y epíclesis en el antiguo rito gallicano (Lisboa 1974) Nr. 51 S. 52. Unser Text fehlt hier.

19 Da es sich um eine zum Einsetzungsbericht gehörende, stets gleichbleibende Formel handelt, ist diese in unserem Meßformular nicht eigens

ausgeschrieben. Auch der Einsetzungsbericht wird nur mit seinen Anfangsworten (»Qui pridie quam pateretur«) angegeben.

20 Vgl. K. Gamber, Sacrificium missae. Zum Opferverständnis der Frühkirche (= Studia patristica et liturgica 9, Regensburg 1980) 73–79.

21 Vgl. Gamber, Sakramentarstudien (oben Anm. 9) 43–67.

22 Vgl. A. Ebner, Iter Italicum (Freiburg 1896) 415–417; dazu Fr. Heiler, Altkirchliche Autonomie und päpstlicher Zentralismus (München 1941) 110f.

23 J. A. Jungmann, Die vormonastische Morgenhore, in: Zeitschrift für kathol. Theologie 78 (1956) 306–333; ders. in: Brevierstudien (Trier 1958) 21–41.

24 Zu dieser und den folgenden Ergänzungen der Lücken im überlieferten Text vgl. die Ausführungen in der Edition von Gamber, Fragmente eines oberitalienischen Liturgiebuches (oben Anm. 2) 170f.

25 Die gleiche Wendung auch sonst in abendländischen Toten-Präfationen; vgl. z. B. A. Dold – K. Gamber, Das Sakramentar von Monza (= Texte und Arbeiten, 3. Beiheft, Beuron 1957) Nr. 1086.

26 Fassung des Einsetzungsbefehls nach dem ambrosianischen Ritus von Mailand. In einem anderen gallikanischen Sakramentar findet sich folgende Formel:»Addens ad suum dictum dicens eis: Quotienscumque de hoc pane edeatis et ex hoc calice bibitis, ad memoriam meam faciatis: passionem meam omnibus indicens, adventum meum sperabitis donec iterum adveniam«; vgl. A. Dold – L. Eizenhöfer, Das irische Palimpsestsakramentar im Clm 14 429 (= TuA, Heft 53/54, Beuron 1964) S. 16.

27 Dold, Palimpsest-Studien I (Anm. 2) 12 schlägt als Ergänzung vor: »Craeatura panis et vini corpus et sanguis domini nostri ihu xpi«. Zu unserer Ergänzung vgl. Gamber, Fragmente (Anm. 2) 176f.

28 Zu den frühchristlichen Jenseitsvorstellungen vgl. C. M. Kaufmann, Die sepulcralen Jenseitsdenkmäler der Antike und des Urchristentums (Mainz 1900); A. Stuiber, Refrigerium interim. Die Vorstellungen vom Zwischenzustand und die frühchristliche Grabeskunst (= Theophaneia 11, Bonn 1957).

29 Vgl. J. Beran, L'offertorio »Domine Iesu Christe« della messa per i defunti, in: Ephem. lit. 50 (1936) 140–147; F. X. Hecht, De offertorio missae defunctorum, ebd. 415–418.

30 Zum »Schoß Abrahams« vgl. Kaufmann (Anm. 28) 69ff.

Zu: Sakramentarstudien (S. 61)

1 K. Gamber, Sakramentartypen. Versuch einer Gruppierung der Handschriften und Fragmente bis zur Jahrtausendwende (= Texte und Arbeiten Heft 49/50, Beuron 1958).

2 K. Gamber, Codices liturgici latini antiquiores (= Spicilegii Friburgensis Subsidia 1, Freiburg/Schweiz ²1968). Sigel: CLLA.

3 Vgl. meine Bibliographia selecta.

4 Sieghild Rehle, Missale Beneventanum (Codex VI 33 des Erzbischöflichen Archivs von Benevent), in: Sacris erudiri XXI (1972/73) 323–405; Missale Beneventanum von Canosa (Baltimore, Walters Art Gallery, MS W 6) (= Textus patristici et liturgici 9, Regensburg 1972).

5 Erschienen in: ALW V,2 (1958) 354–361 (vollständig überarbeitet); Benediktinische Monatsschrift 34 (1958) 134–136 (überarbeitet); H. Löwe, Die Iren und Europa im früheren Mittelalter I (Stuttgart 1982) 536–548; Heiliger Dienst 37 (1983) 136–144; ebd. 36 (1982) 153–156.

Zu: Die Orationen des Rotulus von Ravenna (S. 62)

1 Erstausgabe: A. Ceriani, Il rotolo opistographo del Principe Pio di Savoia (1883); neueste Ausgaben: L. C. Mohlberg – L. Eizenhöfer – P. Siffrin, Sacramentarium Veronense (= Rerum Ecclesiasticarum Documenta, Fontes I, Roma 1957) 173–178, 202f.; S. Benz, Der Rotulus von Ravenna (= Liturgiewissenschaftl. Quellen und Forschungen 45, Münster 1967), Text 5–16 und 216ff. bzw. Tafel nach S. 304, wo die Formel 40/41 (1371/1545 ed. Mohlberg) als Ganzes erkannt und textlich wiederhergestellt wird. Wertvoll sind auch die ausführlichen Kommentare zu den einzelnen Orationen.

2 W. Croce, Die Adventsliturgie im Licht ihrer geschichtlichen Entwicklung, in: Zeitschrift für kathol. Theol. 76 (1954) 257–296, 440–472, hier 262ff. Zur Geschichte des Advents vgl. auch J. A. Jungmann, ebd. 61 (1937) 341–390; neuerdings F. Sottocornola, L'anno liturgico nei sermoni di Pietro Crisologo (= Studia Ravennatensia 1, Cesena 1973) vor allem 114ff.

3 E. A. Kneller, in: Zeitschrift für kathol. Theol. 25 (1901) 527 macht, um die Wahl des 24. statt des 25. Juni zu erklären, auf die Schreibart des altrömischen Kalenders aufmerksam: VIII Kal. Ian = 25. Dezember, VIII Kal. Iul. = 24. Juli.

4 Diese Zusammenhänge bereits in dem anonymen Traktat (aus dem 4. Jh.) »De solstitiis et aequinoctiis conceptionis et nativitatis domini nostri Iesu Christi et Iohannis Baptistae; Text bei B. Botte, Les origines de la Noël et de l'Épiphanie (= Textes et Études Liturgiques 1, 1932) 93–105.

5 Der Verkündigung durch Gabriel wird auch in der Oration 1361 des Rotulus sowie in der Vigilmesse von Weihnachten im Bobbio-Missale gedacht, wenn es hier im Post nomina-Gebet heißt:»Omnipotens sempiterne deus, qui nasciturum ex utero virginali Iesum Christum filium tuum agnosci ab omnibus *sancto archangelo nunciante* voluisti ...« (68 ed. Lowe). Vielleicht hängt damit auch die Perikope Röm 8,3–6 »Deus filium suum *mittens* in similitudinem ...« (vgl. *missus* est Gabriel) in einer oberitalienischen (ravennatischen) Epistelliste zusammen; vgl. A. Dold, in: TuA 35 (Beuron 1944) 6.

6 Vgl. K. Gamber, Die älteste abendl. Evangelien-Perikopenliste, in: Münchener Theol. Zeitschrift 13 (1962) Nr. 41 S. 195.

7 Der Abschnitt Mt 1,18–25 (mit vorausgehendem gekürzten »Liber generationis«) findet sich als Evangelium für den Weihnachtstag auch im Bobbio-Missale (73), im ambrosianischen bzw. römischen Meßbuch (jedoch ohne die Einleitungsworte) an der Vigil.

8 Vgl. St. Beißel, Geschichte der Evangelienbücher (1906) 12.

9 In den Liturgiebüchern ist unter »vigilia« die Vigilmesse, unter »vigiliae« dagegen die Matutin mit anschließenden »Laudes« gemeint.

10 Auch das »sustinere« in 1337 und 1340 bzw. »exspectare« in 1338, 1351 und 1356 deuten auf eine Vigilfeier hin.

11 F. Lanzoni, Le tre messe di Natale in Ravenna, in: Rassegna Gregoriana 8 (1909) 37–40 weist nach, daß bereits im 7. Jh. in Ravenna die dreifache römische Meßfeier an Weihnachten üblich war; vgl. weiterhin K. Gamber, Codices Liturgici latini antiquiores (Freiburg/Schweiz ²1968) 311 ff.

12 Neueste Ausgabe: L. C. Mohlberg – L. Eizenhöfer – P. Siffrin, Missale Gallicanum Vetus (Roma 1958). Unser Fragment III mit den Formeln 29–266 stammt (seiner Vorlage nach) aus Oberitalien; vgl. meine Rezension in: Benediktinische Monatsschrift 34 (1958) 134–136 bzw. den nachfolgenden Exkurs. Die entsprechenden Partien im Missale Gothicum sind verloren gegangen.

13 Die Vesper, die in den Handschriften bisweilen »duodecima« genannt wird, dürfte hier nicht gemeint sein, zumal es »duodecimo« heißt und die Vesper-Orationen unmittelbar vorausgehen.

14 Vgl. A. Dold – L. Eizenhöfer, Das irische Palimpsestsakramentar im Clm 14 429 (= Texte und Arbeiten 53/54, Beuron 1964) 3–7.

15 Neueste Ausgabe: P. Salmon, Le Lectionnaire de Luxeuil (= Collectanea Biblica Latina VII, Roma 1944) 1–8.

16 Vgl. A. Baumstark, Nocturna laus (= Liturgiewissenschaftl. Quellen und Forschungen 32, Münster 1957) 105 ff.

17 Vgl. Breviarium Gothicum (PL 86, 116–123) und das Orationale Visigothicum (ed. Vives 92–104). Die 12 Antiphonae stellen wohl Reste der ursprünglichen 12 Psalmen dar.

18 Im *Mailänder* Brevier haben wir folgende Psalmen: 1. Nokturn: 18, 39, 2, 97, 46, 71; 2. Nokturn: 18, 110, 88, 44, 8, 96; 3. Nokturn: 109, 68, 23, 84, 94, 71 (2. Hälfte). Im *benediktinischen* Brevier finden sich zusätzlich zu den römischen die Pss 23, 96 und 98. Vergleichsweise seien die Psalmen und Lesungen der *armenischen* Weihnachtsvigil angeführt: Pss 22, 79, 2, 109, 85, 139, 131. Lesungen: Gen 1,1–3,24; Is 7,10–17; Ex 14,24–15,21; Mich 5,2–7; Prov 1,1–9; Is 9,5–7; 11,1–9; 35,3–10; 40,9–17; 42,1–8; Dan 3,1–97; vgl. auch A. Baumstark, Nichtevangelische syrische Perikopen des 1. Jahrtausends (= Liturgiew. Quellen und Forschungen 3, Münster 1921) 149 f.

19 Solche Psalter-Kollekten finden sich regelmäßig im Breviarium Gothicum.

20 Vgl. E. A. Lowe, Codices latini antiquiores III (1938) Nr. 33 und 34.

21 Vgl. H. Franke, Wartende Kirche. Die ältesten Adventsrufe der Christenheit (1937); G. Lucchesi, Nouve note agiografiche Ravennati (Ravenna 1943) 101 ff.; dazu auch Benz (Anm. 1) 339.

Zu: Die ältesten Meßformulare für Mariä Verkündigung (S. 68)

1 Vgl. unten Anm. 76.

2 Das Fest wurde hier auf der 10. Synode von Toledo v. J. 656 eingeführt (vgl. Mansi XI,33 f.); M. Férotin, Liber Mozarabicus Sacramentorum (= Monumenta Ecclesiae Liturgica VI, Paris 1912) 50.

3 Nach Ausweis der Evangelienliste von Aquileja; vgl. K. Gamber, Die älteste abendländische Evangelien-Perikopenliste, vermutlich von Bischof Fortunatianus von Aquileja, in: Münchener Theol. Zeitschrift 13 (1962) 180–201, hier 195.

4 Nach Ausweis der alten kampanischen Evangelienliste wurde an der »Dominica III de adventum« das Evangelium Lk 1,26 ff. gelesen; vgl. K. Gamber, Die kampanische Lektionsordnung, in: Sacris erudiri XIII (1962) 326–352, hier 338. Dieses Gedächtnis der »annuntiatio« unmittelbar vor Weihnachten findet seine Entsprechung im Orient; vgl. M. Jugie, Homilies Mariales byzantines, in: Echo d'Orient 26 (1923) 129–152.

5 Vgl. K. Gamber, die Orationen des Rotulus von Ravenna. Eine Feier des Advents schon zur Zeit des hl. Petrus Chrysologus?, in: Archiv für Liturgiew. V (1958) 354–361; dagegen: W. Croce, in: Zeitschrift f. kathol. Theol. 76 (1954) 257–296; S. Benz, Der Rotulus von Ravenna (= Liturgiew. Quellen und Forschungen 45, Münster 1967) 234 f.; dazu das vorausgehende Kapitel.

6 Vgl. N. Nilles, Kalendarium Manuale I (Innsbruck 1896) 366.

7 Vgl. B. Botte, La première fête mariale de la liturgie romaine, in: Ephem.lit. 47 (1933) 425–430; Martimort, Handbuch der Liturgiewissenschaft II (Freiburg-Base-Wien 1965) 288 f.

8 Gregorius Turon., De gloria martyrum 1,9 (PL 71,713); F. G. Holweck, Fasti Mariani sive Calendarium Festorum s. Mariae virginis Deiparae (Freiburg 1892) 8 f.; O. Menzinger, Mariologisches aus der vorephesinischen Liturgie (Regensburg 1932) 68.

9 Vgl. Menzinger, Mariologisches (Anm. 8) 61–68.

10 Vgl. u. a. Missale Gothicum (ed. Mohlberg p. 28), Lectionarium Luxoviense (ed. Salmon p. 64); weiterhin Holweck (Anm. 8) 9.

11 Vgl. K. Gamber, Reste einer gallikanischen Epistelliste aus der Frühzeit der bayrischen Kirche, in: Rev. bénéd. 88 (1978) 111–122, hier 115.

12 Bobbio-Missale: Missa in sanctae Mariae sollemnitate (ed. Lowe 122–128).

13 Vgl. K. Gamber, Eine frühe oberitalienische Epistelliste, vermutlich aus Ravenna, in: Heiliger Dienst 33 (1979) 129–137.

14 Vgl. A. Dold, Die im Cod. Vat. Reg. lat. 9 vorgeheftete Liste paulini-

scher Lesungen für die Meßfeier (= Texte und Arbeiten 35, Beuron 1944) 9 f.

15 Vgl. K. Gamber, Codices liturgici latini antiquiores (= Spicilegii Friburgensis Subsidia 1, Freiburg/Schweiz² 1968) 368 ff. (mit ausführlicher Literatur); neuerdings: B. Moreton, The Eight-Century Gelasian Sacramentary (Oxford 1976); J. Deshusses, Les sacramentaires. Etat actuel de la recherche, in: Archiv für Liturgiew. XXIV (1982) 19–46, ohne meine diesbezüglichen Forschungen zu berücksichtigen.

16 A.-G. Martimort, Handbuch der Liturgiewissenschaft I (Freiburg-Basel-Wien 1963) 306.

17 E. Bourque, Etude sur les sacramentaires romains II (Québec 1942) 223–233; J. Deshusses, in: Corpus Christianorum, Series latina CLIX A (Tournai 1981) p. XXIIIff.; A. Chavasse. La messe de saint Prix du sacramentaire gélasien du VIIIe siècle, in: W. Dürig, Liturgie. Gestalt und Vollzug (München 1963) 60–69.

18 Hinsichtlich der Frage, ob es sich bei den genannten Sakramentaren um einen älteren Typus handelt, in dem die Heiligenfeste noch in einem eigenen Libellus zusammengefaßt waren vgl. A. Dold – K. Gamber, Das Sakramentar von Monza (= 3. Beiheft zu den Texten und Arbeiten, Beuron 1957) 4 ff.

19 H. Kellner, Heortologie (Freiburg ³1911) 292 Anm. 1.

20 Vgl. Acta Sanctorum, Januar III,250.

21 Eine Zusammenfassung in meinem Buch: Missa Romensis. Beiträge zur frühen römischen Liturgie und zu den Anfängen des Missale Romanum (= Studia patristica et liturgica 3, Regensburg 1970) 122–135. Hypothetisch bleibt die von mir angenommene Redaktion durch Bischof Marinianus von Ravenna bzw. Paulus Diaconus, was eine spätere Überarbeitung betrifft. Beachtung verdienen auch die Heiligenfeste in den Junggelasiana, soweit diese weder in V noch in Gr erscheinen, wie z. B. das Fest des hl. Lukas am 18. Oktober, das am gleichen Tag auch in den byzantinischen Liturgiebüchern verzeichnet ist.

22 Vgl. K. Gamber, Ein fränkisches Sakramentarfragment des S-Typus in merowingischer Minuskel, in: Sacris erudiri X (1958) 127–151; CLLA Nr. 850.

23 Herausgegeben von A. Dold, Vom Sakramentar, Comes und Capitulare zum Missale (= Text und Arbeiten 34, Beuron 1943); CLLA Nr. 701.

24 Vgl. K. Gamber, Fragment eines mittelitalienischen Plenarmissale aus dem 8. Jh., in: Ephem. lit. 76 (1962) 335–341; CLLA Nr. 1401.

25 Vgl. K. Gamber, Sakramentarstudien und andere Arbeiten zur frühen Liturgiegeschichte (= Studia patristica et liturgica 7, Regensburg 1978) 26–32: Der »Liber sacramentorum« des Paulinus von Nola (mit weiterer Literatur); Das Basler Fragment. Eine weitere Studie zum altkampanischen Sakramentar und zu dessen Präfationen, in: Rev. bénéd. 81 (1971) 14–29.

26 Vgl. Gamber, Missa Romensis (Anm. 21) 107–115: Das sog. Sacramen-

tarium Gelasianum. Die »missales« des Bischof Maximianus von Ravenna.

27 Zu diesem Schluß kommt A. Chavasse, Le sacramentaire gélasien (Tournai 1958). Hier nur einige kleine Beobachtungen, die gegen die These von Chavasse sprechen: Die Wendung im Titel des Liturgiebuchs »romanae ecclesiae ordinis« weist darauf hin, daß der Redaktor sich an den Brauch (ordo) der römischen Kirche halten will, nicht jedoch, daß es sich um ein Liturgiebuch der römischen Kirche handelt; dann müßte es nämlich, wie im Gregorianum, »liber sacramentorum romanae ecclesiae« heißen. Im Formular der Feria II der Osteroktav finden wir dreimal den Hinweis »apostolorum«, was auf die ravennatische Kirche »Apostolorum« als Titelkirche für diesen Tag hinweisen dürfte, jedoch im Gegensatz steht zum römischen Brauch, wo uns diese Titelkirche am Donnerstag der Osterwoche begegnet. Im Formular LV (ed. Mohlberg p. 82) begegnet uns in der Überschrift die Wendung »parochia« (wie in der syrischen Didascalia II 58,2 ed. Funk), ein römisches Sakramentar spräche von »in titulis«. Auffällig ist auch das Fehlen der stadtrömischen »Letania (maior)« am 25. April.

28 Vgl. K. Gamber, Das Münchener Fragment eines Lectionarium plenarium, in: Ephem. lit. 72 (1958) 268–280; CLLA Nr. 1201.

29 Vgl. K. Gamber, Die Lesungen und Cantica an der Ostervigil im »Comes Parisinus«, in: Rev. bénéd. 71 (1961) 125–134; CLLA Nr. 1210–1219.

30 Vgl. K. Gamber, Wege zum Urgregorianum. Erörterung der Grundfragen und Rekonstruktionsversuch des Sakramentars Gregors d. Gr. vom Jahr 592 (= Texte und Arbeiten 46, Beuron 1956); ders., Sacramentarium Gregorianum I (=Textus patristici et liturgici 4, Regensburg 1966).

31 Weshalb Dold (Anm. 23) 27–32 den Versuch unternommen hat, die Handschrift etwa 100 Jahre später anzusetzen, um die seinerzeitige Ansicht einer Entstehung der Gelasiana mixta um 750 zu retten. Der paläographische Befund (um 700) ist nach Lowe und Bischoff jedoch eindeutig.

32 Vgl. A. Chavasse, Les fragments palimpsestes du Casinensis 271, in: Archiv für Liturgiew. XXV (1983) 9–31. Der Autor hat übersehen, daß die Quelle für die Perikopen im oben erwähnten Lectionarium plenarium des Maximianus zu suchen ist, wie es im Comes Parisinus vorliegt. Auch findet sich bei Chavasse in diesem Zusammenhang kein Wort über ein ähnliches Fragment eines Sakramentar-Lektionars, wie es das von Zadra (Zara) aus der 1. Hälfte des 8. Jh.s ist; vgl. K. Gamber, Das Fragment in Zara, Rev. bénéd. 78 (1968) 127–138; CLLA Nr. 1280, das dem Typus nach sogar älter ist als die Fragmente in Monte Cassino, da es eine Kombination zwischen einem Junggelasianum und einem Lectionarium plenarium darstellt. Die Quellenlage ist in der frühen Sakramentargeschichte schlecht genug, weshalb wir es uns nicht leisten können, bestimmte Zeugen, auch wenn sie nur fragmentarisch erhalten sind, einfach zu übergehen, besonders dann, wenn sie nicht ins Konzept passen.

33 Chavasse, Le Sacramentaire gélasien (Anm. 27) 389–392.

34 »CLLA« wird als Sigel für das in Anm. 15 genannte Werk gebraucht.

35 Edition und Literatur hier, wie in den folgenden Handschriften in CLLA.

36 In seinem Werk Le sacramentaire gélasien (Anm. 27).

37 In Übersicht herausgegeben von R. Amiet, Un »Comes« carolingien inédit de la Haute-Italie, in: Ephem. lit. 73 (1959) 335–367; CLLA Nr. 1210. Etwas jünger ist die Redaktion des Lektionars von Verona, in Übersicht herausgegeben von S. Rehle, in: Sacris erudiri XXII (1974/75) 321–370; CLLA Nr. 1253.

38 Jetzt in Übersicht herausgegeben von S. Rehle, Missale Beneventanum (Codex VI 33 des Erzbischöfl. Archivs von Benevent), Sacris erudiri XXI (1972/73) 323–405.

39 Herausgegeben von S. Rehle, Missale Beneventanum von Canosa (= Textus patristici et liturgici 9, Regensburg 1972).

40 Herausgegeben von A. Dold; vgl. CLLA Nr. 431.

41 Chavasse und andere Forscher sind dabei der Ansicht, es sei nicht, wie ich annehme, eine dem Urexemplar nahe stehende Handschrift verwendet worden, sondern eine dem Paduanum (= P) nahestehende. Zu dieser Meinung kann man gelangen, da in P ebenfalls eine frühe (aus dem Ende des 7. Jh. stammende) Gregorianum-Handschrift benützt wurde. Als ganzes stellt P jedoch ein aquileisches Meßbuch dar, das sich aus den Junggelasiana herausentwickelt hat; vgl. A. Dold– K. Gamber, Das Sakramentar von Salzburg (4. Beiheft zu den Texten und Arbeiten, Beuron 1960) 17 ff.

42 Vgl. Dold – Gamber, Das Sakramentar von Monza (Anm. 18) 4 ff. Interessant ist, daß das Praeiectus-Formular im Januar noch fehlt.

43 Jetzt in einer ausgezeichneten Edition vorliegend: A. Dumas, Liber Sacramentorum Gellonensis (= Corpus Christianorum, Series Latina CLIX und CLIX A).

44 Vgl. O. Heiming, in: Archiv für Liturgiew. II (1952) 44–60. Als Vorlage diente vielleicht eine Handschrift aus Vercelli, vgl. K. Gamber, Ein oberitalienisches Sakramentarfragment in Bamberg, in: Sacris erudiri XIII (1962) 360–367.

45 Noch älter ist das Fragment einer Handschrift des P-Typus, die in Bayern (Regensburg?) geschrieben ist und aus der Zeit um 800 stammt, vgl. K. Gamber, Eine ältere Schwester-Handschrift des Sakramentars von Padua, in: Sacris erudiri XIX (1969/70) 233–239. Außerhalb des (weiteren) Gebiets des Patriarchats Aquileja wurde bis jetzt noch kein Zeuge des P-Typus ausfindig gemacht.

46 Vgl. K. Gamber, Sakramentare aus dem Patriarchat Aquileja, in: Münchener Theol. Zeitschrift 7 (1956) 281–288; Wege zum Urgregorianum (Anm. 30); Das Sacramentar von Salzburg (Anm. 41).

47 Von der jedoch nur relativ wenige Handschriften abstammen; vgl. K. Gamber, Sacramentaria Praehadriana. Neue Zeugnisse der süddeut-

schen Überlieferung des vorhadrianischen Sacramentarium Gregorianum im 8./9. Jh., in: Scriptorium 27 (1973) 3–15.

48 Vgl. J. Deshusses, Le sacramentarie grégorien de Trente, in: Rev. bénéd. 78 (1968) 261–282; dazu Gamber, Missa Romensis (Anm. 21) 137–150; Ein Sakramentar der Domkirche von Säben aus der Zeit um 825, in: Heiliger Dienst 24 (1970) 170–178; Fr. Unterkircher, in: Der Schlern 51 (1977) 54–60. Die Eigentexte sind ediert von J. Deshusses, Le sacramentaire grégorien (= Spicilegium Friburgense 16, Fribourg 1971) 708–716.

49 Herausgegeben von Mabillon (1687) und Muratori (1748) = PL 72, 474f.; kritische Ausgabe von E. A. Lowe, The Bobbio Missal (= HBS 58, London 1920). Weitere Literatur CLLA Nr. 220.

50 Wir zitieren nach dem vollständig edierten Missale in Baltimore (Ba); S. Rehle, Missale Beneventanum von Canosa (= Textus patristici et liturgici 9, Regensburg 1972) S. 114f.

51 Den Spuren im einzelnen nachgegangen wird in der Studie von K. Gamber, Das kampanische Meßbuch als Vorläufer des Gelasianum, in: Sacris erudiri XII (1961) 5–111.

52 Die angelsächsischen Zeugnisse sind gesammelt vom K. Gamber, Das Bonifatius-Sakramentar (= Textus patristici et liturgici 12, Regensburg 1975).

53 Auffällig ist, daß bestimmte Präfationen einheitlich sowohl in beneventanischen als auch angelsächsischen und ambrosianischen Liturgiebüchern (und manche nur hier) vorkommen, was auf eine gemeinsame Quelle schließen läßt, die aufgrund der Untersuchungen nur im Sakramentar des Paulinus von Nola liegen kann; vgl. K. Gamber, Das altkampanische Sakramentar, in: Rev. Bénéd. 79 (1969) 329–342; 81 (1971) 14–29, vor allem 22–29.

54 Vgl. Gamber, Das kampanische Meßbuch (Anm. 51) 82–94, wo zahlreiche Beispiele angeführt werden.

55 Vgl. CLLA Nr. 401.

56 Vgl. CLLA Nr. 405; K. Gamber, Die kampanische Lektionsordnung, in: Sacris erudiri XIII (1962) 326–352, hier Nr. 126 S. 340.

57 Eine Abhängigkeit von den Junggelasiana scheidet hier aus, da diese das Formular zweifellos mit der auf das Fest bezogenen Oration »Omnipotens sempiterne deus, qui coaeternum tibi filium …« (S. 677) begonnen hätten. Interessant ist weiterhin die kleine Beobachtung, daß die beneventanischen Meßbücher in der Secreta zusammen mit Bo »altario« anstatt »altari« in den Gelasiana mixta lesen. In Ba ist das »o« später wegradiert (daher in der Edition von Rehle nicht vorhanden), in B ist der betreffende Buchstabe jedoch erhalten.

58 Vgl. den Artikel Koimesis, in: Reallexikon zur byzantinischen Kunst IV (1982) 137f. Im Bobbio-Missale ist eine »Missa in Adsumptione sanctae Mariae« unmittelbar an unsere »Missa in sanctae Mariae sollemnitate« angefügt (beide ohne Datumsangabe).

59 Vgl. Wetzer-Welte, Kirchenlexikon VIII,802.

60 Man beachte die einzelnen Formulare in: Gamber, Das Bonifatius-Sakramentar (Anm. 52) 66–76.

61 P. Siffrin, Das Hilarius-Formular im Missale Francorum auf seine Vorlagen untersucht, in: Colligere Fragmenta (= 2. Beiheft zu den Texten und Arbeiten, Beuron 1952) 160–165; ders., in: Jahrbuch für Liturgiew. X (1930) 33–38.

62 Vgl. J. Nasrallah, Marie dans l'Epigraphie, les Monuments et l'Art du Patriarcat d'Antioche du IIIe au VIIe siècle (Beirut 1972) 55; J. Madey, Marienlob aus dem Orient (Paderborn 1981) 18 ff.

63 Hinsichtlich der liturgischen Tätigkeit des Hilarius vgl. K. Gamber, Sakramentarstudien (= Studia patristica et liturgica 7, Regensburg 1978) 10–19.

64 Vgl. O. Menzinger, Mariologisches aus der vorephesinischen Liturgie (Regensburg 1932) 61–68.

65 Proclus, Oratio I de laudibus S. Mariae (PG 65,679–692); Fr. X. Bauer, Proklus von Konstantinopel (München 1919) 25 f. möchte darin eine Lobrede auf das Fest der Verkündigung sehen, das es jedoch damals noch nicht gab.

66 Interessant ist in diesem Zusammenhang die Perikope für das Marienfest am 18. Januar, wie sie in frühen bayerischen Handschriften innerhalb einer Epistelliste überliefert ist, nämlich 1 Kor 7,25–40: »De virginibus praeceptum non habeo . . .«; vgl. K. Gamber, Reste einer gallikanischen Epistelliste aus der Frühzeit der bayerischen Kirche, in: Rev. bénéd. 88 (1978) 111–122, hier 115.

67 Herausgegeben von A. Paredi, Sacramentarium Bergomense (= Monumenta Bergomensia VI, Bergamo 1962).

68 Herausgegeben von K. Gamber, in: Sakramentartypen (= Texte und Arbeiten 49/50, Beuron 1958) 57 f.

69 Herausgegeben von L. C. Mohlberg, Liber Sacramentorum (= Rerum Ecclesiarum Documenta, Fontes IV, Roma 1960) 271.

70 Agnellus, Liber pontificalis (PL 106,583 A); vgl. F. W. Deichmann, Ravenna. Geschichte und Monumente (Wiesbaden 1969) 26.

71 Agnellus, ebd. (PL 106,583 B).

72 Vgl. V 848: »auxilium implorante«; V 850: »ab omni . . . adversitate custodi«; V 852: »nos . . . protege«.

73 Chavasse, Le sacramentaire gélasien (Anm. 27) 398.

74 Petrus Chrysologus, Sermo 92 (PL 52,460 A); vgl. auch das vorausgegangene Kapitel.

75 Vgl. Handbuch der Liturgiewissenschaft (Anm. 7) 292. Im Orient erscheint es bereits vor 624 eingeführt; vgl. Kellner, Heortologie (Anm. 19) 175 f.

76 Augustinus, De trin. IV 5,9 (PL 42,894).

77 Vgl. A. Dold – K. Gamber, Das Sakramentar von Salzburg seinem Typus nach auf Grund der erhaltenen Fragmente rekonstruiert (Beuron 1960) 17–27.

78 Ein wieder etwas veränderter Text begegnet uns im fränkischen Anhang zum Gregorianum (1598) sowie in der korrigierten Fassung unserer Präfation in der Handschrift S, worauf wir hier nicht eingehen möchten.

79 Dieses geht allem Anschein nach noch auf Hieronymus zurück; vgl. K. Gamber, Sakramentarstudien (Regensburg 1978) 19–26, wo auch die ältesten Handschriften genannt werden. Der Prolog stammt jedoch, entgegen meiner früheren Annahme (vgl. Ephem. lit. 75, 1961, 214–222), nicht von ihm.

80 Das älteste Zeugnis stammt schon aus dem Ende des 6. Jahrunderts (CLLA Nr. 1201).

81 Vgl. CLLA Nr. 801, 806 und 808.

82 In Übersicht herausgegeben von S. Rehle, in: Sacris erudiri XXII (1974/ 75) 321–376.

Zu: Das »Missale Gallicanum Vetus« (S. 92)

1 L. C. Mohlberg – L. Eizenhöfer – P. Siffrin, Missale Gallicanum Vetus (Cod. Vat. Palat. lat. 493) (= Rerum ecclesiasticarum documenta, Series maior: Fontes III, Roma 1958); vgl. CLLA Nr. 212–214, wo weitere Angaben zu finden sind.

2 Vgl. H. Lietzmann, Symbole der Alten Kirche (= Kleine Texte 17/18) 14f.

3 Vgl. Lietzmann a.a.O. 12.

4 E. Bishop, Liturgica historica. Papers on the Liturgy and Religious life of the Western Church (Oxford 1918) 59.

Zu: Irische Liturgiebücher und ihre Verbreitung auf dem Kontinent (S. 95)

1 K. Gamber, Sakramentarstudien und andere Arbeiten zur frühen Liturgiegeschichte (= Studia patristica et liturgica 7, Regensburg 1978) 7–42: Zu den ältesten lateinischen Liturgiebüchern.

2 Über die erhaltenen liturgischen Handschriften und Fragmente (bis etwa 11. Jh.) berichtet im einzelnen K. Gamber, Codices liturgici latini antiquiores (=Spicilegii Friburgensis Subsidia 1, Freiburg/Schweiz ²1968).

3 Vgl. K. Gamber, Sakramentartypen. Versuch einer Gruppierung der Handschriften und Fragmente bis zur Jahrtausendwende. In beratender Verbindung mit A. Dold und B. Bischoff (= Texte und Arbeiten 49/50), Beuron 1958; Cyrill Vogel, Introduction aux sources de l'histore du culte chrétien au moyen âge (Spoleto 1966).

4 Vgl. John Hennig, Studies in the Liturgy of the Early Irish Church, in: The Irish Ecclesiastical Record 75 (1951) 318–332; dazu Ephem. liturgicae 65 (1951) 228; ders., Sacramentaries of the Old Irish Church, The Ecclesiastical Record 96 (1961) 23–28.

5 Die ältesten Jahres-Sakramentare stammen von Hilarius von Poitiers

(† 376). Paulinus von Nola († 431) und Musäus von Marseille († 461); vgl. Gamber, Sakramentarstudien (wie Anm. 1) 10 ff. Die größte Bedeutung für die abendländische Liturgie gewann später das Sakramentar des Papstes Gregor d. Gr. († 604); vgl. K. Gamber, Sacramentarium Gregorianum I/II (= Textus patristici et liturgici 4/6, Regensburg 1966/67).

6 Vgl. H. Lietzmann, Das Sacramentarium Gregorianum nach dem Aachener Urexemplar (= Liturgiegeschichtliche Quellen 3, Münster 1921) 1–5.

7 Vgl. CLLA Nr. 101 mit eingehender Literatur. Die Handschrift befindet sich jetzt in Dublin, Royal Irish Academy, MS D II 3.

8 Vgl. T. F. O'Rahilly, The history of the Stowe Missal, in: Eriu 10 (1926), 95–109.

9 Zum gallikanischen Ritus vgl. H. Lietzmann, Ordo missae romanus et gallicanus (= Kleine Texte für Vorlesungen und Übungen 19, Bonn 1923) 21–29; K. Gamber, Ordo antiquus gallicanus. Der gallikanische Meßritus des 6. Jahrhunderts (=Textus patristici et liturgici 3, Regensburg 1965), mit weiterer Literatur S. 15 f.

10 Zur vorgregorianischen Fassung des Canon vgl. Gamber, Sakramentarstudien (wie Anm. 1), 43–100 (mit weiterer Literatur).

11 Vgl. Gamber, Sakramentarstudien (Anm. 1) 93–97.

12 Eine eingehende Besprechung des Stowe-Missale von F. Probst, Die Abendländische Messe vom fünften bis zum achten Jahrhundert (Münster i. W. 1896) 56–99.

13 G. Witzel, Exercitamenta syncerae pietatis (Moguntiae 1555); Vgl. CLLA Nr. 102 (mit weiterer Literatur).

14 St. Gallen, Stiftsbibliothek, Cod. 1395 (pp. 422/23, 426/27); vgl. CLLA Nr. 103 (mit weiteren Angaben).

15 Vgl. M. Cramer, Koptische Buchmalerei. Illuminationen in Manuskripten des christlich-koptischen Ägyptens vom 4. bis 19. Jahrhundert (Recklinghausen 1964) 43 ff.

16 St. Gallen, Stiftsbibliothek, Cod. 1395 (pp. 430–433); vgl. CLLA Nr. 104 (mit weiteren Angaben).

17 Jetzt in Zürich, Staatsarchiv, W 3 A. G. 19, Nr. XXXVI (f.57); vgl. CLLA Nr. 105.

18 St. Gallen, Stiftsbibliothek, Cod. 1395 (pp. 444–447); vgl. CLLA Nr. 106.

19 St. Gallen, Stiftsbibliothek, Cod. 1394 (pp. 95–98); vgl. CLLA Nr. 115.

20 Ähnliche Kommuniongesänge in der Liturgie Ägyptens; vgl. K. Gamber, Ein ägyptisches Kommunionlied des 5./6. Jahrhunderts, in: Ostkirchliche Studien 8 (1959) 221–229, besonders S. 228 f.

21 Colmar, Bibl. municipale, ms. 144 (loses Blatt); vgl. CLLA Nr. 108. Ediert (mit Facsimile) von L. Brou, Le fragment liturgique Colmar 144, reste d'une pontifical irlandais du VIIIe siècle, in: Bulletin de littérature ecclésiastique (1955) 65–71.

22 Karlsruhe, Bad. Landesbibliothek, Cod. Aug. CXXXII (f. 18); vgl.

CLLA Nr. 110 – Cod. Aug. CLXVII (f. 34); vgl. CLLA Nr. 111 – Fragm. Aug. 19; vgl. CLLA Nr. 112.
23 Karlsruhe, Bad. Landesbibliothek, Frag. Aug. 18 (Zweitschrift); vgl. CLLA Nr. 120.
24 Hennig (Anm. 4).
25 Vgl. CLLA Nr. 605 S. 296.
26 Vgl. K. Gamber, Missa Romensis. Beiträge zur frühen römischen Liturgie und zu den Anfängen des Missale Romanum (= Studia patristica et liturgica 3, Regensburg 1970) 22 ff.
27 Vgl. St. Beissel, Geschichte der Evangelienbücher in der ersten Hälfte des Mittelaltares (Ergänzungshefte zu den Stimmen aus Maria Laach 92/93, Freiburg i. Br. 1906) 86–91.
28 Vgl. Gamber, Missa Romensis (Anm. 27) 25–27 (mit weiteren Angaben).
29 Gamber, Missa Romensis 31–41: Die Präfation im Stowe-Missale.
30 Vgl. K. Gamber, Ein römisches Eucharistiegebet aus dem 4./5. Jahrhundert, Ephem. liturgicae 74 (1960) 103–114 sowie das diesbezügliche Kapitel oben.
31 Vgl. K. Gamber, Fragment eines mittelitalienischen Plenarmissale aus dem 8. Jahrhundert, in: Ephem. lit. 76 (1962) 335–341.
32 München, B. Staatsbibliothek, Clm 14429; vgl. CLLA Nr. 211.
33 A. Dold – L. Eizenhöfer, Das irische Palimpsestsakramentar im Clm 14429 der Staatsbibliothek München (= Texte und Arbeiten 53/54, Beuron 1964).
34 Gamber, Sakramentarstudien (Anm. 1) 10–19.
35 Vgl. Gamber, Ordo antiquus (Anm. 9) 7 ff.
36 Vgl. K. Gamber, Liturgie und Kirchenbau. Studien zur Geschichte der Meßfeier und des Gotteshauses in der Frühzeit (= Studia patristica et liturgica 6, Regensburg 1976) 97–119: Die gallikanische Meßfeier, ihre Beziehung zur ostkirchlichen Liturgie und zum jüdischen Tempelkult.
37 So vor allem die »Deprecatio sancti Martini pro populo« und das Post-Sanctus-Gebet »Benedictus qui venit de caelis«; vgl. Probst (wie Anm. 12) 47 und 50.
38 Vgl. J. Hofmann, in: Würzburger Diözean-Geschichtsblätter 26 (1964) 351; CLLA Nr. 216.
39 Piacenza, Archivio di S. Antonio (Fragment vermutlich verloren); CLLA Nr. 125.
40 Vgl. CLLA Nr. 220. Möglicherweise handelt es sich um das Meßbuch von Pavia, das später in das benachbarte Kloster Bobbio gekommen ist, vgl. K. Gamber, I più antichi libri liturgici dell'Alta Italia, in: Rivista di Storia della Chiesa in Italia 15 (1961) 76–78.
41 Vgl. F. Heiler, Altkirchliche Autonomie und päpstlicher Zentralismus (= Die katholische Kirche des Ostens und Westens II, 1, München 1941) 136.
42 Vgl. CLLA S. 140, mit Angabe der Editionen.
43 Herausgegeben von K. Gamber, Das Bonifatius-Sakramentar und weite-

re frühe Liturgiebücher aus Regensburg. Mit vollständigem Facsimile der erhaltenen Blätter (= Textus patristici et liturgici 12, Regensburg 1975).

44 Vgl. Gamber, Das Bonifatius-Sakramentar (wie Anm. 43), S. 83–85.
45 Vgl. Regula monachorum, c. 7: De psalmorum (Migne, PL 80,212–13).
46 Vgl. Migne, PL 59,565–566 bzw. 87,296.
47 Vgl. I. W. Legg, Ratio decursus (= Miscellanea Ceriani, Milano 1910) 149–167.
48 Milano, Biblioteca Ambrosiana, Cod. C 5 inf.; vgl. CLLA Nr. 150.
49 Torino, Bibliotheca Nazionale, Cod. 882 N. 8; vgl. CLLA Nr. 151.
50 Paris, B. N., ms. lat. 9488 (ff. 75–76); vgl. CLLA Nr. 152 (Edition in Vorbereitung).
51 Vgl. unten das Kapitel »Niceta von Remesiana als Katechet und Hymnendichter«.
52 Vgl. CLLA Nr. 153–163.
53 Vgl. CLLA Nr. 428; der Herausgeber G. Morin, Fragments inédits et jusqu'à présent uniques d'antiphonaire gallican, in: Rev. bénédictine 22 (1905) 329–356, nahm an, daß es sich um den Rest eines Responsoriale des gallikanischen Ritus handelt.
54 A. Wilmart, Benedictiones Bobienses, in: Bulletin d'ancienne littérature et d'archéologie chrétiennes 4 (1914) 176–187.
55 Übersetzung nach G. Langgärtner, Jesus Christus ist der Herr. Gebete, Hymnen, Meditationen aus Liturgien des Ostens und des Westens (München 1978) 173.
56 Dublin, Royal Irish Academy, »Cathach of St. Columba«; vgl. CLLA Nr. 130.
57 Vgl. CLLA Nr. 135.
58 Vgl. H. Schneider, Die altlateinischen biblischen Cantica (= Texte und Arbeiten 29/30, Beuron 1938) 94–98.
59 Übersetzung nach Heiler, Altkirchliche Autonomie (wie Anm. 41) 143.
60 London, British Museum, MS Royal 2 A. XX; vgl. CLLA Nr. 170.
61 Vgl. CLLA Nr. 170a und Nr. 175.
62 Dublin, Library of Trinity Colleg, MS 1441; vgl. CLLA Nr. 177.
63 Herausgegeben von J. H. Bernard– A. Atkinson, The Irish Liber Hymnorum, 2 Bände (= Henry Bradshaw Society 13–14, London 1897/98). Zur irischen Hymnologie vgl. weiterhin C. Blume, Die Hymnen des 5.–11. Jahrhunderts und die irisch-keltische Hymnodie (=Analecta Hymnica 51, Leipzig 1908) 259–364.
64 Vgl. CLLA Nr. 177a.
65 Vgl. M. Frost, A Prayer Book from St. Emmeram, Ratisbon, in: The Journal of Theol. Studies 30 (1929), S. 32–45.
66 Vgl. B. Bischoff, Salzburger Formelbücher und Briefe aus Tassilonischer und Karolingischer Zeit (= SB. München 1973) 52.

Zu: Die Plenarmissalien des römischen Ritus (S. 107)

1 A. G. Martimort u. a., Handbuch der Liturgiewissenschaft I (Freiburg-Basel-Wien 1963) 322.

2 Vgl. K. Gamber, Sakramentartypen. Versuch einer Gruppierung der Handschriften und Fragmente bis zur Jahrtausendwende (= Texte und Arbeiten, Heft 49/50, Beuron 1958) mit weiterer Literatur.

3 Die älteren Handschriften bei K. Gamber, Codices liturgici latini antiquiores (= Spicilegii Friburgensis Subsidia 1, Freiburg/Schweiz ²1968) Nr. 1115–1187.

4 Vgl. CLLA Nr. 1001–1050.

5 Vgl. CLLA Nr. 1310-1398.

6 Vgl. die Sakramentare CLLA Nr. 780–796 und 901–990, die Epistelbücher CLLA Nr. 1015–1037 und die Evangelistare CLLA Nr. 1156ff.

7 Vgl. CLLA Nr. 1201; ediert von K. Gamber, Das Münchner Fragment eines Lectionarium Plenarium, in: Ephem. liturg. 72 (1958) 268–280 (mit vollständigem Facsimile). Die älteste Voll-Handschrift ist der »Comes Parisinus« aus der Zeit um 800; vgl. CLLA Nr. 1210.

8 Vgl. A. Chavasse, L'oevre littéraire de Maximien de Ravenne, in: Ephem. liturg. 74 (1960) 115–120; CLLA S. 313 f.

9 Vgl. K. Gamber, Das Missale des Bischofs Maximian von Ravenna, in: Ephem. liturg. 80 (1966) 205–210; ders., Missa Romensis, Beiträge zur frühen römischen Liturgie und zu den Anfängen des Missale Romanum (= Studia patristica et liturgica 3, Regensburg 1970) 107–115: Die »missales« des Bischofs Maximianus von Ravenna.

10 Vgl. CLLA Nr. 436.

11 Vgl. K. Gamber, Wege zum Urgregorianum. Erörterung der Grundfragen und Rekonstruktionsversuch des Sakramentars Gregors d. Gr. vom Jahre 592 (= Texte und Arbeiten, Heft 46, Beuron 1956); ders., Das Sacramentarium Gregorianum I/II (= Textus patristici et liturgici 4 und 6, Regensburg 1966 und 1967).

12 Vgl. Gamber, Missa Romensis (Anm. 9) 165–169.

13 Vgl. K. Gamber, Sakramentarstudien und andere Arbeiten zur frühen Liturgiegeschichte (= Studia patristica et liturgica 7, Regensburg 1978) 19–26: Der Liber comitis des Hieronymus (dabei Korrektur bisher geäußerter Auffassungen).

14 Vgl. CLLA Nr. 701 (mit ausführlicher Literatur).

15 Vgl. CLLA Nr. 1280.

16 Vgl. K. Gamber, Ordo antiquus gallicanus (= Textus patristici et liturgici 3, Regensburg 1965) 7–14.

17 Zu manchen Formularen gehören auch:» »Oratio super populum« sowie »Aliae«-Formeln. Bei der Redaktion der Formulare ist an den Plenarmissalien insofern ein Fehler unterlaufen, als die zur »Oratio ad collectam« gehörende Lesung jetzt als Meß-Perikope erscheint, während sie ur-

sprünglich in der »Collecta«-Kirche, vor dem Zug zur Stationskirche, vorgetragen wurde; vgl. Gamber, Missa Romensis 195–199.

18 Dies gilt natürlich nur dann, wenn man nicht annehmen will, daß jeder Priester die Melodien der Gesangstexte auch ohne Neumen auswendig singen konnte.

19 Die Handschrift ist jetzt (in Übersicht) ediert von S. Rehle, Ein Plenar-missale des 9. Jh. aus Oberitalien, zuletzt in Regensburg, in: Sacris erudiri XXI (1972/73) 291–321 (mit Facsimile der Handschrift).

20 Zu den Gelasiana mixta vgl. Gamber, Missa Romensis 122–135; CLLA Nr. 801–898.

21 Zu den Gregoriana mixta vgl. Gamber, Sakramentartypen (Anm. 2) 145–150 und CLLA Nr. 901–985.

22 Plenarmissalien mit einem rein gregorianischen Sakramentarteil sind aus dem 1. Jahrtausend nicht bekannt.

23 Auch die Vereinigung von Antiphonale und Lektionar zu einer Handschrift liegt vor; vgl. CLLA Nr. 1380–1383.

24 Vgl. Udalrici, Consuet. Clun II,30 (PL 149,724 C) bzw. Wilhelm von Hirsau, Const. I,86 (PL 150,1016 D).

25 Edition (in Übersicht) von S. Rehle in Druck.

26 Inzwischen ediert von K. Gamber, in: Sacris erudiri XVIII (1967/68) 318–326 (mit Facsimile des Fragments).

27 Vgl. Gamber, Missa Romensis 157–169: Die Meßbücher Mittel- und Süditaliens im Frühmittelalter; W. Berschin, Griechisch-lateinisches Mittelalter (Bern-München 1980) 255 f.

28 Vgl. A. Dold, Die Zürcher und Peterlinger Meßbuch-Fragmente (= Texte und Arbeiten, Heft 25, Beuron 1934) Einleitung.

29 Vgl. Paléographie musicale XIV (1931); CLLA Nr. 470–484.

30 In Übersicht herausgegeben von S. Rehle, in: Sacris erudiri XXI (1972/73) 323–405. Vollständige Edition liegt druckfertig vor.

31 Herausgegeben von S. Rehle, Missale Beneventanum von Canosa (= Textus patristici et liturgici 9, Regensburg 1972). Von der gleichen Verfasserin sind weitere benevantische Meßbücher für eine Edition fertiggestellt worden, so CLLA Nr. 477, bei dem es sich nicht, wie hier angegeben, um ein Antiphonale, sondern um ein Plenarmissale handelt. Das Fragment CLLA Nr. 436 wurde mittlerweile von K. Gamber, in: Sacris erudiri XXI (1972/73) 241–247, herausgegeben. Eine Gesamt-Edition des Missale Beneventanum für »Corpus Christianorum« ist in Vorbereitung.

32 Zur Frage vgl. A. A. Häussling, Mönchskonvent und Eucharistiefeier (= Liturgiew. Quellen und Forschungen, Heft 58, Münster 1973) vor allem 246 ff.

Zu: Frühe Salzburger Meßbücher (S. 116)

1 Vgl. den Katalog der liturgischen Handschriften bis zum 11. Jh. von K. Gamber, Codices liturgici latini antiquiores (= Spicilegii Friburgensis Subsidia 1, ²Freiburg/Schweiz 1968), im folgenden CLLA abgekürzt.

2 Hinsichtlich der ältesten liturgischen Zeugnisse für die Liturgie im bayrisch-österreichischen Raum vgl. K. Gamber, Liturgisches Leben in Norikum zur Zeit des hl. Severin, in: Heiliger Dienst 26 (1972) 22–32; Der Meßritus im Alpen- und Voralpengebiet im 6. und 7. Jh., ebd. 28 (1974) 122–128; Eine liturgische Leseordnung aus der Frühzeit der bayerischen Kirche, ebd. 31 (1977) 8–17; Der Zeno-Kult in Regensburg. Ein Beitrag zur Geschichte des frühen Christentums in Bayern, in: Beiträge zur Geschichte des Bistums Regensburg XI (1977) 7–24.

3 Auch Tassilo-Sakramentar genannt (Prag, Bibliothek des Metropolitankapitels, Cod. o.3); vgl. CLLA Nr. 630.

4 Vgl. CLLA Nr. 631–635.

5 Vgl. K. Gamber, Das sog. Sacramentarium Gelasianum. Die »missales« des Bischof Maximianus von Ravenna, in: Missa Romensis. Beiträge zur frühen römischen Liturgie und zu den Anfängen des Missale Romanum (= Studia patristica et liturgica 3, Regensburg 1970) 107–115.

6 Vgl. W. Neumüller – K. Holter, Der Codex Millenarius. I. Teil: Der Codex Millenarius als Denkmal einer bayrisch-österreichischen Vulgata-Rezension (Graz-Köln 1959) vor allem 46; K. Gamber, Ecclesia Reginensis. Studien zur Geschichte und Liturgie der Regensburger Kirche im Mittelalter (= Studia patristica et liturgica 8, Regensburg 1979) 128–140: Fragmentblätter eines Dom-Evangeliars aus dem 8. Jh.

7 Vgl. K. Gamber, Das Sakramentar von Aquileja im Raum der bayerischen Diözesen um 800, in: Heiliger Dienst 30 (1976) 66–71.

8 Vgl. CLLA Nr. 883; weitere Fragmente CLLA Nr. 882, 884, 885.

9 Vgl. K. Gamber, Die Heimat des Salzburger Sakramentars, in: Heiliger Dienst 32 (1978) 174–178.

10 Vgl. CLLA Nr. 806.

11 Sacramentarium Arnonis. Die Fragmente des Salzburger Exemplars (= Textus patristici et liturgici 8, Regensburg 1970).

12 Vgl. B. Bischoff, Die südostdeutschen Schreibschulen und Bibliotheken in der Karolingerzeit, Teil II. Die vorwiegend österreichischen Diözesen (Wiesbaden 1980) 98–140; unser Liturgiebuch S. 127. – Aus der Zeit vor Bischof Arn ist nur ein Doppelblatt eines Lectionarium plenarium als Salzburg erhalten geblieben (jetzt in Straubing, Staatliche Bibliothek), ebd. 97.

13 Vgl. CLLA Nr. 805; jetzt vollständig ediert von S. Rehle, Sacramentarium Gelasianum von Saint-Amand (= Textus patristici et Liturgici 10, Regensburg 1973).

14 Vgl. K. Gamber, Das Salzburger Arno-Sakramentar, in: Scriptorium 14 (1960) 106–108 (mit Facsimile).

15 Vgl. Gamber, Missa Romensis (Anm. 5) 122–128: Das Sacramentarium Gelasianum mixtum.
16 Vgl. CLLA Nr. 801.
17 Vgl. CLLA Nr. 801 und 808.
18 Herausgegeben von K. Gamber, Sacramentaria Praehadriana, in: Scriptorium 27 (1973) 3–15, hier 8f. (mit Facsimile).
19 Vgl. Bischoff, Die südostdeutschen Schreibschulen (Anm. 12) 76ff., unser Fragment S. 143.
20 Vgl. Gamber, Sacramentaria Praehadriana (Anm. 18) 3–15.
21 Venedig, Biblioteca Marciana Cod. 2235 (früher Cod. lat. III, CXXIV) aus dem Anfang des 11. Jh.; vgl. CLLA Nr. 980.
22 Vgl. CLLA Nr. 981.
23 Ein Salzburger Sakramentarfragment des 10. Jh.s mit zwei Rupertusmessen, in: Heiliger Dienst 15 (1961) 86-96.
24 Fragmente eines Salzburger Sakramentars aus dem Ende des 10. Jh.s, in: Sacris erudiri XXIII (1978/79) 318–343.
25 Vgl. K. Gamber, Der Codex Tridentinus. Ein Sakramentar der Domkirche von Säben aus der Zeit um 825, in: Scriptorium 24 (1970) 293–304; Fr. Unterkircher, Das karolingische Sakramentar von Trient für Säben geschrieben?, in: Der Schlern 51 (1977) 54–60 (mehrere Facsimile-Seiten).
26 Text bei J. Deshusses, Le sacramentaire grégorien II (= Spicilegium Friburgense 24, Fribourg 1979) Formeln 3478–3482 S. 303.
27 Zum Fragekomplex vgl. Unterkircher (Anm. 25).

Zu: Aus der Frühkirche (S. 120)

1 K. Gamber, Ist Niceta von Remesiana der Verfasser von De sacramentis, in: Ostkirchl. Studien 7 (1958) 153–172; Die sechs Bücher »Ad competentes« des Niceta von Remesiana, ebd. 9 (1960) 123–173; Ist Niceta von Remesiana der Verfasser des pseudo-ambrosianischen Sermo »De spiritu sancto«, ebd. 11 (1962) 204–206; Nochmals zur Schrift »Ad competentes« des Niceta von Remesiana, ebd. 13 (1964) 192–202; Das »Te Deum« und sein Autor, in: Rev. bénéd. 74 (1964) 318–321; Ist der Canon-Text von »De sacramentis« in Mailand gebraucht worden?, in: Ephem. lit. 79 (1965) 109–116; Die Autorschaft von De sacramentis, in: Römische Quartalschrift 61 (1966) 94–104; Fragen zu Person und Werk des Bischofs Niceta von Remesiana, ebd. 62 (1967) 222–231; Die Autorschaft von De sacramentis. Zugleich ein Beitrag zur Liturgiegeschichte der römischen Provinz Dacia mediterranea (= Studia patristica et liturgica 1, Regensburg 1967); Nochmals zur Frage der Autorschaft von De sacramentis, in: Zeitschrift für kathol. Theol. 91 (1969) 587–589; Der Sermo »Homo ille«. Probleme des Textes und Frage nach der Autorschaft, in: Rev. bénéd. 80 (1970) 293–300.
2 K. Gamber, Die Severins-Vita als Quelle für das gottesdienstliche Leben

in Norikum während des 5. Jh.s, in: Römische Quartalschrift 65 (1970) 143–157; Liturgisches Leben in Norikum zur Zeit des hl. Severin, in: Heiliger Dienst 26 (1972) 22–32; Liturgiegeschichtliche Aspekte der Vita Severini, in: Oberösterreichische Heimatblätter 36 (1982) 42–55; Die kirchlichen und politischen Verhältnisse in den oberen Donauprovinzen zur Zeit Severins, in: Verhandlungen des Historischen Vereins für Oberpfalz und Regensburg 122 (1982) 255–270; Der heilige Severin – Mönch und Helfer in der Not der Völkerwanderung, in: Regensburger Bistumsblatt Nr. 32/33 (1982) 6–7 (im folgenden abgedruckt).

3 Gab es schon zur Römerzeit Bischöfe in Regensburg?, in: Regensburger Bistumsblatt Nr. 5 (1982) 6 (im folgenden abgedruckt); dazu K. Gamber, Sarmannina. Studien zum Christentum in Bayern und Österreich während der Römerzeit (= Studia patristica et liturgica 11, Regensburg 1982) 7–13.

4 K. Gamber, Die Zelebration »versus populum« – eine Erfindung und Forderung Martin Luthers, in: Anzeiger für die kathol. Geistlichkeit 79 (1970) 355–359; dagegen: O. Nußbaum, in: Zeitschrift für kathol. Theologie 93 (1971) 148–167; meine Antwort: Conversi ad Dominum. Die Hinwendung von Priester und Volk nach Osten bei der Meßfeier im 4. und 5. Jh., in: Römische Quartalschrift 67 (1972) 49–64. Der sog. Volksaltar in liturgiegeschichtlicher und soziologischer Sicht, in: Una voce-Korrespondenz 4 (1974) 283–287; Der Altarraum in der Ost- und Westkirche in seiner geschichtlichen Entwicklung. Ein Überblick, in: Das Münster 28 (1975) 346–349; »Missa super populum celebratur« – Nochmals zur Frage der Zelebration »versus populum«, ebd. 30 (1977) 63 f.; Der Volksaltar – Ausdruck eines neuen Meßverständnisses, in: Una voce-Korrespondenz 12 (1982) 1–19.

5 Erschienen in: Una voce-Korrespondenz 1 (1970) 102–108.

6 Erschienen in: Der Fels 13 (1982) Nr. 9 S. 256–259.

Zu: Niceta von Remesiana als Katechet und Hymnendichter (S. 121)

1 Vgl. meine vorläufige Ausgabe echter und mutmaßlicher Niceta-Schriften: Niceta von Remesiana, Instructio ad competentes. Frühchristliche Katechesen aus Dacien (= Textus patristici et liturgici 1, Regensburg 1964) Stellen daraus werden im folgenden zitiert: »Gamber«, jeweils mit Angabe des Buches der Instructio, des Sermo und des Abschnitts; Weitere Sermonen ad competentes, Teil I und II (= Textus patristici et liturgici 2/5, Regensburg 1965/66), im folgenden zitiert »Gamber A« mit Angabe des Sermo und des Abschnitts; Niceta von Remesiana, De lapsu Susannae (= Textus patristici et liturgici 7, Regensburg 1969) mit einer Wortkonkordanz zu den Schriften des Niceta (S. 38–139) von S. Rehle.

2 O. Faller, Ambrosius der Verfasser von De sacramentis, in: Zeitschrift für kathol. Theol. 64 (1940) 1–14; 81–101.

3 A. Baumstark, Liturgia romana e liturgia dell'Esarcato (Roma 1904) 161ff.; Th. Schermann, Die pseudoambrosianische Schrift De sacramentis. Ihre Überlieferung und Quellen, in: Römische Quartalschrift 17 (1903) 36–53, 237–255.

4 G. Morin, Pour l'authenticité du De sacramentis et de l'Explanatio symboli de S. Ambroise, in: Jahrbuch für Liturgiew. 8 (1928) 86–106; ders., in: Rev. bénéd. 11 (1894) 76; 12 (1895) 343, 386.

5 K. Gamber, Die Autorschaft von De sacramentis. Zugleich ein Beitrag zur Liturgiegeschichte der römischen Provinz Dacia mediterranea (= Studia patristica et liturgica 1, Regensburg 1967).

6 J. Daniélou, in: Recherches de science rel. 56 (1968) 154f.

7 Zur Bibliographie vgl. A. Solignac, St. Nicetas, in: Dictionnaire de spiritualité VIII, 1 214–219; St. C. Alexe, Sfîntul Niceta de Remesiana (Bukarest 1969) 126–134.

8 Vgl. W. A. Patin, Niceta Bischof von Remesiana als Schriftsteller und Theologe (Diss. München 1909).

9 Der ursprüngliche (vorrömische) Name der Stadt war wahrscheinlich »Rethoma«; vgl. Gamber, Die Autorschaft (Anm. 5) 130–134; zur Lesart »rethomae« bzw. »et Romae« vgl. E. J. Yarnold, in: Journal of Theol. St. N. S. 24 (1973) 202–207, wo stattdessen »recto nomine« vorgeschlagen wird; doch ist »rethomae«, die schwierigere Lesart, gut bezeugt.

10 A. E. Burn, Niceta of Remesiana. His life and works (Cambridge 1905), im folgenden »Burn« abgekürzt.

11 Vgl. A. Buse, Paulin, Bischof von Nola und seine Zeit (Regensburg 1856) 326ff.; 362ff.

12 Vgl. Jaffé 303; PL 20,526. Dagegen ist die bei Burn 138–141 abgedruckte »Germinii epistola« hier nicht heranzuziehen.

13 Vgl. Buse, Bischof Paulin (Anm. 11) 363–368.

14 Vgl. J. Zeller, Les origines chrétiennes dans les provinces danubiennes de l'empire romain (= Bibliothèque des Écoles françaises fasc. 112, Paris 1918) 160.

15 Vgl. C. Patsch, Die Völkerbewegung an der unteren Donau in der Zeit von Diokletian bis Heraclius (= Beiträge zur Völkerkunde von Südosteuropa 3, 1928).

16 Vgl. D. M. Pippidi, in: Revue historique SudEstEurope 23 (1946) 99–117 (Niceta und das Christentum in Rumänien).

17 Neuausgabe von C. H. Turner, in: Journal of Theol. St. 22 (1921) 306–320; weitere (hier noch nicht genannte) Handschriften: Reginensis 131 (9./10. Jh.) und Ambrosianus 203 inf. (15. Jh.).

18 Neuausgabe von Turner a.a.O. 225–252. Weiterer Zeuge: Papyrus in Pommersfelden (5. Jh.); vgl. E. A. Lowe, Codices latini antiquiores IX (Oxford 1959) Nr. 1349; J. C. Tjäder, in: Scriptorium XIII (1958) 3–43.

19 So neuerdings wieder E. Cazzaniga, Incerti auctoris: De lapsu Susannae

(= Corpus scriptorum latinorum Paravianum, Torino 1948); wertvoll ist hier der Anhang (S. 42–81).

20 Vgl. Gamber, Niceta, De lapsu Susannae (Anm. 1) 18–22.

21 Vgl. Migne, PL 40, 1159–1168.

22 Vgl. Gamber A XVII 6 mit Gamber I 2,6. Den Namen des Johannes trägt auch der Sermo »De mandatis dei servandis« in zwei ebenfalls verloren gegangenen Codices Corbeienses (vgl. PL 39,2243 1245), während die Mehrzahl der übrigen Zeugen dafür Augustinus als Verfasser nennen. Zu untersuchen wäre auch, ob der »Sermo beati Iohannis episcopi«: »De ieiunio Ninevitarum«, in: R. Grégoire, Les homiliaires du moyen âge (Roma 1966) 188–193 auf Niceta zurückgeht.

23 Vgl. A. Franz, Das Rituale von St. Florian (Freiburg 1904) 47, 158.

24 Vgl. Franz a.a.O. 50.

25 Vgl. L. Chavoutier, in: Sacris erudiri 11 (1960) 136–192 (vermutet als Verfasser einen Schüler des Ambrosiaster); K. Gamber, in: Ostkirchl. Studien 11 (1962) 204–206 (Verfasser ist Niceta).

26 Zu weiteren Handschriften vgl. Bernards, in: Recherches de Théologie ancienne et médiévale 18 (1951) 335 (Mitteilung von E. Dekkers).

27 Handschriften und Literatur jeweils dort.

28 Mit Ausnahme vielleicht des Fragments Gamber I 3 und des Sermo Gamber A 50.

29 Augustinus, Contra duas epist. Pel. IV 4,7: »Nam et sic sanctus Hilarius intellexit quod scriptum est in quo omnes peccaverunt; ait enim: in quo id est in Adam omnes peccaverunt«. Die zitierte Stelle entspricht Ambrosiaster zu Rom 5,12 (PL 17,92).

30 Vgl. J. Wittig, Der Ambrosiaster »Hilarius« (Breslau 1906); C. Martini, Ambrosiaster: De auctore, Theologia (= Spicilegium Pont. Athenaei Antoniani 4, Roma 1944); C. H. Turner, Niceta and Ambrosiaster, in: Journal of Theol. St. 7 (1906) 203–219, 355–372; A. Stuiber, Ambrosiaster, in: Jahrbuch für Antike und Christentum 13 (1970) 119–123 (mit Literatur).

31 Vgl. Stuiber a.a.O. 119.

32 Weitere Schriften bei E. Dekkers – A. Gaar, Clavis Patrum latinorum (1961) Nr. 184–188.

33 G. Morin, in: Rev. bénéd. 20 (1903) 113–131; Wittig, Der Ambrosiaster (Anm. 30) 29.

34 Zu beachten ist auch das von mir in: Weitere Sermonen II (Anm. 1) 29–34 vor allem hinsichtlich liturgischer Zusammenhänge Gesagte.

35 Vgl. Burn 155 f.

36 Vgl. Burn p. XVI.

37 Vgl. E. A. Burn, Neue Texte zur Geschichte des Apostolischen Symbols V, in: Zeitschrift für Kirchengeschichte 25 (1904) 148–154.

38 Im östlichen Römerreich bevorzugte das Vulgarlatein die Nachstellung des Artikels, z. B. in unserem Fall »homo ille«; vgl. F. Bodmer, Die Sprachen der Welt (Köln–Berlin o. J.) 403.

39 K. Gamber, Der Sermo »Homo ille«, Probleme des Texts und Frage nach der Autorschaft, in: Rev. bénéd. 80 (1970) 293–300.

40 Erstmals ediert unter dem Titel »Lateinische Musterpredigt«, in: Zeitschrift für deutsches Altertum 12, 436 ff.; Text auch bei Fr. Unterkircher, Das Wiener Fragment der Lorscher Annalen (= Codices selecti 15, Graz 1967) 43–48.

41 So spricht der Verfasser zu Beginn von der »evangelica lectio quae decursa est« (gemeint ist Joh 8,3–20), sowie vom »psalmi titulus ... quem audisti legi« (gemeint ist Ps 50). Dabei weist das im 1. Satz sich findende »eum« auf den einst im Satz zuvor, der nicht mehr erhalten ist, stehenden Namen »David« hin. Die Sermonen schließen, ohne daß der ganze Ps 50 erklärt worden ist, mit der Auslegung von Ps 50,6.

42 R. H. Conolly, Some disputed Works of St. Ambrose, in: The Downside Revue 65 (1947) 7–20, 121–130.

43 Ein eigener Titel fehlt noch in 3 Handschriften; sonst: »Incipit liber II sci Ambrosii episcopi de apologia David.«

44 Der von mir in der vorläufigen Ausgabe der »Instructio« noch angefügte Sermo »Vos autem in carne non estis« (Gamber III 4), stammt zwar von Niceta, er dürfte jedoch einst zu einer anderen Schrift des Niceta gehört haben. Eigenartig ist hier, daß zu Beginn der vollständige Text der Lesung, die den Ausgangspunkt der Ausführungen bildet, wiedergegeben erscheint.

45 Das ist mit »genethliologia« gemeint.

46 Vgl. Th. A. Vismans, Traditio psalmorum, in: Liturgisch Woordenboek II (1965/68) 2695 f. Nach der kampanischen Evangelienliste geschah dies am 3. Fastensonntag, wo der Vermerk vorhanden ist: »Quando psalmi accipiunt«; vgl. K. Gamber, in: Sacris erudiri XIII (1962) 337.

47 Es bestehen Anklänge sowohl an Stellen in De sacramentis (vgl. Gamber A XIX 31: »Mensa namque iucunditatis passio Christi est« mit VI 5,13) als auch zum »Te Deum« (vgl. A XIX 31: »Hoc per orbem terrarum ... cantat ecclesia«).

48 Hinsichtlich der Textfassung des Symbolum vgl. Gamber, Die Autorschaft (Anm. 5) 86–88.

49 Vgl. K. Gamber, Geht die sog. Explanatio symboli ad initiandos tatsächlich auf Ambrosius zurück?, in: Polychordia. Festschrift Franz Dölger II (Amsterdam 1967) 184–203.

50 Benützt wurde unser Liber V offensichtlich auch bei der Abfassung einer Taufkatechese aus dem 9. Jh.; vgl. A. Wilmart, Une catéchèse baptismale du IXe siècle, in: Rev. bénéd. 57 (1947) 196–200 (vor allem Interrogatio 5 und 6).

51 Vgl. Gamber, Die Autorschaft (Anm. 5) 142 f.

52 Neben den in S. 11 meiner Ausgabe aufgeführten Handschriften noch Morgan MS 17; vgl. Rev. bénéd. 61 (1951) 261 ff.

53 Die Katechese trägt den Titel »Ad renatus in vigilia paschae« und wird

im Vat. lat. 344 (15. Jh.) dem Hieronymus zugeschrieben, doch dürfte dieser in Bethlehem kaum Taufkatechesen gehalten haben.

54 Niceta scheint in der Osternacht nach jeder Lesung bzw. jedem Psalm eine eigene Homilie gehalten zu haben.

55 Vgl. Gamber, Die Autorschaft (Anm. 5) 92–100. Gegen meine Zuweisung der Sermonen De sacramentis an Niceta und meine Ablehnung der Autorschaft des Ambrosius hat sich neuerdings J. Schmitz, in: Zeitschrift für kathol. Theol. 91 (1969) 59–69 gewandt. Siehe meine Erwiderung ebd. 587–589. In einem Nachwort gibt (S. 589) Schmitz zu, meine Argumente nicht in ihrer Gesamtheit berücksichtigt zu haben; doch liegt gerade in der Summe aller Einzelbeobachtungen der Beweis.

56 Vgl. neuerdings Chr. Mohrmann, Observations sur le »De sacramentis« et de »De mysteriis« de saint Ambroise, in: Ambrosius Episcopus I (Milano 1976) 103–123, bes. 106ff. Dagegen meint P. Radó in: Münchener Theol. Zeitschrift 18 (1967) 331:

Die Arbeit hat der Theol. Fakultät Budapest als Doktordisseration vorgelegen und wurde von mir »summa cum laude« angenommen. Das Thema ist zweifelsohne schwierig. Seine Behandlung scheint überflüssig zu sein, nachdem Morin und Conolly vor etwa 30 Jahren in ernster Forschung zu dem inzwischen fast allgemein anerkannten Ergebnis gekommen waren, daß das die mystagogischen Katechesen enthaltende Werk »De sacramentis« von Ambrosius stammt. Nun erscheint diese Untersuchung Gambers, die behauptet, daß das Werk nicht von Ambrosius geschrieben sein kann, und daß der Autor Niceta von Remesiana († um 420) ist.

Nach sorgfältiger Prüfung des Werkes kommt man zur Überzeugung, daß die These Gambers richtig ist. Es wird bewiesen, daß die Sprache der Katechesen nicht die des Ambrosius ist (15, 101–106), obwohl diese nicht ohne Einfluß blieb. Gamber beweist, daß De sacramentis viel von den Katechesen Cyrills von Jerusalem verwertet hat. Die mystagogischen Katechesen dieses Kirchenvaters sind aber nach neuerer Ansicht erst durch seinen Nachfolger, Bischof Johannes (386–417) zusammengestellt und herausgegeben worden. Sie konnten deshalb unmöglich von Ambrosius benützt worden sein (92–100). Es ist dies ein scharf geschliffenes Argument. Die Abhängigkeit von Cyrill ist ganz offenbar und der alternde Ambrosius konnte sie unmöglich benützt haben.

Verfasser von De sacramentis war vielmehr jemand, der sich in der Literatur seiner Zeit gut auskannte und viele andere Autoren ausgiebig, aber sehr selbständig benützt hat; unter anderen auch den Ambrosius, den er als sein Vorbild verehrt und von dem er auch andere Werke außer De mysteriis benützt und verwendet hat.

Hauptargumente Gambers sind aus der Liturgiegeschichte genommen, die peremptorisch die Autorschaft des Ambrosius ausschließen. Ein wichtiger Beweis ist der Canon-Text in De sacramentis. Gamber beweist wissenschaftlich einwandfrei, daß dieser Text unmöglich Mailand bzw. der oberitalienischen Liturgie zuzuweisen ist, da er offenbar afrikanisch-römischen Ursprungs ist. Es ist ein Verdienst Gambers, daß er die engen Verbindungen der nordafrikanischen Urkirche mit Rom und deren Einfluß auf die stadtrömische Liturgie aufgezeigt hat. Die Partie über den Canon ist ein sehr gut ausgearbeitetes Stück (55–66). Berückend ist die Beweisführung, daß der Verfasser von De sacramentis Niceta ist. Er beweist seine Autorschaft stilkritisch und seinen Gedankengängen folgend erkennt man eine neue Schriftstellerpersönlichkeit, die im Sturm der Völkerwanderung versunken ist (101–120). Die Quellenkenntnis Gambers ist nicht erstaunlich, wenn man weiß, daß er heutzutage zweifelsohne der beste Kenner der abendländischen handschriftlichen liturgischen Texte ist, zugleich auch der erste, der sie bis zum 11. Jh. erfaßt hat. Die in jugendlichen Jahren vielleicht etwas vorhandene »Hypothesenfreudigkeit« (übrigens Kennzeichen eines selbständigen und denkenden Geistes) ist jetzt mit weiser Mäßigung und Selbstkontrolle gepaart. Es ist das Verdienst dieses Werkes, daß Niceta neu als ein zweiter Ambrosius entdeckt wurde: der Ambrosius, Seelsorger und Liturgiegestalter des südöstlichen Donauraums im späten Altertum.

57 Liste der Codices bei G. Pozzi, in: Italia medioevale e umanist. 2 (1959) 57–73.

58 K. Gamber, Zur Liturgie des Ambrosius von Mailand, in: Zeitschrift für Kirchengeschichte 88 (1977) 309–329. Bis heute keine Erwiderung von Schmitz; die Kurzbesprechung von A. Häussling, in: ALW XX/XXI (1978/79) 196f. beschränkt sich auf einen Hinweis auf das Urteil von Ch. Mohrmann über meine in Anm. 5 genannte Studie, das wiederum auf der Besprechung von J. Schmitz, in: Zkth 91 (1969) 59–69 beruht, wobei Schmitz ebd. 589 selbst zugibt, nur einen Teil meiner Argumente berücksichtigt zu haben.

59 Faller hat ihn sogar als Untertitel in seiner Ambrosius-Ausgabe (CSEL vol. 83) verwendet: »Sermones sex a quondam excepti« (p. 13; vgl. auch p. 29* der Einleitung).

60 Vgl. Mohrmann, Le style oral du De sacramentis de Saint-Ambroise, in: Vigiliae Christianae 6 (1952) 168–177 bzw. Études sur le latin des chrétiens III (= Storia a Letteratura 103, Roma 1965) 389–398.

61 Vgl. Faller (Anm. 59) p. 14.

62 Beispiele bei Gamber, Die Autorschaft (Anm. 5) 26–28. Diese Überarbeitung kann Niceta nicht selbst vorgenommen haben, da der Sinn bisweilen verändert wurde.

63 Vgl. die Ausgabe von Turner (Anm. 18).

64 Vgl. Gamber, Die Autorschaft (Anm. 5) 95–98; hinsichtlich »De spiritu sancto« vgl. Simonetti, in: Maia 4 (1951) 1–10. Auch Ambrosius hat Vorlagen benützt, so (außer Basilius) Cicero; vgl. O. Hiltbrunner, Die Schrift »De officiis ministrorum« des hl. Ambrosius und ihr ciceronisches Vorbild, in: Gymnasium 71 (1964) 174–189.

65 Vgl. Gamber, Die Autorschaft 19f. Im Cod. Vat. lat 314 (15. Jh.) sind folgende Schriften miteinander verbunden:
fol. 151 endet Liber III de spiritu sancto des *Ambrosius*, »Incipit *Paschasii* ... de spiritu sancto« I.
fol. 169 »Incipit allocutio sancti *Nicete* de ratione fidei«.
fol. 178 »Incipit beati *ambrosii* ... de misteriis initiandis.«
fol. 184 »Incipit liber I. *De sacramentis* ...
fol. 198 »... *Ambrosii* ... de morte beati Satyri ...«

66 Vgl. O. Faller, Was sagen die Handschriften zur Echtheit der sechs Predigten S. Ambrosii De sacramentis?, in: Zeitschrift für kathol. Theol. 53 (1929) 41–65.

67 Vgl. R. H. Connolly, The Explanatio symboli ad initiandos. A Work of Saint Ambrose (= Texts and Studies X, Cambridge 1952).

68 Vgl. Gamber, Autorschaft (Anm. 5) 80–91.

69 Vgl. Platin, Niceta (Anm. 8) 55–65.

70 Vgl. Gamber, Autorschaft 92–95.

71 Vgl. W. J. Swaans, A propos des »Catéchèses mystagogiques«, in: Le Muséon 55 (1942) 1–43.

72 Vgl. O. J. Jireček, Die Heerstraße von Belgrad nach Constantinopel (Prag 1877), im Anhang die Itinerarien mit der Erwähnung der Stadt.

73 Vgl. Gamber, Autorschaft 107–108.

74 Vgl. a.a.O. 20f., 72. In De sacr. 5,25 wird die Himmelfahrt Christi »elevatio domini« genannt.

75 Vgl. A. Dohmes, Niceta von Remesiana. Vom Nutzen der Hymnen, in: Kirchenmusik der Gegenwart (= Liturgie und Mönchtum XVIII, Maria Laach 1956) 9–20.

76 Vgl. G. M. Dreves, Aurelius Ambrosius, »der Vater des Kirchengesanges«. Eine hymnologische Studie (= 58. Ergänzungsheft zu den »Stimmen aus Maria Laach«, Freiburg 1893).

77 Vgl. Gamber, Autorschaft 152.

78 Vgl. G. Morin, Le »De psalmodiae bono« de l'évêque saint Niceta: rédaction primitiv d'après le ms. Vatic. 5729, in: Rev. bénéd. 14 (1897) 385–397, hier 389.

79 Vgl. Burn 79 Anm. 4.

80 Augustinus, Ep. 60,4 (PL 22,592 A).

81 Vgl. Burn p. XCVII–CXXV.

82 Vgl. DACL XV 2028–48.

83 Vgl. K. Gamber, Das Te Deum und sein Autor, in: Rev. bénéd. 74 (1964) 318–321 bzw. Gamber, Autorschaft 121–129.

84 Vgl. G. Morin, Nouvelles recherches sur l'auteur du Te Deum, in: Rev. bénéd. 11 (1894) 49–77, 337–345.

85 Vgl. Gamber, Autorschaft 121f.

86 Vgl. a.a.O. 127f.

87 Vgl. K. Gamber, Die Textgestalt des Gloria, in: Liturgie und Dichtung. Festschrift W. Dürig (St. Ottilien 1983) I, 227–256.

88 Vgl. A. L. Feder, Studien zu Hilarius von Poitiers III (= Sitzungsberichte der k. Akad. d. W. Wien, Phil.-Hist. Klasse 169,5 Wien 1912) 67.
89 Vgl. K. Gamber, Codices liturgici latini antiquiores (Freiburg/Schweiz ²1968) Nr. 150 S. 146.
90 Vgl. Feder, Studien (Anm. 88) 68–80.
91 Vgl. Gamber, Codices (Anm. 89) Nr. 151 S. 147.
92 Vgl. Gamber a.a.O. Nr. 152 S. 147.
93 Vgl. Gamber, Autorschaft 40–42, 145–152.
94 »Ad descensum fontis«; vgl. Analecta hymnica 50,242.
95 Vgl. Analecta hymnica 51,3f. Der Hymnus wird bereits von Caesarius von Arles zitiert (a.a.O. 4).
96 Vgl. A. Mayer, Laudes Dei. Ausgewählte lateinische Dichtungen der Kirche (= Aus dem Schatze des Altertums C 3, Bamberg 1933) 14.
97 Vgl. Gamber III 3,10: »in septimana duarum noctium, id est: sabbati atque dominici«.
98 Vgl. Analecta hymnica 51,87f. (wo auch die einzelnen Handschriften aufgeführt sind).
99 Er begegnet uns im römischen Brevier in der Vesper vom Weißen Sonntag und zwar in der von Papst Urban VIII (1623–1644) in humanistischem Latein bearbeiteten Fassung: »Ad regias agni dapes«.
100 Die meisten Handschriften haben »et stolis«; man kann vermuten, daß wegen des Versmaßes »istolis« gesprochen wurde.
101 Vgl. Gamber VI 5,14: »familia candidata« (vgl. auch De lapsu Susannae c. 19: »inter candidatos regni caelestis«); ebda. ist auch vom Durchgang durchs Rote Meer die Rede (VI 1,12).
102 Er stammt jedenfalls nicht von Hilarius von Poitiers; vgl. Feder, Studien (Anm. 88) 41–53.
103 Vgl. Dreves, Aurelius Ambrosius (Anm. 76) 83.

Zu: Der heilige Severin und Bischöfe in Regensburg (S. 137)

1 Zusammenfassung meiner Studien über die Vita des hl. Severin: Die Severins-Vita als Quelle für das gottesdienstliche Leben in Norikum während des 5. Jhs., in: Römische Quartalschrift 65 (1970) 145–157; Liturgisches Leben in Norikum zur Zeit des hl. Severin, in: Heiliger Dienst 26 (1972) 22–32; Liturgiegeschichtliche Aspekte der Vita Severini, in: Severin und die Vita Severini 42–55 (= Oberösterreichische Heimatblätter 36, 1982, Heft 1/2); Sarmannina. Studien zum Christentum in Bayern und Österreich während der Römerzeit (= Studia patristica et liturgica 11, Regensburg 1982); Die kirchl. und politischen Verhältnisse in den oberen Donauprovinzen zur Zeit Severins, in: Verhandlungen des Historischen Vereins für Regensburg und die Oberpfalz 122 (1982) 255–270.
2 Vgl. oben Anm. 1 sowie Anm. 3.
3 Vgl. K. Gamber, Ecclesia Reginensis. Studien zur Geschichte und Litur-

gie der Regensburger Kirche im Mittelalter (= Studia patristica et liturgica 8, Regensburg 1979) 69f.

Zu: Gab es je eine Zelebration »versus populum«? (S. 147)

1 Vgl. Kl. Wessel, Abendmahl und Apostelkommunion (Recklinghausen 1964); K. Gamber, Domus ecclesiae (= Studia patristica et liturgica 2, Regensburg 1968) 86ff. Teilweise berechtigte Kritik an dieser meiner Studie von H. Brakmann, die angeblichen eucharistischen Mahlzeiten des 4. und 5. Jh., in: Römische Quartalschrift 65 (1970) 82–97; meine Erwiderung: ebd. 67 (1972) 65–67; weitere Korrekturen in: K. Gamber, Sacrificium vespertinum (= Studia patristica et liturgica 12, Regensburg 1983) 43–50.

2 O. Nußbaum, Der Standort des Liturgen am christlichen Altar vor dem Jahre 1000. Eine archäologische und liturgiegeschichtliche Untersuchung (= Theophaneia 18,1–2 Bonn 1965). Gegen meine Kritik an seiner These vgl. Nußbaum, in: Zeitschrift für Kathol. Theologie 93 (1971) 148–167. Zu beachten ist auch der Aufsatz von M. Metzger, La place des liturges à l'autel, in: Revue des sciences religieuses 45 (1971) 113–145.

3 J. A. Jungmann, Liturgie der christlichen Frühzeit (Freiburg/Schweiz 1967) 126.

4 Nußbaum, Der Standort (Anm. 2) 403.

Zu: Das heilige Sindon von Konstantinopel (S. 152)

1 I. Wilson, Eine Spur von Jesus. Herkunft und Echtheit des Turiner Grabtuchs (Freiburg–Basel–Wien 1980). Immer noch mit Nutzen zu lesen: W. Bulst, Das Grabtuch von Turin. Forschungsberichte und Untersuchungen (Frankfurt 1955).

2 Vgl. Wilson, Eine Spur 96ff.

3 Vgl. P. Johnstone, The Byzantine tradition in Church embroidery (London 1967) 117 und Abb. 94.

4 Vgl. K. Onasch, Liturgie und Kunst der Ostkirche in Stichworten (Leipzig 1981) 107 (mit Literatur).

5 Vgl. Aranca, »Christos anesti«. Osterbräuche im heutigen Griechenland (Zürich 1968) 192ff.; H.-J. Schulz, Liturgie, Tagzeiten und Kirchenjahr des byzantinischen Ritus, in: Handbuch der Ostkirchenkunde (Düsseldorf 1971) 373ff.

6 Vgl. K. Kirchhoff, Die Ostkirche betet. Hymnen aus den Tagzeiten der byzantinischen Kirche. Die Heilige Woche (Leipzig 1937) 138ff.

7 Vgl. Wilson, Eine Spur 191.

8 Vgl. Wilson, Eine Spur 190.

9 Vgl. Kirchhoff, Die Ostkirche betet a.a.O. 145.

10 Vgl. Johnstone, The Byzantine tradition Nr. 97.

11 Vgl. die verschiedenen Formen bei Johnstone Nr. 93ff.

12 Vgl. Onasch, Liturgie und Kunst 26.
13 Vgl. K. Gamber, Misericordia Domini. Vom Prothesisbild der Ostkirche zum mittelalterlichen Erbärmdechristus, in: Deutsche Gaue 48
(1954) 46–56; R. Bauerreiß, Basileus tes doxes, in: Pro mundi vita.
Festschrift zum eucharistischen Weltkongreß 1960 (München 1960) 49–
67.
14 Vgl. Wilson, Eine Spur 173 ff.
15 Vgl. Wilson 183; K. Gamber, Die Gregoriusmesse im Domkreuzgang zu
Regensburg und das Prothesis-Bild der Ostkirche, in: Ostkirchl. Studien 28 (1979) 38–44.
16 Vgl. Wilson, Eine Spur 162 ff.; bezüglich Kopien des Turiner Grabtuchs
vgl. Bulst (Anm. 1) Tafeln 25–28, doch handelt es sich hier lediglich um
bloße Nachzeichnungen.

Klaus Gamber

Bibliographie selecta

(Fortsetzung)

Die Liste der Publikationen der Jahre 1941–1964 siehe in: Textus patristici et liturgici 3 (Regensburg 1965) 53–62, die der Jahre 1965–1978 in: Studia patristica et liturgica 9 (1980) 107–115.

1979

251. **Ecclesia Reginensis.** Studien zur Geschichte und Liturgie der Regensburger Kirche im Mittelalter (= Studia patristica et liturgica 8. Regensburg 1979) 285 Seiten.

252. **Erneuerung durch Neuerungen?** Zur Gegenwartslage der römischen Kirche, vor allem auf liturgischem Gebiet (als Manuskript gedruckt) 56 Seiten.

253. **Die Reform der römischen Liturgie.** Vorgeschichte und Problematik (als Manuskript gedruckt) 64 Seiten.

254. Die Kirche St. Prokulus bei Naturns. Stammen die Fresken von einem bairischen Maler aus der Zeit Herzog Tassilos?, in: Der Schlern 53 (1979) 131–137.

255. Die Gregoriusmesse im Domkreuzgang zu Regensburg und das Prothesis-Bild der Ostkirche, in: Ostkirchl. Studien 28 (1979) 38–44.

256. Die Messe ein Opfer – schon bei Paulus und in der Urkirche, in: Entscheidung Nr. 79/1979, S. 1–16.

257. Der »Grabstein« der Sarmannina. Gab es zur Römerzeit Märtyrer in Regensburg?, in: Beiträge zur Geschichte des Bistums Regensburg 13 (1979) 19–33.

258. Zur Frühgeschichte der St. Emmeramskirche in Regensburg, in: Verhandlungen des Hist. Vereins für Oberpfalz und Regensburg 119 (1979) 225–235.

259. Fragmenta liturgica VI, in: Sacris erudiri III (1978/79) 291–346 (zusammen mit Sieghild Rehle).

260. Die Liturgie der Frühzeit – Richtschnur für eine echte Reform, in: Una voce – Korrespondenz (= UVK) 9 (1979) 374–389.

261. **Sacrificium laudis.** Zum Opferverständnis und zur Liturgie der Frühkirche (= Studia patristica et liturgica 9, Regensburg 1980) 115 Seiten.

262. **Gemeinsames Erbe.** Liturgische Neubesinnung aus dem Geist der frühen Kirche (= 1. Beiheft zu den Studia patristica et liturgica, Regensburg 1980) 176 Seiten.

263. **Rückkehr zur Tradition.** Die Liturgie der Frühzeit – Richtschnur für eine echte Reform (als Manuskript gedruckt) 48 Seiten.

264. **Licht aus dem Osten?** Die Bedeutung der Orthodoxie heute (als Manuskript gedruckt) 30 Seiten.

265. **Ein kleines Kind – der ewige Gott.** Bild und Botschaft von Christi Geburt, mit Beiträgen von Christa Schaffer und Abraham Thiermeyer (= 2. Beiheft zu den Studia patristica et liturgica, Regensburg 1980) 100 Seiten, 14 Abbildungen.

266. **La riforma della Liturgia Romana.** Cenni storici – Problematica (= Una voce Roma, Supplemento al n. 53–54, Documento 10, Roma 1980) 74 Seiten (italienische Übersetzung von Nr. 253).

267. Der Erzbischof Methodius von Mähren vor der Reichsversammlung in Regensburg des Jahres 870, in: Ostkirchl. Studien 29 (1980) 30–38.

268. Fragmentblätter eines Regensburger Evangeliars aus dem Ende des 8. Jhs., in: Scriptorium 34 (1980) 72–77 (mit 2 Facs.).

269. In gloria est Dei Patris. Zu einer Textänderung in der Neo-Vulgata, in: Bibl. Zeitschrift 24 (1980) 262–266.

270. Ein frühchristliches Eucharistiegebet für das Fest der Geburt des Herrn, in: Heiliger Dienst 34 (1980) 108–124.

271. Das Eucharistiegebet als Epiklese und ein Zitat bei Irenäus, in: Ostkirchl. Studien 29 (1980) 301–305.

272. Meßopfer und Priestertum bereits in den Schriften des Neuen Testaments?, in: UVK 10 (1980) 401–405.

273. Fragen zur Konzelebration, ebd. 405–409.

1981

274. **Sancta sanctorum.** Studien zur liturgischen Ausstattung der Kirche, vor allem des Altarraums (= Studia patristica et liturgica 10, Regensburg 1981) 143 Seiten.
275. **Orientierung an der Orthodoxie.** Die Tradition der Ostkirche als Richtschnur in Liturgie und Verkündigung (= 3. Beiheft zu den Studia patristica et liturgica, Regensburg 1981) 132 Seiten.
276. **Das Reich Gottes in uns** und die Einheit der Kirche (= 4. Beiheft zu den Studia patristica et liturgica, Regensburg 1981), zusammen mit Wolfram Gamber und mit Beiträgen von Christa Schaffer und Abraham Thiermeyer, 93 Seiten.
277. Gemeinsames Erbe mit dem Osten. Apostolische Schwesterkirchen – Schwierigkeiten einer Wiedervereinigung, in: Klerusblatt 61 (1981) 131–133.
278. Concelebration in the Continuity of the Ancient Church, in: Christian Orient 2 (1981) 57–62 (übersetzt von J. Madey) (vgl. Nr. 273).
279. Zur Gültigkeit des neuen Meßritus, in: UVK 11 (1981) 263–267.
280. Die Liturgiereform aus der Sicht eines Psychoanalytikers und Soziologen, ebd. 363–366.
281. Die Einführung der Gemeinschaftsschule und die dabei angewandten Druckmittel, in: Beiträge zur Geschichte des Bistums Regensburg 15 (1981) 211–235.

1982

282. **Sarmannina.** Studien zum Christentum in Bayern und Österreich während der Römerzeit (= Studia patristica et liturgica 11, Regensburg 1982) 126 Seiten.
283. **Die alte Messe – immer noch?** Überlegungen zu Volksaltar, Konzelebration und Massengottesdienst im Freien (als Manuskript gedruckt) 64 Seiten.
284. **Das Opfer der Kirche** nach dem neuen Testament und den frühesten Zeugnissen (= 5. Beiheft zu den Studia patristica et liturgica, Regensburg 1982) 79 Seiten.
285. **Sie gaben Zeugnis.** Authentische Berichte über Märtyrer der

Frühkirche (= 6. Beiheft zu den Studia patristica et liturgica, Regensburg 1982) 160 Seiten.

286. (Einleitung und Bildteil zu:) Christa Schaffer, Gott der Herr – er ist uns erschienen. Das Weihnachtsbild der frühen Kirche (= 7. Beiheft zu den Studia patristica et liturgica, Regensburg 1982) 66 Seiten, 24 Abbildungen, 8 Farbtafeln (= Eikona. Liturgische Bildkunst in der Ost- und Westkirche 1).

287. **Opfer und Mahl.** Gedanken zur Feier der Eucharistie im Geist der Kirchenväter (= 8. Beiheft zu den Studia patristica et liturgica, Regensburg 1982) 70 Seiten.

288. Liturgische Aspekte der Vita Severini, in: Oberösterreichische Heimatblätter 36 (1982) 42–55.

289. Irische Liturgiebücher und ihre Verbreitung auf dem Kontinent, in: H. Löwe (Hrsg.), Die Iren und Europa im frühen Mittelalter I (Stuttgart 1982) 536–548 und 2 Abbildungen.

290. Byzantinische Nachbildungen des heiligen Sindon. Ein Argument für die Echtheit des Turiner Grabtuches, in: Der Fels 13 (1982) 256–259.

291. Der »Engel des großen Ratschlusses«. Zu den Wandmalereien der Prothesis in der Georgskirche bei Chalki auf Naxos, in: Ostkirchl. Studien 31 (1982) 176–182.

292. Eine frühchristliche Totenmesse aus Aquileja, in: Heiliger Dienst 36 (1982) 117–124.

293. Frühe Salzburger Meßbücher. Übersicht über den Stand der Forschung, ebd. 153–156.

294. Die kirchlichen und politischen Verhältnisse in den oberen Donauprovinzen zur Zeit Severins, in: Verhandlungen des Hist. Vereins für Oberpfalz und Regensburg 122 (1982) 255–270.

295. Eine »politische Dimension des Herrenmahls«?, in: Theologisches (Beilage zur Offertenzeitung) Nr. 152 S. 4977–4981.

296. Gab es schon zur Römerzeit Bischöfe in Regensburg?, in: Regensburger Bistumsblatt Nr. 5 (1982) S. 6.

297. Der Heilige Severin – Mönch und Helfer in der Not der Völkerwanderung, ebd. Nr. 32/33 (1982) S. 6–7.

298. Der Volksaltar – Ausdruck eines neuen Meßverständnisses, in: UVK 12 (1982) 1–19.

299. **Cantiones germanicae** im Regensburger Obsequiale von 1570. Erstes offizielles katholisches Gesangbuch Deutschlands (= Textus patristici et liturgici 14, Regensburg 1983) 113 Seiten.

300. **Sacrificium vespertinum.** Lucernarium und eucharistisches Opfer am Abend und ihre Abhängigkeit von den Riten der Juden (= Studia patristica et liturgica 12, Regensburg 1983) 134 Seiten.

301. **Jesus-Worte.** Eine vorkanonische Logien-Sammlung im Lukas-Evangelium (= 9. Beiheft zu den Studia patristica et liturgica, Regensburg 1983) 98 Seiten.

302. **Alter und neuer Meßritus.** Der theologische Hintergrund der Liturgiereform (= 10. Beiheft, Regensburg 1983) 70 Seiten.

303. Zur Liturgie Nubiens. Die Kathedrale von Faras und ihre Wandmalereien, in: Ostkirchl. Studien 32 (1983) 21–35.

304. Volksliturgische Bestrebungen in Deutschland in der Zeit vor Luther, in Musica sacra 103 (1983) 193–195.

305. Die Übersetzung »für euch und für alle« im neuen deutschen Missale, in: Theologisches Nr. 160 S. 5355–5358.

306. »Ihre Seele in den Himmel emporgetragen«. Aus einer Mariä-Himmelfahrts-Predigt um 850, von einem Regensburger Kleriker gehalten, in: Regensburger Bistumsblatt Nr. 32/33 (1983).

307. **Kult und Mysterium.** Das Liturgieverständnis der frühen, ungeteilten Christenheit (= 11. Beiheft zu den Studia patristica et liturgica, Regensburg 1983) 77 Seiten.

308. **Bewahre das Erbe.** Der Wandel in Glaube und Liturgie nach dem Vatikanum II (als Manuskript gedruckt) 65 Seiten.

309. Vom Meßformular zur Meßgestaltung, in: Heiliger Dienst 37 (1983) 136–144.

310. Die Textgestalt des Gloria, in: H. Becker – R. Kaczynski (Hrsg.), Liturgie und Dichtung (St. Ottilien 1983) I 227–256.

Die vom Institutum Liturgicum Ratisbonense herausgegebenen wissenschaftlichen Reihen
1964–1983

TEXTUS PATRISTICI ET LITURGICI
(Kommissionsverlag Friedrich Pustet)

Fasc. 1: **Niceta von Remesiana,** Instructio ad Competentes. Frühchristliche Katechesen aus Dacien. Herausgegeben von KLAUS GAMBER. VIII + 182 Seiten. 1964.

Fasc. 2: **Weitere Sermonen ad Competentes.** Teil I. Herausgegeben von KLAUS GAMBER. 136 Seiten. 1965.

Fasc. 3: **Ordo antiquus Gallicanus.** Der gallikanische Meßritus des 6. Jahrhunderts. Von KLAUS GAMBER. 64 Seiten. 1965.

Fasc. 4: **Sacramentarium Gregorianum I.** Das Stationsmeßbuch des Papstes Gregor. Herausgegeben von KLAUS GAMBER. 160 Seiten. 1966.

Fasc. 5: **Weitere Sermonen ad Competentes.** Teil II. Herausgegeben von KLAUS GAMBER. 120 Seiten. 1966.

Fasc. 6: **Sacramentarium gregorianum II.** Appendix, Sonntags- und Votivmessen. Herausgegeben von KLAUS GAMBER. 80 Seiten. 1967.

Fasc. 7: **Niceta von Remesiana,** De lapsu Susannae. Herausgegeben von KLAUS GAMBER. mit einer Wortkonkordanz zu den Schriften des Niceta von SIEGHILD REHLE. 139 Seiten. 1969.

Fasc. 8: **Sacramentarium Arnonis.** Die Fragmente des Salzburger Exemplars. Appendix: Fragmente eines verwandten Sakramentars aus Oberitalien. In beratender Verbindung mit KLAUS GAMBER untersucht und herausgegeben von SIEGHILD REHLE. 114 Seiten. 1970.

Fasc. 9: **Missale Beneventanum** von Canosa. Herausgegeben von SIEGHILD REHLE. 194 Seiten. 1972.

Fasc. 10: **Sacramentarium Gelasianum mixtum von Saint-Amand.** Herausgegeben von SIEGHILD REHLE. Mit einer sakramentargeschichtlichen Einführung von KLAUS GAMBER. 142 Seiten. 1973.

Fasc. 11: **Die Briefe Pachoms.** Griechischer Text der Handschrift W. 145 der Chester Beatty Library. Eingeleitet und herausgegeben von HANS QUECKE. Anhang: Die koptischen Fragmente und Zitate der Pachombriefe. 118 Seiten. 1975.

Fasc. 12: **Das Bonifatius-Sakramentar** und weitere frühe Liturgie-bücher aus Regensburg. Mit vollständigem Facsimile der erhaltenen Blätter herausgegeben von KLAUS GAMBER. 122 Seiten. 1975.

Fasc. 13: **Manuale Casinense** (Cod. Ottob. lat. 145). Herausgege-ben von KLAUS GAMBER und SIEGHILD REHLE. 172 Seiten. 1977.

Fasc. 14: **Cantiones germanicae** im Regensburger Obsequiale von 1570. Erstes offizielles katholisches Gesangbuch Deutschlands. Her-ausgegeben von KLAUS GAMBER. 113 Seiten. 1983.

STUDIA PATRISTICA ET LITURGICA
(Kommissionsverlag Friedrich Pustet)

Fasc. 1: **Die Autorschaft von De sacramentis.** Zugleich ein Beitrag zur Liturgiegeschichte der römischen Provinz Dacia mediterranea. Von KLAUS GAMBER. 152 Seiten. 1967.

Fasc. 2: **Domus ecclesiae.** Die ältesten Kirchenbauten Aquilejas sowie im Alpen- und Donaugebiet untersucht von KLAUS GAMBER. 103 Seiten. 1968.

Fasc. 3: **Missa Romensis.** Beiträge zur frühen römischen Liturgie und den Anfängen des Missale Romanum von KLAUS GAMBER. 209 Seiten. 1970.

Fasc. 4: **Ritus modernus.** Gesammelte Aufsätze zur Liturgiereform von KLAUS GAMBER. 73 Seiten. 1972.

Fasc. 5: **Sacrificium laudis.** Zur Geschichte des frühchristlichen Eucharistiegebets. Von KLAUS GAMBER. 80 Seiten. 1973.

Fasc. 6: **Liturgie und Kirchenbau.** Studien zur Geschichte der Meßfeier und des Gotteshauses in der Frühzeit von KLAUS GAMBER. 158 Seiten. 1976.

Fasc. 7: **Sakramentarstudien** und andere Arbeiten zur frühen Litur-giegeschichte von KLAUS GAMBER. 189 Seiten. 1978.

Fasc. 8: **Ecclesia Reginensis.** Studien zur Geschichte und Liturgie der Regensburger Kirche im Mittelalter von KLAUS GAMBER. 285 Sei-ten. 1979.

Fasc. 9: **Sacrificium missae.** Zum Opferverständnis und zur Liturgie der Frühkirche. Von KLAUS GAMBER. 115 Seiten. 1980.

Fasc. 10: **Sancta Sanctorum.** Studien zur liturgischen Ausstattung der Kirche, vor allem des Altarraums. Von KLAUS GAMBER. 143 Sei-ten. 1981.

Fasc. 11: **Sarmannina.** Studien zum Christentum in Bayern und Österreich während der Römerzeit. Von KLAUS GAMBER. 125 Seiten. 1982.

Fasc. 12: **Sacrificium vespertinum.** Lucernarium und eucharistisches Opfer am Abend und ihre Abhängigkeit von den Riten der Juden. Von KLAUS GAMBER. 134 Seiten. 1983.

Beiheft 1: **Gemeinsames Erbe.** Liturgische Neubesinnung aus dem Geist der frühen Kirche. Von KLAUS GAMBER in Verbindung mit CHRISTA SCHAFFER und ABRAHAM THIERMEYER. 1. Auflage. 176 Seiten. 2. Auflage. 114 Seiten. 1981.

Beiheft 2: **Ein kleines Kind – der ewige Gott.** Bild und Botschaft von Christi Geburt. Von KLAUS GAMBER mit Beiträgen von CHRISTA SCHAFFER und ABRAHAM THIERMEYER 100 Seiten. 1980.

Beiheft 3: **Orientierung an der Orthodoxie.** Die Tradition der Ostkirche als Richtschnur in Liturgie und Verkündigung. Von KLAUS GAMBER mit Beiträgen von WOLFRAM GAMBER und ABRAHAM THIERMEYER. 132 Seiten. 1981.

Beiheft 4: **Das Reich Gottes in uns** und die Einheit der Kirche. Von KLAUS GAMBER und WOLFRAM GAMBER mit Beiträgen von CHRISTA SCHAFFER und ABRAHAM THIERMEYER. 93 Seiten. 1981.

Beiheft 5: **Das Opfer der Kirche** nach dem Neuen Testament und den frühesten Zeugnissen. Von KLAUS GAMBER. 80 Seiten. 1982.

Beiheft 6: **Sie gaben Zeugnis.** Authentische Berichte über Märtyrer der Frühkirche. Von KLAUS GAMBER. 158 Seiten. 1982.

Beiheft 7: **Gott der Herr – er ist uns erschienen.** Das Weihnachtsbild der frühen Kirche und seine Ausgestaltung in Ost und West. (= EIKONA. Liturgische Bildkunst in der Ost- und Westkirche I). Von CHRISTA SCHAFFER. Einführung und Bildteil von KLAUS GAMBER. 66 Seiten, 8 Farbtafeln. 1982.

Beiheft 8: **Opfer und Mahl.** Gedanken zur Feier der Eucharistie im Geist der Kirchenväter. Von KLAUS GAMBER. 70 Seiten. 1982.

Beiheft 9: **Jesus-Worte.** Eine vorkanonische Logien-Sammlung im Lukas-Evangelium. Herausgegeben von KLAUS GAMBER. 98 Seiten. 1983.

Beiheft 10: **Alter und neuer Meßritus.** Der theologische Hintergrund der Liturgiereform. Von KLAUS GAMBER. 70 Seiten. 1983.

Beiheft 11: **Kult und Mysterium.** Das Liturgieverständnis der frühen, ungeteilten Christenheit. Von KLAUS GAMBER. 77 Seiten. 1983.

LITURGIE HEUTE
(als Manuskript gedruckt)

Heft 1: **Erneuerung durch Neuerungen?** Zur Gegenwartslage der römischen Kirche vor allem auf liturgischem Gebiet. Von KLAUS GAMBER. 1. Auflage. 56 Seiten. 2. überarbeitete Auflage 68 Seiten. 1981.

Heft 2: **Die Reform der römischen Liturgie.** Vorgeschichte und Problematik. 1. Auflage. 64 Seiten. 1979. 2. Auflage. 64 Seiten. 1981.

Heft 3: **Die alte Messe – immer noch?** Überlegungen zu Volksaltar, Konzelebration und Massengottesdienst im Freien. 64 Seiten. 1982.

Heft 4: **Licht aus dem Osten?** Die Bedeutung der Orthodoxie heute. 1. Auflage. 30 Seiten. 1980. 2., erweitere Auflage. 52 Seiten. 1982.

Heft 5: **Bewahre das Erbe.** Der Wandel in Glaube und Liturgie nach dem Vatikanum II. 65 Seiten. 1983.

In Kürze erscheint:

12. Beiheft zu den STUDIA PATRISTCA ET LITURGICA:

Symeon von Thessaloniki, Über die Göttliche Mystagogie. Eine Liturgieerklärung aus spätbyzantinischer Zeit. Aus dem Griechischen übersetzt von WOLFRAM GAMBER, eingeleitet und herausgegeben von KLAUS GAMBER.

Aus dem Vorwort:
Die Liturgieerklärung des Erzbischofs Symeon von Thessaloniki († 1429), die hier erstmals in deutscher Übersetzung vorgelegt wird, stellt den Abschluß und zugleich die »Kanonisierung« einer tausendjährigen Tradition des Meßverständnisses dar, die in der Zeit danach über Griechenland hinaus für den gesamten Bereich der byzantinischen Liturgie, vor allem den ost- und südslavischen Raum, maßgebend wurde. Dies zeigen u. a. die im 19. Jahrhundert entstandenen »Betrachtungen zur Göttlichen Liturgie«, die der russische Dichter Nikolaus Gogol verfaßt hat.

Im Anhang unseres Bändchens wird in einer etwas gekürzten Fassung der Text der byzantinischen Chrysostomus-Liturgie abgedruckt. Es handelt sich um die Überarbeitung meiner Übersetzung, die erstmals i. J. 1946 als Heft 8 der Reihe »Heiliges Leben« erschienen war und seitdem mehrere Auflagen erlebt hat. Der erneute Abdruck soll zum besseren Verständnis der Liturgieerklärung Symeons beitragen.

Das 12. Beiheft ist meinem Bruder Wolfram, der die Übersetzung des Symeon-Textes anfertigte, zur Vollendung seines 75. Geburtstages am 7. März und zum Goldenen Priesterjubiläum am 28. Oktober d. J. gewidmet.

In Vorbereitung:

13. Beiheft: Liturgische Texte aus der Kirche Äthiopiens.

Bestellungen beim Liturgiewissenschaftlichen Institut, 8400 Regensburg 11, Postfach 110 228 oder direkt beim

VERLAG FRIEDRICH PUSTET REGENSBURG